Florian, Fredi und Axel Brix

Ein Jahr segeln

Atlantikrundreise mit der „Loliti" 2011 / 2012

2. verbesserte Auflage mit farbigen Fotos.

Mai 2018

Bibliografische Information der Deutschen Nationalbibliothek:

Die Deutsche Nationalbibliothek verzeichnet diese Publikation in der Deutschen Nationalbibliografie; detaillierte bibliografische Daten sind im Internet über

http://dnb.dnb.de abrufbar.

Alle Rechte vorbehalten.

© Florian, Fredi und Axel Brix

Das Werk einschließlich aller seiner Teile ist urheberrechtlich geschützt. Jede Verwertung außerhalb der engen Grenzen des Urheberrechtsgesetzes ist ohne Zustimmung des Autors unzulässig und strafbar. Das gilt insbesondere für Vervielfältigungen, Übersetzungen, Mikroverfilmungen und die Einspeicherung und Verarbeitung in elektronischen Systemen.

Umschlagfoto: Florian und Axel Brix
Umschlaggestaltung: Rudolf Dück Sawatzky
Satz: Rudolf Dück Sawatzky
Korrektur: Axel Brix, Rudolf Dück Sawatzky
Herausgeber: Verlagsagentur JustBestEBooks.de Rudolf Dück Sawatzky.
25451 Quickborn, Deutschland
Herstellung und Verlag:
BoD – Books on Demand, Norderstedt, EAN 9783741288449

Axel und

Florian Brix

Wie alles begann – eine kleine Bootshistorie

Unser erstes eigenes Boot war eine H – Jolle, mit der wir ab 1976 viele Fahrten auf der Elbe und einige Male auch Urlaub auf der Ostsee machten.

Mit den Kindern wuchsen auch unsere Boote, unser nächstes war ein 16ner Jollenkreuzer, ein schönes Schiff, mit Kajüte, Kocher und Außenbordmotor. Jetzt waren auch Touren bis Cuxhaven möglich. Der große Nachteil des Jollenkreuzers: Er war nicht kentersicher und die vielen Korrosionsschäden des Stahlrumpfes waren kaum noch reparabel.

Zwei Saisons hatten wir den Jollenkreuzer, dann kauften wir unsere erste größere Yacht, eine acht Meter lange ``Sneekermeer``. Dieses sehr seetüchtige Boot war von seinem Vorbesitzer mehrere Jahre für eine weite Reise umgebaut worden. Als alles fertig war, stellte er fest, dass das

Boot zu klein für seine Pläne war. Sein nächstes Projekt war ein Neubau. Alles wollte er selber machen, später sahen wir die ``Heavy Steel`` mehrfach in der Schlei und der Ostsee. Seinen Traum einer langen Ozeanreise erfüllte er sich auch. Von 2003 bis 2007 segelte er auf gleicher Route wie wir in die Karibik und zurück. In vielen Häfen haben wir seine Bilder an den Betonmolen gesehen.

Für uns war die ``Sneekermeer`` gerade richtig, unsere Kinder waren noch klein und uns kam das Boot riesig groß vor. Dass es nicht gut segelte, störte uns damals nicht. Unsere weitesten Fahrten führten uns nach Helgoland und Prerow, wo wir im Jahr der Wende im Sommerurlaub hinfuhren.

Durch Zufall fanden wir die ``Loliti``, eine knapp 9 ½ Meter lange C&C aus Glasfaser verstärktem Kunststoff. Dieses schöne und sehr schnelle Boot haben wir seit fast 20 Jahren. Seit einigen Jahren ist der ehemals weiße Rumpf ``Navy Blue``. Das Unterwasserschiff wurde saniert und komplett neu aufgebaut.

Seit wir neue Segel haben, gehören wir zu den schnellsten Schiffen auf der Unterelbe. Wie alles begann – es wird konkret

Sehr gerne haben wir die Berichte von Weltumseglern und anderen Abenteurern gelesen, selber so eine Reise zu unternehmen, erschien viele Jahre nicht vorstellbar. Es sah so aus, dass der Wunsch einmal einen Ozean zu überqueren, nur ein Traum bleiben würde.

Bis zum Sommer 2010. Da saßen Florian, mittlerweile erwachsen und Bootsbaumeister, und ich in einem netten Fischlokal in der HafenCity von Cuxhaven und beschlossen spontan im Juli 2011 eine Atlantiktour zu unternehmen. Abreisedatum: Montag d. 4. Juli 2011, zwei Tage nach Angelikas Geburtstag.

Unsere Familie wurde recht bald von unserem Vorhaben informiert, ernst genommen wurden wir jedoch nicht.

Über die Anschaffung eines größeren Schiffes haben wir nicht nachgedacht, wir waren von der Seetüchtigkeit unserer ``Loliti`` überzeugt, für uns beide ist sie auch groß genug. Um alle für die weite Reise notwendigen Arbeiten besser ausführen zu können, waren wir sehr froh, dass noch ein Platz in der Winterlagerhalle in unserem Hafen frei war.

Das Schiff wurde genau überprüft, wir fanden heraus, dass das Kollisionsschott verrottet war, verstärkten die Laminate im Bereich der Püttinge und steiften das Vorschiff besser aus.
Die Wanten wurden alle eine Nummer stärker neu bestellt, die Segel vom örtlichen Segelmacher überprüft, das Großsegel bekam ein zusätzliches Reff.
Die Reling Stützen wurden auf massive Holzfundamente geschraubt, die Fenster und Luken erneuert.
Die Hauptarbeit war jedoch insgesamt dreieinhalb Kubikmeter Styropor gleichmäßig im Schiff zu verteilen. Um ruhiger schlafen zu können, wollten wir das Schiff unsinkbar machen.

Nachdem ich vor vielen Jahren an einen Sicherheitslehrgang teilgenommen habe, bei dem wir 15 Minuten in einer geschlossenen Rettungsinsel ausharren mussten, war mir klar, dass dieses keine Alternative ist. Nur wenn wir im Notfall unser Boot mit der kompletten Ausrüstung zur Verfügung haben, würden wir eine realistische Chance haben. Wir sind uns sicher, dass der Auftrieb ausreichend ist und gut im Boot verteilt wurde, so dass wir selbst im vollgeschlagenen Zustand noch hätten segeln können.
Mit unseren Firmen konnten wir ohne Probleme ein Jahr Beurlaubung vereinbaren. Florian hat bis April gearbeitet, ich bis zwei Tage vor der Abfahrt.

Den größten Teil der Umbauarbeiten hat Florian sehr zügig und qualifiziert alleine ausgeführt, mein Anteil an den Vorbereitungen bestand im Ausarbeiten der Reiseroute und der Beschaffung der Navigations- und Seenotausrüstung.

Ende April 2011 kommt das Schiff ins Wasser, kurz vorher bekommt das Unterwasserschiff noch zwei Lagen selbst polierendes Antifouling.
Im Wasser wird der Mast gestellt, alle neuen Wanten und Schoten passen perfekt. Alles wird sorgfältig ausprobiert und wir sind froh, dass es nirgends Probleme gibt. Wir sind sicher alles Notwendige gemacht zu haben, um sicher und schnell segeln zu können.

Je näher der Abreisetag kam, umso nervöser wurde ich.
Obwohl ich seit fast 40 Jahren segele, habe ich erst eine Nachtfahrt unternommen, und die war ein Waterloo. Jetzt wollten wir ein Jahr an Bord leben, wochenlang über den Ozean segeln ohne Möglichkeit einen Hafen anzulaufen.

Zum Glück war Florian weniger ängstlich.

Durch die große Menge Auftriebsmaterial ist der Komfort an Bord allerdings eingeschränkt. Die Kopffreiheit der vorderen Koje ist gerade noch ausreichend um dort schlafen zu können, die Hundekoje steht uns als Stauraum nicht mehr zur Verfügung. Aber das nehmen wir für ein unsinkbares Boot gern in Kauf.
Nachdem unsere Familie nicht mehr an der Fahrt zweifelte, wurde uns sogar geholfen, nicht nur beim Provianteinkauf. Zusammen gehen wir zu einer befreundeten Ärztin und bekommen Medikamente für alle möglichen Unfälle und Krankheiten. Auch eine homöopathische Apotheke mit Gebrauchsanweisung bekommen wir mit.
Einige Wochen vor der Abfahrt laden wir alle unsere Freunde ein und erzählen, was wir vorhaben.

Fahren sie los oder fahren sie nicht los? (von Frederike)

Wie viele Monate liegt ihr uns bereits mit dieser Reise in den Ohren? Eine Atlantikumrundung, na

klar. Ihr fertigt To Do- Listen an oder wälzt Segelkataloge.
Ich erinnere nur an das Styropor auf unserer Fensterbank.
An diese Reise glaubt doch sowieso kein Mensch. Vater und ein Jahr segeln? Keine fünf Minuten hält er es ohne Handy, Firma und Computer aus. Sehr unwahrscheinlich, dass diese Reise stattfindet, über Helgoland kommt ihr nie hinaus.
Ein wenig merkwürdig ist allerdings, dass Florian jede freie Minute in der stickigen Bootshalle verbringt und an der ``Loliti`` bastelt, mit Wolfgang Petry als Hintergrundgeräusch aus dem Radio. Dabei ist herrliches Frühlingswetter und Vater verschiebt zum x-ten Mal den Kündigungstermin bei Firma Weiss.
Jedes Weltumseglungsbuch ist gelesen und die Schnorchel Ausrüstung bereits gekauft. Der Merksatz steht.
Die Kündigung bei Firma Wrede ist durch, ein paar Wochen später strecken bereits andere Firmen ihre Arme nach Florian aus. Ich glaube noch immer nicht an diese Reise.

Mutter und ich haben uns schon so an Florians dauernde Anwesenheit gewöhnt. Fleißig erledigt er alle Aufgaben rund um Haus und Hof. Hühnerstall neu, Hausüberdachung neu, Keller aufräumen… Die Liste ist lang. Immer wieder Pferde auf die Wiese lassen, dann wieder Pferde zurück in den Auslauf treiben, wie sollen Mutter und ich nur für so eine lange Zeit ohne männliche Hilfe auskommen?
Ein Gutes hat diese Reise auch für mich. Ich darf noch ein Jahr länger zu Hause wohnen bleiben. Mutter kann schließlich nicht alleine bleiben.

Vater ist so aufgeregt. Laut Mutter schläft er keine Nacht mehr richtig durch. Die halbe Familie erleidet nachts Albträume. Das Schiff könnte untergehen, Vater wird vom Rückhaltebecken verschluckt, Vater hat die ``Loliti`` verkauft und gegen ein Motorboot getauscht.
Unfassbar, Firma Weiss beurlaubt Vater für ein Jahr!!! Jetzt wird es vielleicht doch ernst. Unglaublich wie viel Schaum jetzt im Boot ist. Unglaublich wie viele Konserven eingekauft wurden. Unglaublich, Florians Angelausrüstung.
Nur noch einen Monat, nur noch eine Woche, nur noch einen Tag. Florian wohnt bereits auf der ``Loliti``.
Der letzte Kaffee an Bord, die ganze Familie ist zusammen, strömender Regen, vier völlig durchnässte Familienmitglieder, das letzte gemeinsame Honigbrot. Nun heißt es auch für mich ein bisschen schneller erwachsen werden. Kein Vater mehr, keinen Bruder mehr, die mir alle Schwierigkeiten aus dem Weg räumen und meine Probleme lösen. Keiner mehr da, der meine Rechnungen ausdruckt oder der für mich bei schlechtem Wetter Stalldienst bei den Pferden macht. Keiner mehr, der für mich Flugmeilen sammelt, keiner mehr der abends mit mir Fahrrad fährt.

Natürlich bleibt mir noch Mutter, unsere vielen Haustiere und unser schönes Zuhause aber die Hälfte meiner Familie werde ich für sehr lange Zeit nicht mehr sehen. Plötzlich muss ich *selbstständig werden. Auch auf mich kommt eine neue Zeit zu, wer soll mir jetzt morgens meinen Kaffee bringen? Wie wird es mit Ma alleine?*

Sicher, wir werden uns eine schöne Zeit machen. Wir werden unsere Pferde genießen, in unserem wilden Garten liegen und uns gegenseitig unterstützen.
Unsere Abmachung: Ich werde ordentlicher und Mutter schreit mich in Zukunft weniger an. Heute ist Sonntag, unsere Männer segeln jetzt seit einer Woche. Findet die Reise jetzt wirklich statt? Die ``Loliti`` hat Deutschland bereits verlassen und unser Firmenauto ist abgegeben.
Vater und Florian: Ich wünsche euch das Jahr eures Lebens!
Wann wenn nicht jetzt. Ich weiß, dass ihr es schafft! Ich wünsche euch viele großartige Erfahrungen und eine tiefe innere Zufriedenheit.
Vater, mach dir keine Sorgen um Mutter, ich werde auf sie aufpassen. Wir sehen uns im September.
Florian, wir sehen uns in der Karibik, ich freu mich schon aufs Schnorcheln.

Abfahrt

Am Montag d. 4. Juli 2011 laufen wir um 6:30 Uhr mit dem Morgenhochwasser aus unserem Heimathafen Wedel zu unserer ``Langfahrt`` aus.

Bei bewölktem Himmel und nordwestlichem Wind mittlerer Stärke müssen wir auf der Elbe bis Brunsbüttel kreuzen, danach dreht die Windrichtung etwas westlicher und wir können ohne Ankerstopp gegen das jetzt wieder auflaufende Hochwasser am frühen Abend Cuxhaven erreichen.

Lange haben wir von einer weiten Reise geträumt, mehrere Monate am Schiff gearbeitet, jetzt ist es soweit. Das Boot ist komplett überholt, alle möglichen Schwachstellen sind repariert und wo erforderlich verstärkt. Alle technisch sinnvolle Ausrüstung, die auf Yachten unserer Größe möglich ist, haben wir an Bord.

Natürlich ist die Beladung jetzt größer als früher, die tiefere Schwimmlage ist deutlich erkennbar, erste Kreuzschläge auf der Elbe haben gezeigt, dass die großartigen Segeleigenschaften und die Geschwindigkeit unseres Bootes trotz des zusätzlichen Gewichtes der Ausrüstung nicht gelitten haben.

Die Stimmung an Bord ist sehr gut. Wir wissen, dass die ersten Wochen bis England die wohl schwierigste Strecke unserer geplanten Atlantikrundreise ist.

Nur hier in Mittel- und Westeuropa müssen wir mit Kälte, ungünstigen Winden, Tiden Strömungen und starkem Berufsschifffahrtsverkehr rechnen. Wir werden in Tagesetappen - auf dem Weg nach England sind alle 30 bis 50 Meilen Häfen - zuerst an der deutschen und niederländischen Küste

in Richtung Westen segeln.
Das unterscheidet diese Reise von allen anderen bisherigen Segeltouren: Wir haben zum ersten Mal ausreichend Zeit um auf günstige Wetterbedingungen zu warten. In der Vergangenheit war es oft so, dass wir auch bei ungünstigem Wind aus Termingründen weiterfahren mussten. Jeder der schon mal auf einem Boot mitgefahren ist, weiß, dass das Segeln mit raumem oder achterlichem Wind ein Vergnügen ist, eine Fahrt gegen Wind und Wellen kann mache Tour dagegen zu einem Horrortrip machen.

Von Cuxhaven laufen wir nach Helgoland, im Osthafen bekommen wir einen guten Liegeplatz, heute zieht wieder ein Tiefdruckgebiet durch, wir bleiben im Hafen und werden die restlichen Punkte unserer ``To Do`` Liste abarbeiten.
Nächste Stationen auf unserem Weg nach Westen sind Norderney oder Borkum. Wenn der Wind günstig ist, laufen wir morgen früh aus.

Sonnabend d. 09.07.2011

Jetzt sind wir eine Woche unterwegs, die Fahrt von Helgoland nach Norderney verläuft zu Anfang sehr gut, später, als wir schon die Hafeneinfahrt sehen konnten, schläft der Wind komplett ein, den Motor wollen wir nicht anwerfen und treiben demzufolge langsam mit der Strömung weiter. Zwei Stunden später kommt wieder Wind auf, leider aus der falschen Richtung. In der Einfahrt zum Hafen kippte dann noch die Tide, so dass wir recht lange brauchen, um mit Maschine die Marina zu erreichen.

Zum ersten Mal probieren wir unsere neue Windselbststeueranlage aus. Zufrieden sind wir nicht, statt dem erhofften geraden Kurs, von dem viele Segler schwärmen, steuert unser Boot Schlangenlinien und läuft oft aus dem Ruder.
Später lernen wir die Anlage richtig zu bedienen und erkennen, dass sie das Schiff viel besser steuert als wir von Hand.

Norderney ist sehr schön, die Insel ist zwar die einzige ostfriesische Insel mit Autoverkehr, trotzdem fahren die meisten nur Rad. Vom Hafen in das Zentrum kann man schnell
laufen, allerdings ist es kalt und in kurzen Abständen werden wir immer wieder von ergiebigen Regenschauern überrascht. Unsere Regenschirme haben sich schon bewährt, wir sind übrigens die einzigen Segler, die Regenschirme dabeihaben.

Sonntag d. 10.07.2011

Wir sehen nach draußen und stellen entgegen der Prognose günstigen Wind fest, bisher hatten alle Wettervorhersagen eine sehr hohe Fehlerquote, außerdem möchten wir nach einem Hafen

Tag wieder segeln. Niedrigwasser ist früh morgens, länger ausschlafen geht demzufolge nicht. Unser Ziel ist Borkum ungefähr 25 Seemeilen entfernt.

Die Bedingungen sind in den ersten Stunden optimal, halber Wind, die Strömung läuft mit, perfekt wäre alles, wenn es 10 °C wärmer gewesen wäre.
Zur guten Bordstimmung hat darüber hinaus beigetragen, dass wir eine 12 Meter Yacht mit gleichem Kurs schnell hinter uns gelassen haben.

Borkum wird nach wenigen Stunden erreicht, der Wind weht weiterhin günstig. Wir beschließen weiterzufahren. Zu diesem Entschluss beigetragen haben auch die eher abschreckenden Informationen über den Borkumer Hafen aus unseren Handbüchern. Mehrere Kilometer Fußmarsch in das Stadtzentrum sind nichts für Segler. Neues Ziel ist jetzt der Hafen von Vlieland in den Niederlanden.

Es kommt anders als gedacht, die Bewölkung nimmt schnell zu, die schwarzen Schauerwolken ziehen nicht wie auf Norderney innerhalb weniger Minuten wieder ab, sondern scheinen über uns stehen zu bleiben, beziehungsweise noch schlimmer, mit uns zu ziehen.

Zurückfahren kommt nicht in Frage, schließlich haben wir sehr gute Schlechtwetterkleidung, die absolut wasserdicht ist.
Bis auf die Öffnungen für Gesicht und Hände, hier gelangen laufend kleinere Wassermengen nach innen. Das führt leider dazu, dass man nach einiger Zeit doch komplett nass ist.
Mit dem Regen kommen auch Starkböen, jetzt von vorn. Das Großsegel reffen ist kein Problem. Zusammen mit unserem zum ersten Mal gesetzten kleinen Vorsegel können wir jedoch gut kreuzen. Die Sichtverschlechterung ist auch kein Problem. Auf unserem Plotter haben wir stets die Seekarte mit unserer aktuellen Position, Frachtschiffe können wir mit dem AIS (Automatik Identifikation System) lange bevor wir Sie sehen, identifizieren.
So schnell wie der Wind kam, verschwindet er auch wieder. In der folgenden zweistündigen Flaute - bedauerlicherweise werden wir mit der Flutströmung auch noch zurückgetrieben - haben wir unseren ersten Fisch auf dieser Reise gefangen. Es tat uns sehr leid den schönen Fisch zu töten, geschmeckt hat er aber fantastisch.

Später kommt wieder Wind, jetzt genau von vorn und wir müssen kreuzen. Kreuzen heißt: Wesentlich längere Fahrtstrecke, reduzierte Geschwindigkeit, unangenehme Schiffsbewegungen und laufend Salzwasserduschen.
Schnell wird klar, dass wir unser Ziel nicht mehr bei Tageslicht erreichen können, unsere erste Nachtfahrt steht bevor.

Der Mond scheint, richtig dunkel wird es nicht, allerdings fürchterlich kalt. Wir wollen abwechselnd schlafen, das geht aber schlecht, hauptsächlich weil das Schiff beim Kreuzen bei viel Wind innen extremen Krach macht, bei achterlichem Wind, den wir für die Zukunft erwarten, segelt das Boot dagegen völlig geräuschfrei. Wir versuchen abwechselnd in Regenkleidung auf dem Boden zu schlafen. Das gelingt aber nicht. In der Nacht verwirren uns die Kurse der in diesem Gebiet arbeitenden Saugbagger. Verwirren tun uns auch die vielen beleuchteten Bojen und die Leuchttürme an Land. Es wäre einfacher gewesen, wenn wir Wegpunkte programmiert hätten, die Möglichkeiten die Software unseres Plotters besser zu nutzen, lernen wir erst später.

Morgens um 4:00 Uhr wird es wieder heller, zum Frühstück ist unser Etappenziel erreicht, jetzt hat der Wind auch wieder in eine für uns günstige Richtung gedreht. Wir beschließen die guten Bedingungen auszunutzen und gleich bis Den Helder, am Ausgang des Ijsselmeeres gelegen, weiterzufahren. Die zusätzliche Distanz schätzen wir auf 25 Seemeilen.

Später stellt sich diese Schätzung als zu optimistisch heraus, noch schlechter sind jedoch der drehende und schnell abnehmende Wind sowie der Tidengegenstrom, der uns wieder zurücktreibt. Nachmittags um 15:00 Uhr zeigt unser Navigationsplotter immer noch eine zu segelnde Strecke von 18 Seemeilen an.
Abends um 20:00 Uhr erreichen wir bei Flaute Den Helder, die letzten Meilen legen wir mit Motor zurück.

Zum ersten Mal auf dieser Reise ankern wir hinter einer schützenden Insel.

Am nächsten Morgen ist immer noch Flaute, keine Chance weiter zu segeln. Um Proviant zu kaufen und zu duschen, beschließen wir in den sehr guten ``Königlichen Yachthafen`` von Den Helder zu fahren. Vorher wird das Boot gründlich gereinigt. Zum ersten Mal auf unserer Reise haben wir auch kostenloses Internet im Hafen, so dass wir Mails schreiben und Wetterprognosen ansehen können.

Dienstag d. 12.07.2011

Bester Wind aus Nord, um 6:00 Uhr morgens fahren wir mit voller Besegelung los. Später nimmt der Wind noch mehr zu und wir reduzieren die Segelfläche. Bis zu unserem Tagesziel Scheveningen sind es gut 65 Seemeilen, für die wir knapp 11 Stunden brauchen.
Unsere Schleppangel kostet uns bestimmt einen halben Knoten, diesmal allerdings völlig sinnlos, wir fangen keinen Fisch.

Wir fahren an einer riesigen Offshorewindfarm vorbei. Es ist nicht möglich die vielen Windräder zu zählen, im Gegensatz zu den geplanten Windparks in Deutschland sind die Windmühlen in Holland kostengünstig in der Nähe des Strandes und nicht auf der offenen See aufgestellt.
Obwohl eigentlich bei diesen Bedingungen nicht notwendig, tragen wir draußen immer unseren Sicherheitsgurt und picken uns auch ein, wenn wir die Plicht verlassen. Fest abgesprochen ist,

dass niemand die Plicht verlässt, wenn der andere im Schiff ist. Insbesondere, wenn wir mit ausgebautem Vorsegel fahren, sind wir nur sehr eingeschränkt manövrierfähig, eine schnelle Kursänderung ist unmöglich und der im Wasser Treibende wäre nach sehr kurzer Zeit nicht mehr zu sehen. Uns ist klar, dass Überbordgehen die größte Gefahr ist und unbedingt vermieden werden muss.

Ein weiteres Risiko ist Kaffeekochen bei Seegang. Wir beschließen mit dem heißen Wasser bei höheren Wellen nicht mehr im Schiff zu hantieren, sondern nur noch in der Plicht wo man sich sicher hinsetzen kann.

Für sehr schlechtes Wetter haben wir löslichen Kaffee an Bord, Filterkaffee schmeckt uns aber besser.

Am Nachmittag nimmt der Wind immer mehr zu, gerade rechtzeitig erreichen wir den Hafen von Scheveningen. Alle Gastyachten liegen im Päckchen und es stürmt und regnet in der Nacht fürchterlich, Glück gehabt.

Hier in Scheveningen treffen wir zum ersten Mal andere Langfahrtyachten aus Polen, Skandinavien und Deutschland. Neben uns liegt ein Einhandsegler aus Möltenort bei Kiel. Fast alle wollen die gleiche Atlantikroute wie wir segeln.

Die meisten Langfahrtyachten hier sind so groß wie unsere ``Loliti``. Es gibt allerdings auch einige mit sehr kleinen Booten und natürlich auch sehr viel größere. Vor uns liegt die ``Bagatelle`` aus Strande bei Kiel von KYC, eine tolle X-42.

Sehr viele Segler haben übrigens eine eigene Website, manche sind wirklich gut und aufwendig gestaltet.

Im Moment wissen wir noch nicht wie es weitergeht. Morgen soll Sturm kommen, dann bleiben wir natürlich hier, wenn die Bedingungen es allerdings zulassen, würden wir gern so schnell wie möglich weitersegeln, vielleicht sogar non-stop bis Dover an der Südostküste Englands.

Mittwoch d. 13.07.2011

Heute hat es wieder die ganze Nacht fürchterlich gestürmt und geregnet. Der Regen ist gut, jetzt ist alles an Deck wieder salzfrei.

Wenn man nass ist, ist es nicht angenehm, das weiß jeder. Auf See lernt man schnell den Unterschied zwischen nass durch Süßwasser und nass durch Salzwasser kennen. Ein Spritzer Salzwasser entspricht einer Dusche mit Frischwasser. Das unangenehme am Salz ist, dass alles immer klamm und feucht ist. Unser Ziel ist, dass ins Schiff kein Seewasser kommen soll, schon gar nicht auf unsere Kojen.

Jetzt sind wir schon eineinhalb Wochen unterwegs. Heute können wir nicht segeln, macht aber nichts denn wir haben ausreichend Zeit. Erst Mitte August müssen wir in Südwest England sein um günstige Bedingungen zur Überquerung der Biskaya vorzufinden.

Das ist der Unterschied: Früher wäre jetzt bereits die Hälfte meines Jahresurlaubs um und wir wahrscheinlich in Panik, ob wir es in der verbleibenden Zeit noch schaffen würden wieder nach Hause zu kommen. Jetzt sehen wir alles viel gelassener und freuen uns auf einen schönen Hafen Tag.

Bisher hat sich unsere Ausrüstung sehr gut bewährt, nichts ist defekt, alles funktioniert wie vorgesehen.

Auch unsere Stromversorgung ist ausreichend, obwohl wir bisher immer nur wenige Stunden Sonne am Tag hatten, produzieren unsere beiden Solarpaneele genug Strom, um unsere Navigationsgeräte immer in Betrieb zu haben. Die Innenbeleuchtung ist auch kein Problem, unsere LED Lampen verbrauchen praktisch keinen Strom.

Manchmal haben wir sogar Stromüberschuss, dann laden wir Florians Laptop Batterie. Das freut ihn immer besonders, weil er dann abends Filme sehen kann, die Schwager Gert auf eine Festplatte geladen hat.

So ist das eben mit den erneuerbaren Energien, wenn man den Verbrauch an die Erzeugung anpasst, funktioniert es.

Sehr gut funktioniert auch die Erwärmung des Abwaschwassers mit der Solardusche.

Um die optimale Leistung der Solaranlage zu erreichen, müssen wir die Paneele immer so aufhängen, dass sie direkt in der Sonnenstrahlung stehen, geringe Beschattung reduziert den Ladestrom sofort erheblich. Kein Problem an Bord, wir haben ja Zeit.

Wir sind froh keinen Windgenerator angeschafft zu haben, auf See mit achterlichem Wind funktioniert der nicht richtig. Und im Hafen oder vor Anker ist die laute Geräuschentwicklung Grund, dass viele Ihre Windräder festbinden.

Wenn es mit unseren Solarpaneelen in den nördlichen Breiten schon kein Problem gibt, wird es ab Spanien, wo die Sonne immer scheint, erst recht einfach sein unsere Batterien immer vollzuladen.

Den heutigen Hafen Tag haben wir für kleinere Reparaturen genutzt, am wichtigsten war mir die Leckstelle über meiner Koje abzudichten. Bei einer ``Sandwichkonstruktion`` wie unserer ``Loliti`` ist es aber gar nicht so einfach die Undichtigkeit zu lokalisieren, ob es funktioniert hat, werden wir bei der nächsten Schlechtwetterfahrt sehen.

Dummerweise haben 2 Scheiben im Aufbau Risse bekommen, wir wissen nicht woran es liegt und hoffen, dass die Festigkeit nicht beeinträchtigt wird. Damit die Risse nicht länger werden, bohren wir am Ende ein kleines Loch und dichten alles gut mit Silikon ab. Später erfahren wir, dass wir die verkehrten Schrauben für die Montage gewählt haben.

Eben kommen wir vom Hafenbüro, der aktuelle Wetterbericht ist für unsere kurzfristige Fahrtroute schlecht, es sieht so aus, dass wir auch morgen hierbleiben. Neben zu starkem Wind ist auch die Richtung ungünstig.
Heute ist hier niemand aus- oder eingelaufen. Vielleicht mieten wir uns morgen Fahrräder, um in die City zu fahren.

Donnerstag d. 14.07.2011

Mit unserer Ankunft in Scheveningen fängt es an zu regnen, erst ein bisschen, dann Starkregen, wie wir ihn noch nicht oft erlebt haben. Zum Glück ist unser Schiff jetzt völlig dicht, der Regen kommt von vorn, so dass wir den Niedergang offenlassen können. Zu spät bemerken wir, dass der Wind von Stunde zu Stunde zunimmt und dreht. Der jetzt fast waagerecht fliegende Regen kommt in nicht unerheblichen Mengen ins Boot, aber Süßwasser ist kein Problem. Wenn die Schotten dicht sind, gibt es allerdings keinen Luftaustausch im Boot, und dann bildet sich sehr schnell viel Schwitzwasser.

Der zunehmende Wind macht zusätzliche Leinenverbindungen zum Land notwendig. Zum Glück liegen wir außen an zwei mehr als 40 Fuß langen Yachten.

Auch heute läuft keine Yacht aus, es kommt auch keine. Der Wind, gemessen auf unserer Nachbaryacht, erreicht in Böen Stärke 10.
Die meiste Zeit des Tages bleiben wir im Schiff, spielen Schach und lesen.
Rausgehen ist schwierig, nach Sekunden wird man nass wie unter einer Dusche, außerdem können wir kaum gegen den Sturm angehen.

Heute ist einer der wenigen Tage, an denen es nicht einmal eine Sekunde lang nicht geregnet hat.

Zwischendurch sitzen wir lange auf der ``Time + Tide`` aus Möltenort und klönen, Rainer ist Einhandsegler. Er hat acht Wochen Urlaub, seine Frau wollte eigentlich in Zeebrügge zusteigen, will sich das aber bei diesen Wetterbedingungen noch einmal überlegen.

Freitag d. 15.07.2011

Heute regnet es seit Mitternacht nicht mehr, das Barometer steigt schnell, der Wind nimmt ebenfalls schnell ab, beste Bedingungen um morgens um 5:00 Uhr aufzustehen um in Richtung

Zeebrügge nach Belgien zu fahren. Der schöne Nordwind, mit dem wir von Den Helder nach Scheveningen geflogen sind, hat auf West gedreht. Zum Glück liefen die Wellen noch lange mit, so dass Kreuzen kein Problem war.

Wie auf fast jeder bisherigen Tagesetappe haben wir auch heute eine Flauten Periode, in der wir zu allem Überfluss durch den jetzt umgekippten Tidenstrom zurückversetzt werden. Die Stimmung an Bord ist trotzdem sehr gut, dazu trägt hat auch das tolle von Florian zubereitete Mittagessen bei - allerdings ohne Fischbeilage, denn angeln um Fisch zu fangen, ging nicht, die nachgeschleppte Angel hätte unsere Geschwindigkeit zu stark reduziert.

Später kommt wieder Wind auf, jetzt allerdings aus der völlig falschen Richtung. Lange Diskussionen gibt es welchen Umweg wir um Flachwassergebiete machen müssen um sicher nicht aufzulaufen. Auch haben wir Meinungsunterschiede, in welchem Abstand wir fahrende Frachter passieren können. Während Florian sehr auf Sicherheit bedacht ist, bin ich etwas risikofreudiger.

Der Hafen von Zeebrügge ist schon von weitem zu erkennen. Jede Menge Containerbrücken sind an den verschiedenen Piers aufgestellt. Auf der langen Hafenmole stehen sehr viele Windräder, die nachts alle rot blinken. Aus etwas größerer Entfernung sind die vielen rot und grün blinkenden Bojen so unübersichtlich, dass es schwierig ist die Hafeneinfahrt zu finden.
Zum Glück ist das Navigieren mit dem Kartenplotter sehr einfach, man sieht immer die Seekarte und die eigene momentane Position des Schiffes, darüber hinaus werden Geschwindigkeit über Grund und Kurs angezeigt. Eine weitere große Hilfe und sicherlich auch zusätzliche Sicherheit sind die AIS Angaben: Neben den genannten Informationen sind auch alle fahrenden Schiffe mit Fahrtrichtung und Position auf dem Display dargestellt.

Je länger wir segeln, umso schwächer wird der Wind. Zum Glück erreichen wir mit dem letzten Hauch noch die Hafenmole, danach fahren wir mit Maschine weiter zum Yachthafen Zeebrügge.

Am Besucherschlengel machten wir um 1:00 Uhr morgens neben einer belgischen Yacht fest und gehen sofort in die Koje. Rainer muss besser gesegelt sein als wir, er ist nach uns losgefahren und schon viel eher angekommen, vielleicht hat er in der Flauten-Periode den Motor angestellt.

Sonnabend d. 16.07.2011

Hafentag in Zeebrügge. Wieder ein Tag, an dem es 24 Stunden ohne Unterbrechung geregnet hat. Außerdem ist es sehr kalt.

Wir haben uns vom Hafenmeister ein Kabel geliehen und können jetzt alle Batterien mit Landstrom laden.

Heute kommt keine Yacht in den Hafen, auslaufen tut auch niemand. Das schwedische Boot vor uns kämpft mit technischen Problemen, Lichtmaschine, Motor und Navigation funktionieren nicht. Leider können wir auch nicht helfen. Die Regattayacht kann bis zu 16 Knoten laufen, drei Mal so schnell wie wir. Eine Einrichtung hat das Schiff nicht, man schläft auf Aluminium Rohrkojen, hat keine Kochecke, nichts Wohnliches, kein Vergleich zu unserem komfortabel und gemütlich eingerichteten Boot. Die Regattasegler sind auch belastbarer. In vier Tagen wollen sie eine Strecke schaffen, für die wir 14 Tage rechnen würden. Und das ohne Selbststeueranlage.

Eine andere Extremyacht liegt hier, eine ``open 60`` die vor einigen Jahren eine Einhand-non-stop-Weltumsegelung (Volvo Ocean Race) in Rekordzeit geschafft hat. Jetzt liegt das Schiff unbenutzt im Hafen, wenn man den Unterwasserbewuchs sieht, schon recht lange.

Sonntag d. 17.07.2011

Heute Morgen scheint die Sonne, das Barometer steht so tief wie noch nie, fällt aber nicht weiter, was gut ist, denn dann kündigt sich das nächste Schönwetterfenster an.

Jede Gelegenheit wird genutzt alle Kleidung zu trocknen. Bei dem herrschenden starken Wind geht das zum Glück sehr schnell. Eben kommt eine große holländische Yacht in den Hafen. Die draußen im Starkwind zerrissene Rollfock schlägt fürchterlich, das ganze Rigg vibriert und die Mannschaft hatte auf See keine Chance die Reste des Segels zu bergen.
Rollsegel haben Vorteile, allerdings sieht man in vielen Hafen Schiffe, bei denen die aufwendige Technik nicht funktioniert, das gilt besonders für im Mast aufgerollte Großsegel.

Zeebrugge ist keine schöne Stadt, viel zu sehen gibt es nicht. Heute Nachmittag leihen wir uns vom Hafenmeister Fahrräder und wollen die Umgebung erkunden.

Die ``Time + Tide`` Mannschaft ist heute Morgen nach Hause gefahren, am Mittwoch will sie wiederkommen. Solange wir hier sind, passen wir auf das Boot auf.
Im Internet wird die Wetterlage erkundet. Am einfachsten ist die leicht verständliche www.windfinder.com Seite. Allerdings haben wir festgestellt, dass nur die Vorhersage für die nächsten 12 Stunden einigermaßen sicher ist, alle Prognosen für die darauffolgenden Tage haben sich bisher immer als falsch herausgestellt.

Es sieht so aus, dass wir auch morgen noch hier sind und erst am Dienstag weiterfahren können.

Montag d. 18.07.2011

Eigentlich wollen wir jetzt schon auf dem Weg nach England sein aber wegen ungünstiger Winde,

viel zu stark und dann auch noch aus der verkehrten Richtung, Regen und Kälte, liegen wir immer noch in Zeebrügge.
Allen anderen Seglern auf den anderen Yachten geht es genauso.
Die schwedischen Regattasegler kommen auch nicht weiter, sie konnten ihre technischen Probleme bisher nicht beheben, jetzt funktioniert in der Navigationsecke überhaupt nichts mehr. Mehrere Servicefirmen waren schon vor Ort, immer erfolglos. Manchmal denke ich die jungen Leute haben den finanziellen Aufwand, eine Regattayacht in Fahrt zu halten, nicht richtig eingeschätzt. Für die Kosten nur eines Segels könnten wir ein ganzes Jahr segeln. Auch die Freundin des Eigners sieht immer neidisch auf die komfortablen Inneneinrichtungen der anderen Fahrtenyachten. Auf ihrem Schiff gibt es nicht einmal eine vernünftige Sitzbank, Kaffee kochen geht nur mit einem Camping Kocher. Dafür erreichen sie 16 Knoten Speed. Ein Schwesterschiff soll den Atlantik in neun Tagen überquert haben.

Heute haben wir einen Mix aus Sturm mit Regen und Sturm ohne Regen, zwischendurch scheint allerdings auch immer mal die Sonne und dann merkt man, dass wir Hochsommer haben. Wenn es anfängt zu regnen, müssen wir sehr schnell eine Unterstellmöglichkeit finden, Sekunden später gießt es wie aus Kübeln.

In Zeebrügge sind besonders im Hafenbereich, der heißt hier, wie überall in der Welt, ``Waterfront``, in den letzten Jahren sind jede Menge neue Gebäude errichtet worden, fast alles steht leer und weil nichts für die Unterhaltung getan wird, sehen sie schon recht heruntergekommen aus. Der Hafenmeister hat uns erzählt, dass vor der Finanzkrise sehr viele Belgier in Immobilien investiert haben, immer mit dem Ziel, dass die zu erzielenden Mieteinnahmen höher sind als die Belastung durch die Hypotheken. Die Gebäude sind fertig, was fehlt sind die Mieter.
Im Hafen liegen allerdings hauptsächlich Yachten der 50 Fuß Klasse, und jede Menge Speed - Boote mit zwei 200 bis 300 PS Außenbordmotoren. Wenn die mit kleinster Leistung fahren, reicht es immer noch zum Wasserskilaufen.

Unser Liegeplatz liegt genau gegenüber einem Containerterminal. Wir sind erstaunt hier die größten Containerschiffe der Welt zu sehen. Tag und Nacht werden Container geladen und gelöscht. Die Arbeit ist allerdings mit viel Krach verbunden, hauptsächlich durch die für uns unverständlichen Lautsprecherdurchsagen der Kranführer.

In Belgien ist alles in zwei Sprachen beschriftet, beide verstehen wir nicht, zum Glück für uns sprechen alle englisch und viele deutsch.
Belgien hat seit vielen Monaten keine Regierung, das Leben geht trotzdem weiter, offensichtlich geht es auch ohne politische Führung.

Montag d. 18.07.2011

Heute Morgen stecken wir die Köpfe aus dem Schiebeluk und werden erneut von Sturm und Regen überrascht.

Wir klopfen auf das Barometer, keine Änderung, da es in den letzten Tagen schon unverändert stand, gehen wir davon aus, dass das wichtige Instrument defekt sein muss.

Vormittags regnet es manchmal weniger, manchmal mehr, ab und zu heftig, kein Regenschirm wird dann mit den Wassermassen fertig.

Wir beschließen das Boot komplett aufzuräumen und alle gebrauchten Kleidungstücke im nahe gelegenen Waschsalon zu waschen.
Seit Norderney vermuten wir einen blinden Passagier an Bord, verdächtige Nagespuren im Ankerkasten lassen keinen anderen Schluss zu. Als wir jetzt auch noch Holzreste an einer Stelle in der Backs Kiste finden, die wir vorher gründlich sauber gemacht hatten, sind wir sicher eine Maus an Bord zu haben. Sie scheint sehr intelligent zu sein, bisher haben wir sie weder gesehen noch gehört. Im nächsten Hafen werden wir eine Lebendfalle kaufen.

Mit uns am Schlengel liegt der Einhandsegler von der ``Ariane`` aus Cuxhaven, das 11 Meter Stahlboot macht keinen guten Eindruck, bei dem Unterwasserbewuchs wundern wir uns, dass das Boot überhaupt noch fährt. Die ``Ariane`` hatte im letzten Jahr die gleiche Tour wie wir vor, jetzt ist sie auf dem Nachhauseweg. Leider hat es nicht so funktioniert wie geplant, in der Biscaya gab es bei Starkwind viel Bruch. Das Schiff musste in einen Nothafen eingeschleppt und an Land repariert werden. In Tagesetappen ging es danach an der französischen Küste zurück nach Nordeuropa. Einhandsegler auf Langfahrt sind schwer einzuschätzen. Sicher gibt es welche, die gern allein segeln, oft sitzen sie alleine in Ihrer Kabine und haben wenig Kontakt zu anderen. Die meisten Segler die allein unterwegs sind, haben allerdings keine Crew gefunden und segeln nur deshalb allein.

Abends hört es endlich auf zu regnen. Wir gehen in die nicht sehenswerte Stadt, spielen noch Schach und gehen dann relativ früh schlafen.

Dienstag d. 19.07.2011

Der Sturm ist weg, die Sonne scheint, leider kein Wind, wir laufen trotzdem aus, viereinhalb Stunden haben wir nun mindestens Tidenunterstützung auf unserer Fahrt nach Südwesten. Zum Glück gibt es hier in kurzen Abständen Yachthäfen.

Nach sieben Stunden haben wir 25 Seemeilen geschafft, davon bestimmt zehn durch die Strömung und laufen Nieuwpoort an, den letzten Hafen in Belgien vor der französischen Grenze.

Hier liegen unglaublich viele Yachten, die ganze Gegend ist Urlaubsgebiet mit kilometerlangen Sandstränden. Wir bekommen einen guten Liegeplatz in einer Box zugewiesen und laufen zu Fuß in den nahen gelegenen Ort. Auf jeden Fall müssen wir sehen, ob es eine französische Gastlandflagge zu kaufen gibt. Frankreich war in unserer Törn-Planung ursprünglich nicht vorgesehen, jetzt haben wir jedoch entschieden, die Meerenge zwischen Dover und Calais auf der französischen Festlandseite zu passieren.

Obwohl wir nicht viel gemacht haben, sind wir bei der Ankunft recht müde. Bei wenig Wind dümpelt das Boot entsetzlich, die Segel schlagen und man muss sehr konzentriert steuern um dem Ziel überhaupt näherzukommen. Bei wenig Wind funktioniert unsere Selbststeueranlage auch nicht richtig.

Nieuwpoort ist ein schöner Ort, abends laufen wir noch in die Altstadt. Leider widersprechen sich die Windvorhersagen. Wir gehen in die Kojen und wissen nicht, was wir am nächsten Tag machen werden. Ein Hafentag in Nieuwpoort wäre allerdings nicht das schlechteste.

Mittwoch d. 20.07.2011

Heute sind die Winde günstig, innerhalb kürzester Zeit machen wie die ``Loliti`` seeklar und laufen aus, gefrühstückt wird unterwegs.

Zu Anfang läuft alles perfekt, wir können ohne zu kreuzen anliegen, sehen nach kurzer Zeit Dünkirchen und später auch die Containerkräne im Hafen von Calais.
Wir fahren bis an die Verkehrstrennungsgebiete. Dort schläft von einer Sekunde zur anderen der Wind völlig ein. Den ganzen Nachmittag dümpeln wir auf der Stelle, manchmal schaffen wir es, gerade nicht mit dem Flutstrom zurückgetrieben zu werden, manchmal nicht mal das und wir treiben wieder in Richtung Holland. Am späten Nachmittag wird klar, dass wir heute keinen Hafen mehr erreichen können und wir nachts weitersegeln müssen. Was allerdings kein Problem ist, wir sind auf alles gut vorbereitet.

Donnerstag d. 21.07.2011

Morgens so gegen 4:00 Uhr kommt wieder Wind, ausreichend stark und auch aus der richtigen Richtung, wir kommen gut gegen das jetzt auflaufende Wasser voran und nutzen die günstige Gelegenheit die Straße von Dover, kurz bevor wir Calais erreichen, zu queren.

Wir sind erstaunt, wie einfach das geht. Vorher hatte man uns vor unzähligen schnell fahrenden Fähren und anderen Frachtschiffen gewarnt. Auf unserem Heimatrevier der Elbe ist der Berufsschifffahrtverkehr enger.

Die weißen Kreideklippen von Dover sind schon aus großer Entfernung zu sehen. Am Hafen Dover fahren wir vorbei, mit dem günstigen Ostwind wollen wir gleich bis Cowes auf der Isle of Wight segeln. Wir setzen zum ersten Mal auf dieser Reise unseren Spinnaker und hoffen, das Ziel am nächsten Morgen zu erreichen.

Wie schon oft kommt es anders als geplant. Nach zwei Stunden angenehmer Rausche Fahrt wird der Wind schnell schwächer und ab 13:00 Uhr haben wir völlige Windstille und treiben einige Stunden einfach umher. Wir sind zu weit von einem Hafen entfernt um diesen in vernünftiger Zeit mit Motor zu erreichen und die Häfen in der Nähe ``dryen`` alle. Das heißt bei Ebbe steht dort kein Wasser in den Hafenbecken. Zurückfahren nach Dover kommt auch nicht in Frage.

Hier ist das Wasser tief, die Küste ist einige Meilen entfernt. Der Berufsschifffahrtverkehr im Kanal ist jetzt stark. Treiben lassen ist kein Problem, vielleicht kommt noch etwas Wind auf, dann können wir segeln und die Wachen sind nicht langweilig.

Freitag d. 22.07.2011

Wir haben großes Glück, kurz nach Mitternacht kommt Wind auf, aus Nord, erst sehr schwach, dann immer stärker.

Wenn der Wind unter Berücksichtigung der eigenen Geschwindigkeit und der Meeresströmung genau von der Seite kommt, fährt eine Segelyacht am schnellsten und bequemsten. Es kommt kein Wasser an Deck und die Geräusche im Schiff sind minimal. Solche Fahrtbedingungen haben wir jetzt die nächsten 12 Stunden. Auch als wir zum ersten Mal im Dunkeln das Vorsegel wechseln und das Groß reffen, reduziert sich unsere Geschwindigkeit nicht. Wir segeln nur aufrechter und angenehmer.
Wir sehen viele Fischkutter, sehr erschreckt sind wir als wir einer Fischerboje erst in letzter Sekunde ausweichen können.
Zum Mittagessen beschließen wir Fisch mit Reis zu essen. Alle Zutaten haben wir an Bord, nur der Fisch muss noch gefangen werden. Um 10:00 Uhr hängt die Schleppangel draußen und kurze Zeit später zappelt die erste Makrele am Haken. Leider ist sie zu klein für uns beide, so dass wir noch eine fangen müssen, was auch bis zum Mittag gelingt.
Den Fisch bereiten wir zu wie in China, das heißt wir kochen ihn. Wenn man frischen Fisch kocht, löst sich das Fleisch sehr gut von den Gräten und ist dann einfach zu essen. Das funktioniert aber nur mit wirklich frisch gefangenen Tieren.
Natürlich sind unsere Kombüsen Möglichkeiten begrenzt, aber Florian gelingt es immer innerhalb kürzester Zeit, eine abwechslungsreiche Mahlzeit zuzubereiten.

Wir kochen mit einem Spirituskocher. Der Petroleumdruckkocher, den wir vorher hatten, brachte zwar eine erheblich höhere Heizleistung, allerdings nur wenn er richtig brannte. Jeder der schon mal mit solch einem Gerät gearbeitet hat, weiß, wie schwer es ist den Kocher in Gang zu setzen. Mindestens einmal in der Woche ist die komplette Kabine verrußt, weil die Brennervorwärmzeit nicht ausreichend war. Gas als alternativen Brennstoff wollten wir nicht, zum einen, weil es nicht ungefährlich ist, zum anderen gibt es in jedem Land verschiedene Anschlüsse, so dass das Nachfüllen der Gasflaschen immer ein Problem ist.

Wir haben festgestellt, dass die verschiedenen Spiritussorten unterschiedlich gut heizen, am besten ist der Brennstoff, den wir auf Helgoland gekauft haben, was deutlich zeigt, dass man dort etwas von Alkohol versteht.

Der vorgesehene Hafenstopp in Brighton wird gestrichen. Wir erreichen die Isle of Wight bei Sonnenaufgang. Hier ist das Segelzentrum Englands. Wie exklusiv die Gegend ist, erkennt man auch an den exorbitanten Hafenliegegebühren. Für einen vier Stunden Hafenaufenthalt muss man mehr bezahlen als in Deutschland für zwei komplette Übernachtungen.

Leider wird jetzt der Wind wieder schwächer, wir kommen nicht mehr gegen die Tidenströmung an und treiben zurück. Später wird es wieder besser und wir beschließen auch in dieser Nacht weiterzufahren, auch weil wir keinen geeigneten Hafen in der Nähe finden konnten.

Sonnabend d. 23.07.2011

Bis Mitternacht läuft es gut, danach wird es chaotisch. Der Wind dreht und frischt schnell auf. Segel reffen bei Dunkelheit ist kein wirkliches Problem, ärgerlich sind nur die nicht zu verhindernden Salzwasserduschen für den, der am Mast das Reff einbindet.

Nachts sind wir immer angeleint, auch wenn wir nur in der Plicht sind. Fest abgemacht ist auch, dass niemand nach vorne geht, wenn der andere schläft.

Der Wind wird immer stärker, die Windrichtung immer ungünstiger, ein weiteres Reff ist auch keine Lösung. Wir erkennen, dass es keinen Sinn macht, weiter gegen an zu segeln. Wir versuchen uns bis zum Morgengrauen treiben zu lassen, was aber nicht geht. Die steilen Wellen aus unterschiedlichen Richtungen lassen das Boot unangenehm schaukeln. Wir setzen wieder Segel und laufen erst einmal vor dem Wind zurück.

Schnell suchen wir im ``Reeds``, unserem Handbuch mit allen Hafeninformationen und was man noch alles so wissen muss, wenn man in England segelt, nach einem Ausweichhafen und finden Swanage bei Poole.

Dort angekommen, wir waren jetzt drei Tage auf See, sehen wir in der Ferne die Hafenanlagen von Portland und beschließen dort hinzufahren. Herrliches Segeln an der wirklich schönen englischen Südküste, abends um gut 18:00 Uhr sind wir da.

Vor der Einfahrt in den Hafen haben wir aus Versehen das Kühlwasserventil des Motors nicht richtig geöffnet, so dass der Motor jetzt nicht genug Kühlwasser bekommt. Im großen Hafenbecken ankern wir erst einmal, dann suchen und finden wir die Störungsursache zum Glück schnell. In die engen Marinas kann man nur mit Maschine einlaufen, mit Segeln gibt es immer Bruch, verboten ist es auch.
In England liegen viele Yachten an im Hafengrund verankerten Mooringtonnen. Wenn der Eigner segeln will, muss er mit dem am Ufer liegenden Beiboot erst einmal zur Yacht rudern. Auch ankern im Hafen ist üblich.
Ein Grund hierfür sind sicher die sehr hohen Kosten für Liegegebühren und allem was mit Schiffen zusammenhängt. Insgesamt ist in England alles wesentlich teurer und dabei sehr oft viel schlechter als bei uns zu Hause.

Wir haben lange überlegt ob wir die gelbe Q Flagge setzen müssen. Dieses Signal bedeutet, dass man einklariert werden möchte. Normal darf man vor dieser Prozedur das Boot nicht verlassen. England gehört bekanntlich nicht zum Schengen - Abkommen und jeder, der mit dem Flugzeug einreist, muss seinen Pass vorzeigen.

Von einem anderen Segler, der allerdings selber noch nie mit dem Schiff in England war, haben wir die Info bekommen, dass man einfach einreisen kann, niemand fragt nach dem Pass. So haben wir es auch gemacht und keine Probleme gehabt. Natürlich haben wir eine englische Gastlandflagge gesetzt.

Sonntag d. 24.07.2011

Jetzt sind wir genau drei Wochen unterwegs und können uns schon gar nichts anderes als segeln mehr vorstellen. Ein Problem ist zum Beispiel der Kalender: Wenn man nicht mehr jeden Tag Briefe und Mails schreibt, verliert man schnell den Überblick, welcher Tag heute ist.

Nach sehr gutem Schlaf, im Hafen schläft man natürlich viel besser als auf See, machen wir erst einmal ``klar Schiff``. Drei Stunden dauert es, bis wir wieder den Auslaufzustand erreicht haben. Wir beschließen, besonders den Kombüsen Abwasch in Zukunft zeitnah zu erledigen. Heute ist ein schöner Tag, das heißt es regnet nicht und die Sonne scheint, warm ist es aber trotzdem nicht, nur 16 °C, aber das reicht aus, alle unsere Kleidung und Betten draußen zu trocknen und zu lüften.

Vom Hafenmeister erfahren wir, dass hier in Portland im Jahr 2012 die olympischen Sommerspiele stattfinden werden.

Zurzeit sind Teams aus allen Ländern zum Training hier.
Regattasegeln ist schon etwas anderes als unser Fahren Segeln, für Olympia zu trainieren ist eine ganz andere Dimension.
Früh morgens fahren die Sportler raus, zu jedem Segler gehört ein Begleitboot, stundenlang werden Manöver geübt, besonders leidtun uns die Surfer und Lasersegler, die sind schon bei der Abfahrt nass und bleiben es wohl den ganzen Tag.

Uns fällt auf, dass der Ton zwischen Trainer und Sportler nicht sehr freundlich ist.
Im Yachthafenrestaurant sitzen jede Menge Sportfunktionäre, die alles mit dem Fernglas genau beobachten. Die meisten sind so dick, dass jedes Surfbrett sinken würde, wenn sie es selber mal versuchen sollten.

Große Überraschung: Wir treffen Silke Halbrock und ihr Team. Mit Silke Halbrock wurde Florian vor vielen Jahren Deutscher Meister in der Teeny Klasse. Sie hat den Regattasport weiter betrieben und trainiert jetzt für Olympia 2012.
Um bei Olympia die Qualifikation zu schaffen, ist mehrjähriges Training notwendig, nebenbei arbeiten geht nur eingeschränkt. Für die sehr hohen Kosten gibt es Sponsoren, die sich verpflichtet haben, alle Ausgaben zu bezahlen. Einer scheint ``Audi`` zu sein, das Boot ist voll mit Firmensymbolen und auch zwei schwere Geländewagen zum Ziehen der Boote stehen auf dem Parkplatz. Neben dem Regattaboot wird auch immer ein zweites Trainingsboot benötigt.

Silke Halbrock ist die einzige Deutsche in dieser Bootsklasse, leider ist sie noch nicht qualifiziert, wir sollen ihr für die Weltmeisterschaft in Perth im Oktober die Daumen drücken. Wenn sie unter die ersten neun kommt, hat sie die Fahrkarte zur Olympiade nach England.

Später erfahren wir, dass es mit der Qualifikation leider nicht geklappt hat, schade.

Alles wird hier für Olympia vorbereitet, nicht nur im Hafenbereich, in der nahen City ist ein großes Hotel in Arbeit.
Ein kompletter Schlengel ist voll mit Begleit-Speed Booten, alle mit je zwei Außenbordmotoren der 150 bis 250 PS Klasse.
Wenn man berücksichtigt, dass so ein Motor so viel kostet, wie ein gut ausgestatteter Mittelklassewagen, wundert mich, dass die Maschinen nicht öfter gestohlen werden.
Abends verholen wir in den sehr großen Vorhafen und verbringen die Nacht ruhig vor Anker.

Montag d. 25.07.2011

Beim Frühstück sehen wir den Olympiakandidaten zu. Ihr Training beginnt schon früh morgens und wir sehen nie, dass eine Pause gemacht wird.

Danach packen wir zum ersten Mal unser Beiboot aus und wollen zum Strand fahren. Im Bootszubehörladen wirkte das Schlauchboot größer. Mit unserem 2 ½ PS Außenborder können wir sehr schnell fahren, sind dann allerdings auch nach kurzer Zeit völlig durchnässt. Selbst bei kleiner Fahrstufe spritzt es entsetzlich. Wir müssen uns wohl daran gewöhnen, nicht trocken vom Ankerplatz an Land zu kommen, aber da, wo wir hinwollen ist es warm und demzufolge kein Problem. In Portland ist es aber kalt und wir frieren ganz schön.

Wir erfahren im Internet, dass in den nächsten 12 Stunden völlig überraschend Nordwinde mit mäßiger Stärke kommen sollen. Genau der Wind, den wir brauchen, um schnell nach Plymouth, unserem geplanten Starthafen für die Biskaya Überquerung, zu kommen.

Sofort entscheiden wir uns für einen Blitzstart, innerhalb kürzester Zeit ist das Schlauchboot verpackt, der Anker verstaut und gesichert und wir rauschen aus der breiten Hafeneinfahrt in den englischen Kanal.

Bis Plymouth sind es fast 80 Seemeilen, nach zwei Nächten mit ausreichend Schlaf sind wir wieder fit für eine Nachtfahrt.

Dienstag d. 26.07.2011

Der Wind hält durch, mit aufgehender Sonne sehen wir die Leuchtfeuer nahe unseres Zieles, wir sind erstaunt wie schön die Küste Südenglands ist.

In der Nacht sind wir durch ein U - Bootübungsgebiet gefahren. Was die vielen Schiffe und Hubschrauber dort gemacht haben, konnten wir nicht sehen. Etwas unheimlich war uns schon, allerdings ist es auch nicht verboten, dort zu fahren. Wir hatten die vorgeschriebenen Positionslampen eingeschaltet und die Royal Navy ist uns immer ausgewichen, allerdings oft erst kurz vorm Versenken. Auf unserem AIS konnten wir die Marineschiffe nicht sehen.

Plymouth hat auch einen sehr großen Naturhafen, in der Vergangenheit haben dort die vielen Kriegsschiffe der Navy geankert.

Das Leben auf den Schiffen muss fürchterlich gewesen sein, die Mannschaften waren gepresst, das heißt in der Regel betrunken aus den Hafenkneipen an Bord verschleppt worden. Wenn man nach Jahren wieder zurückkam, was aber nicht oft geschah, die Verlustquote war auch ohne kriegerische Einsätze sehr hoch, durften die normalen Mannschaften nicht an Land. Klar, sicherlich wäre keiner zurückgekommen.
Alles über die Vergangenheit der Royal Navy kann man im sehr interessanten örtlichen Museum

sehen.

Plymouth ist, besonders im Hafenbereich sehr heruntergekommen, alle Häuser wirken baufällig, fast alle Geschäfte sind geschlossen. Es ist erstaunlich, in welch schlechtem Zustand die Infrastruktur hier ist.
Vieles ist in England anders als bei uns, die vielen Hafenmeister hier in der Marina, zum Beispiel gehen nur mit Schwimmweste auf die Stege und tragen Krawatten.

Mit der Ankunft in Plymouth haben wir unser erstes Etappenziel erreicht. Der direkte Weg von Hamburg hierher beträgt 640 Seemeilen, durch Kreuzen und Gegenströmung war unsere gesegelte Strecke jedoch erheblich länger.
Wir sind immer gesegelt, der Motor wurde nur zum Ein- und Auslaufen angestellt. Acht Häfen in vier verschiedenen Ländern haben wir angelaufen.
90 % der Strecke fuhren wir äußerst unkomfortabel gegen an und hatten dazu noch meistens Gegenströmung. Darüber hinaus war es die letzten drei Wochen für die Jahreszeit mindestens 10 °C zu kalt.

Ein bisschen Angst hatten wir vor Seekrankheit. Zu unserer großen Überraschung gab es keine Probleme, draußen sowieso nicht, und zum Glück auch nicht, wenn wir in der Kajüte gelesen oder gekocht haben.
Unsere Bilanz ist positiv, was wir uns vorgestellt haben, ist eingetreten. Viele mögliche Probleme, über die wir vorher nachdachten, haben sich als unbegründet herausgestellt.
Zum Beispiel die Nachtfahrten, wir hatten noch keine feste Wacheinteilung, nach zwei bis drei Stunden wacht der Schlafende in der Regel auf und übernimmt. Bewährt hat sich auch vor Beginn der Dunkelheit die Segelfläche an die zu erwartenden Verhältnisse der nächsten Stunden anzupassen, und eher mit zu kleinen Segeln durch die Nacht zu fahren. Die etwas längere Fahrtzeit nehmen wir für ungestörten Schlaf gerne in Kauf.

Unsere Teamzusammenarbeit könnte nicht besser klappen, die Bordstimmung ist auch bei widrigen Verhältnissen sehr harmonisch, wir freuen uns auf die jetzt beginnenden Passagen auf dem Ozean.
Bei der Abfahrt war uns klar, dass die Fahrt bis Südwest England der schwierigste Teil unserer Reise sein wird, ab jetzt erwarten wir nur noch günstige Winde.

Sehr gut sind überall in den Häfen die Internetverbindungen, völlig problemlos können wir Kontakt zu unserer Familie und unseren Freunden halten und natürlich die für uns sehr wichtigen Wetterinformationen bekommen.
In den meisten Marinas ist WiFi umsonst, hier in Plymouth nicht, eine Stunde kostet siebeneinhalb Pound, wenn man im benachbarten Café allerdings einen Cappuccino trinkt, kann man nebenbei kostenlos wireless surfen.

Was gibt es Neues von der Maus? Als wir beim Einlaufen in Portland unser Kühlwasserproblem lösen mussten, wurde das Schiff im hinteren Bereich, wo wir das Tier vermuten, komplett ausgeräumt. Von unserem Mitreisenden haben wir keine verdächtigen Spuren mehr gefunden. Vielleicht war sie schlau und ist von alleine an Land gesprungen.

Hier in Plymouth bleiben wir bis sich ein günstiges Wetterfenster für die Fahrt nach Spanien öffnet. Wir rechnen für die 450 Seemeilen mit fünf Tagen auf See. Ein Zwischenstopp in Brest am Kanalausgang ist nicht geplant.

Los geht's! Erstes Etappenziel: England (von Florian)

Die Strecke bis England wird der schwerste Teil unserer Reise sein. Wir sind noch nicht wieder an das Bootsleben gewöhnt, es ist oft kalt, viel Schiffsverkehr, starke Strömung und der vorherrschende Wind kommt von vorne. Aber nur an sieben Tagen im Monat ist mit Sturm zu rechnen.

Segeln ist nicht sehr kompliziert. Losfahren macht Spaß, Segeln an sich auch. Ankommen ist auch schön. Wenn Wind, Wellen und Strömung von vorne kommen und es dazu noch regnet, ist allerdings das Ankommen das Schönste am Segelsport.

An unserem ersten Tag war nicht alles schlecht. Auf jeden Fall nicht den ganzen Tag. Aber die gesamte Strecke bis zu unserem ersten Etappenziel, die Seefahrernation England, war so. Oh nein, wir wollen nicht ungerecht sein. In Holland hatten wir einen Tag mal Sonne und Wind von hinten. Und die zwei Nächte, in denen wir wegen Flaute zurückgetrieben sind, können auch durchaus als erfolgreiche Segeltage gewertet werden.

Boot und Mannschaft sind immer in Bewegung. Im und auf dem Boot muss immer alles festgebunden sein, damit es an seinem Platz bleibt. Jede sonst alltägliche Bewegung wird zum Trapezakt. Klettern, krabbeln, festhalten: Erst mal hinsetzen. Dann Lage sichten und sichern. Das, was man machen wollte, machen und wieder klettern, krabbeln, festhalten.

Die Zeit wird auch beim Segeln in Stunden gemessen. Große Distanzen bedeuten für uns dann z.B. 3 x 24 Stunden. Die dabei zurückgelegte Strecke ist nebensächlich. Segeln hat auch viel mit ``Der Weg ist das Ziel`` zu tun. Ab drei Tagen und drei Nächten unterwegs, wie gesagt, das Boot ist immer in Bewegung, ist das Ankommen wieder das Schönste am Segelsport.

Die`` Loliti``, unser Familienboot, ist 9.13 Meter lang und 3.29 Meter breit. Es wurde einmal für eine sechs köpfige Besatzung gebaut. Wir sind ja nur zu zwei, teilen uns den Platz aber noch mit gut 30 Reisetaschen voll Ausrüstung. Wir haben Proviant für drei Monate dabei, erzeugen *unseren eigenen Strom und wer meine Angelausrüstung vor der Abfahrt bestaunen musste, kann sich vorstellen, dass wir gerne und oft Fisch essen werden. Mittlerweile fange ich auf Bestellung! Papa, heute Makrele in Cocos-Curry? Ja gern. Gut, um 12 Uhr ist Essen fertig!*

Die erste Etappe bis England ist geschafft. In drei Wochen haben wir uns durch die Nordsee und den englischen Kanal gekreuzt. Wir haben alles ausprobiert, alles funktioniert optimal und wir haben keinen Bruch gehabt. Sehr stolz sind wir darauf, dass mehr Brennstoff zum Kaffeekochen verfeuert wurde, als Diesel zum Vorwärtskommen.
Florian

Mittwoch / Donnerstag d. 27/8.07.2011

Wir haben die Nacht in der MayFlower Marina in Plymouth verbracht und sind nach einer komplett durchgeschlafenen Nacht wieder gut ausgeschlafen und bereit, die nächste Etappe anzugehen.

Alle Wetterstationen prognostizieren überraschend für die nächsten fünf Tage leichte bis mittlere Winde aus den nördlichen Sektoren, beste Bedingungen um nach Spanien zu fahren.
Wir kaufen noch schnell die letzten Sachen ein, spannen unsere Mastwanten noch einmal nach und legen mit dem Abendhochwasser um 16:00 Uhr ab. Um nach Spanien zu kommen, müssen wir noch einmal das stark befahrene Verkehrstrennungsgebiet im Kanal überqueren. Dieses beginnt ungefähr 50 Seemeilen südlich von Plymouth. Unsere Idee ist, abends loszufahren, um dann am nächsten Morgen gut ausgeruht das Fahrwasser zu kreuzen. Natürlich wäre es auch nachts möglich, aber bei Dunkelheit kann man die Abstände zwischen den einzelnen Frachtern nur schwer abschätzen. Grundsätzlich ist das Überqueren der Schifffahrtsrouten nicht schwierig, zwei Stunden können nur Frachter von links kommen, dann zwei Stunden überhaupt kein Verkehr, zum Schluss muss man wieder zwei Stunden alle von rechts kommenden Schiffe beobachten.

Wir stellen unsere Selbststeueranlage ein, mittlerweile wissen wir wie das gemacht werden muss, und weil der Wind sehr konstant weht, ist in den nächsten zehn Stunden keine Korrektur notwendig.

Nach zweieinhalb Stunden sehen wir zum ersten Mal nur Wasser um uns herum, die schöne englische Südküste ist schnell im Dunst verschwunden. Wir fahren jetzt in der „Inshore Traffic" Zone, hier herrscht aber kein Traffic, nur ab und zu Fischkutter die kreuz und quer fahren und sich an keine Ausweichregel halten.

Leider haben wir auch keinen Mitläufer.

Bis 23:00 Uhr bleiben wir beide wach, dann gehen wir abwechselnd für zwei bis drei Stunden in die Kajüte schlafen. Bei totaler Dunkelheit, der Mond geht erst in den Morgenstunden auf, sieht man viel mehr Sterne, als bei uns, wo es durch die vielen Lampen nie richtig dunkel wird.

Wir beobachten viele Sternschnuppen, wünschen uns was und können auch Satelliten auf Ihren Zugbahnen erkennen.
In den frühen Morgenstunden erreichen wir auf der französischen Seite des Kanals die Schifffahrtslinien, in beide Richtungen fährt ein Schiff nach dem andern. Die meisten sehr langsam, nicht viel schneller als wir. Ein recht großes Containerschiff können wir vier Stunden sehen bis es endlich hinter dem Horizont verschwindet.
Hauptgrund für die langsamen Fahrstufen sind wohl die sehr hohen Kosten für Bunkeröl. Hier im westlichen Teil ist der Ärmelkanal wie der Ozean, die Wellen sind zwar hoch, aber auch sehr lang, so dass wir sehr angenehm vorankommen.

Zum ersten Mal sehen wir auf dieser Reise auch Delphine, noch nicht die großen Tiere, aber schon deutlich länger als die Schweinswale, die wir auf unseren früheren Touren in Nord- und Ostsee beobachten konnten.

Am Nachmittag wird der Wind schwächer, wir erreichen unseren ersten Wendepunkt, die ``Idle D´Quessant´´ an der Nordwestspitze Frankreichs, am frühen Abend. Hier beginnt die Biskaya und unsere erste Ozeanstrecke.

Freitag d. 29.07.2011

Heute Nacht war der Wind flau, dazu häufige Windrichtungswechsel. Unter solchen Umständen ist unsere Windselbststeueranlage überfordert und wir steuern und korrigieren den Kurs oft von Hand.

Nach Sonnenuntergang wird es schnell empfindlich kalt, mit Stiefeln und kompletter Segelkleidung einschließlich Pudelmütze geht es aber.

Wir sind jetzt weit draußen auf See, der Ozean ist 3.000 Meter tief. Erstaunt sind wir hier so viele Möwen und andere Vögel zu sehen.
Zielsicher stürzen sich die Möwen aufs Wasser, tauchen komplett ein und kommen mit einer Sardine im Schnabel wieder hoch. Es sieht so aus, dass der erbeutete Fisch sofort heruntergeschluckt wird.

Nach dem Mittagessen hat uns eine Schule Delphine, bestimmt 30 Tiere, fast eine Stunde lang begleitet. Im Klaren, tiefblauen Wasser konnten wir sie heranschwimmen sehen, meistens paarweise, oft aber auch zu viert. Kurz vor dem Erreichen des Bootes tauchten sie tiefer und kamen auf der anderen Seite wieder hoch.

Wir schätzen die Länge der größten Tiere auf bestimmt zwei Meter.

Die Tage auf See vergehen immer schnell, wir sind den ganzen Tag beschäftigt, natürlich auch weil viele Dinge an Bord einfach wesentlich länger dauern als vergleichbare Tätigkeiten an Land.

Das gilt ganz besonders wenn der Wind von hinten weht. Das ist zwar gut für unsere Geschwindigkeit und unser Vorankommen, aber das Schiff rollt erbärmlich von einer Seite zur anderen. Wenn wir kochen oder uns einen Kaffee zubereiten, bringen wir die Yacht kurzfristig auf einen ``am Wind Kurs``, dann hört das Rollen sofort auf und wir liegen nur zu einer Seite über, allerdings verlängert sich dadurch auch unsere Fahrtstrecke.

Um unsere Stromversorgung sicherzustellen, müssen unsere beiden Solarpaneele immer optimal zur Sonne stehen und dürfen nicht beschattet sein, eine Aufgabe, mit der man den ganzen Tag beschäftigt ist.
Leicht und völlig unkompliziert ist dagegen die Navigation. Auf unserem Kartenplotter sehen wir immer, wo wir gerade sind, vergleichbar mit dem ``in flight program`` an Bord von Langstreckenjets. Auch alle wichtigen Daten wie Geschwindigkeit und Kurs werden angezeigt.
Unser AIS haben wir so eingestellt, dass es anfängt zu piepen, wenn ein anderes Schiff in zweieinhalb Seemeilen Entfernung auf Kollisionskurs ist, im Notfall hätten wir dann ungefähr zehn Minuten Zeit um auszuweichen.

Wir gehen davon aus, dass wir bis heute Abend die Hälfte der Biskaya Strecke schaffen. Voraussetzung ist natürlich, dass die Winde weiter so günstig wehen.

Die Familie kommt vor der Abfahrt noch einmal an Bord

Die ``Loliti`` im Königlichen Yachthafen von Den Helder

In Scheveningen liegen wir im Päckchen neben einer holländischen und einer deutschen Yacht

Die englische Küste ist nicht weit, wir sehen die Klippen von Dover

Florian's frühere Teeny Segelpartnerin beim Olympia-Training in der Hafenbucht von Portland

In der Biskaya begleiten uns Delphine

Sonnabend d. 30.07.2011

So haben wir uns das Segeln immer vorgestellt: Der Wind weht mäßig aus nordwestlicher Richtung, eine lange und hohe Dünung läuft ebenfalls aus Nordwest, die Sonne scheint und es ist tagsüber warm.

Es scheint hier in der Biskaya sehr viele Delphine zu geben. Ständig sind wir von einigen Tieren umgeben.
Sie bleiben 15 bis 30 Minuten, schwimmen ums Schiff, schießen mit sehr hoher Geschwindigkeit auf eine Seite zu, tauchen kurz vor dem Aufprall mit dem Schiff ab und kommen auf der anderen Seite wieder hoch.

Einige kommen nur kurz zum Luftholen an die Meeresoberfläche, andere, meist die kleineren, machen weite Sprünge, bei denen sie komplett aus dem Wasser auftauchen.

Unser Boot scheint für die intelligenten Tiere eine willkommene Abwechselung im ansonsten tristen Leben unter Wasser zu sein.

Heute Nacht konnte ich von 23:00 bis 5:00 Uhr morgens schlafen, wir haben immer noch kein festes Wachsystem, machen alles wie es im Moment am besten passt. Florian schläft jetzt wahrscheinlich bis Mittag.

Damit der andere gut schlafen kann, ist der Wachhabende stets bemüht alle Klappergeräusche im Schiff abzustellen. Eine Aufgabe die nie zu Ende ist, mit jedem Kurswechsel klappert etwas anderes in der Kombüsen-Einrichtung. Besonders störend sind hin und her rollende Konservendosen. Oft gelingt es uns erst nach einiger Zeit die Störquelle zu finden.

Wir sind schon recht weit westlich, die Sonne geht morgens deutlich später auf. Da Spanien in der gleichen Zeitzone liegt wie Deutschland, haben wir unsere Uhren noch nicht umgestellt.

Sonnenaufgänge auf See sind jeden Morgen ein Erlebnis. Erstaunt sind wir auch darüber, dass recht bald, nachdem unser Zentralgestirn aufgegangen ist, sich der Dunst am Horizont auflöst.

Der Schiffsverkehr in der Biskaya ist, wo wir fahren, überhaupt kein Problem. Gestern haben wir tagsüber nur einen nach Norden fahrenden Segler gesehen. Heute Nacht sind keine anderen Schiffe in Sicht gekommen.

Sonntag d. 31.07.2011

Wir haben keine Chance im Laufe des heutigen Tages einen Hafen an der spanischen Nordküste zu erreichen. Gestern Abend, so gegen 21:00 Uhr schlief der Wind völlig unerwartet ein, wir versuchten noch etwas an der Segelstellung zu ändern, aber alle Aktivitäten führten nur dazu, dass Vor- und Großsegel fürchterlich schlugen und keinen Vortrieb mehr erzeugten.

Wir nahmen die Segel komplett herunter, aßen erst einmal etwas und legten uns dann beide nach einem Glas Wein bald schlafen.

Die Flaute kam für uns sehr überraschend, Stunden zuvor haben wir mit einem vorbeifahrenden Gastanker über UKW gesprochen, er hat uns die letzte Wetterprognose durchgegeben, nach der der günstige Nordost Wind noch mindestens 24 Stunden so weiterwehen soll.

Wir sind jetzt drei Tage auf See, alle Wetterinformationen aus Plymouth sind zwischenzeitlich überholt.

Auf See ist es uns bisher nicht gelungen einen Wetterbericht zu empfangen, Stationen gibt es genug, auch französische in englischer Sprache.

Ohne stützende Segel schaukelt das Boot enorm, die ganze Nacht läuft eine relativ hohe Dünung, wir schlafen aber trotzdem perfekt. Ab und zu sehen wir abwechselnd draußen nach, ob alles in Ordnung ist, ein anderes Schiff sehen wir auch in dieser Nacht nicht.

Kurz vor dem Schlafen gehen, sehen wir in der Ferne zwei aufsteigende Wassersäulen, die wir uns nicht erklären können. Kurze Zeit später hören wir merkwürdige, bisher noch nie gehörte Geräusche und sehen zwei Pilotwale. Nicht so groß wie Blauwale, aber bestimmt halb so lang wie unser Boot. Jetzt können wir uns auch die unheimliche Begegnung heute Nacht erklären: Florian saß draußen und sah einen riesigen schwarzen Körper direkt neben dem Schiff.

Immer mehr Wale kommen heran, sie zu zählen ist schwer, aber 25 sind es bestimmt. Einige sind sehr mutig und kommen dichter ans Boot geschwommen, bei einem Wal sehen wir ein Junges parallel neben der Mutter schwimmen.
Immer mehr Tiere kommen jetzt in die Nähe des Schiffes, durch das klare Wasser können wir die riesigen Körper direkt unter unserem Kiel sehen und beobachten, dass der Abstand zum Kiel immer kleiner wird.
Nachdem ein Wal nur einen Meter neben unserem Schiff mit einem Schlag seiner Schwanzflosse das ganze Vorschiff geduscht hat, wird uns die Situation ein bisschen unheimlich und wir stellen das Echolot an um die Tiere zu vertreiben, das gelingt aber nicht. Erst nach vielleicht 30 Minuten schwimmen alle Wale wieder weiter.

Wir machen viele Bilder, versuchen auch ein Video zu drehen, gar nicht so einfach. Als wir später das Resultat auf dem Notebook ansehen, müssen wir feststellen, dass wir besser segeln als filmen können.

Wir überlegen was wohl passiert, wenn uns ein Wal rammt und kommen zum Schluss, dass die Wahrscheinlichkeit äußerst gering ist. Darüber hinaus sind wir überzeugt, dass unsere Yacht stabil und fest genug ist solch eine Kollision zu überstehen. Natürlich wären Teile wie das Ruder oder unsere Selbststeueranlage sehr gefährdet.

Wir haben noch nie gehört, dass Wale in der Biskaya beobachtet wurden, in unseren Handbüchern finden wir auch keine Informationen.

Bis morgens um 11:00 Uhr haben wir totale Flaute und lassen das Schiff treiben. Danach kommt Wind auf, der den Tag über durchsteht. Leider nicht mehr aus Nordost, sondern jetzt aus Südwest, genau wo wir hinwollen.
Kreuzen ist angesagt, bei dem relativ schwachen Wind und den kleinen Wellen ist das aber kein Problem, nur die zu segelnde Strecke wird länger.

Beim Segeln ist das so: Wir kennen bei der Abfahrt die Streckenlänge, wissen mit welchem Zeitrahmen wir auf See zu rechnen haben und überschlagen trotzdem häufig die mögliche schnellste Ankunftszeit und freuen uns auf das Ende der Etappe und den nächsten Hafen. Dabei läuft alles perfekt, es ist jetzt angenehm warm draußen, wir haben kein Wasser an Deck, das Essen ist super und das Schiff fährt von alleine.
Wir haben viel Zeit zum Lesen, ich habe gerade das Buch von Franz Werfel ``Das Lied der Bernadette`` angefangen.

Ursprünglich hatten wir als ersten Anlaufhafen in Spanien La Coruna vorgesehen. Nach unserem schnellen Start in England haben wir jetzt viel mehr Zeit als geplant für die Erkundung der spanischen Nordwestküste und laufen nach Ribadeo, etwas weiter östlich gelegen.

Montag d. 01.08.2011

Jedes Schiff das längere Zeit im Wasser liegt, benötigt unter Wasser einen Schutzanstrich, der den Bewuchs am besten ganz verhindert. Ist das Boot erst einmal unter Wasser bewachsen, muss es aus dem Wasser genommen und gereinigt werden, mit den bis zu 15 Zentimeter langen Pflanzen am Rumpf wäre jede Yacht nahezu manövrierunfähig.

Wir haben uns für ein selbst polierendes Antifouling entschieden. Selbst polierend heißt, sobald das Unterwasserschiff umströmt wird, beginnt der Polierprozess, je schneller man fährt umso besser.
Genau so ein Tag war heute, nachdem wir wieder wegen Windstille eine Nacht getrieben sind, kommt in den frühen Morgenstunden eine erst schwache, dann stetig zunehmende Brise aus östlicher Richtung. Der Wind hält bis zum Abend durch. Den ganzen Tag über haben wir die besten Segelbedingungen und kommen unserem Ziel bis auf 40 Seemeilen näher, allerdings wieder keine Chance den Zielhafen noch heute zu erreichen.
Wir stellen uns auf eine weitere Nacht auf See ein, wohl die letzte auf unserer Biskaya Überquerung.

Heute haben wir den ganzen Tag weder Delphine oder Wale gesehen, wahrscheinlich finden sie in dieser Gegend keine Nahrung.
Auffallend ist wie viel Müll im Meer schwimmt, überwiegend Plastikteile. Keine Ahnung ob die Teile vom Strand angetrieben oder von den Schiffen über Bord geworfen wurden.
Wir sammeln natürlich unseren Müll und sind erstaunt wieviel in wenigen Tagen anfällt. Vor der nächsten Etappe werden wir einen erheblichen Teil der Verpackungsmaterialien bereits im Hafen vor dem Einstauen entsorgen.

Wir durchqueren die Biskaya bei überwiegend flauen Winden

In Cudellero liegen wir in der Mitte des Hafenbeckens an Mooringtonnen

Wir laufen auf den hohen Berg neben dem Hafen

Die Bucht von Carino, unser erster Traumstrand

Nach sechs Tagen auf See erreichen wir Porto Santo

Auf dem höchsten Berg von Porto Santo

Wir erreichen kurz nach Sonnenaufgang die Ria De Ribadeo an der Nordküste Spaniens.

Riesenanglerglück ungefähr 10 Seemeilen vor der Küste: Wir fangen einen Thunfisch. Um die Schiffsgeschwindigkeit zu reduzieren gehen wir in den Wind, sonst wäre es uns nicht, oder nur schwer, gelungen das recht große Tier an Bord zu hieven.
Der Fisch schimmert in leuchtenden Farben, allerdings nur solange er lebt. Es tut uns leid, das schöne Tier zu töten, die Thunfischsteaks später waren allerdings eine Delikatesse.

Mit der Überquerung der Biskaya haben wir unsere erste Ozeanfahrt und die bisher längste Seestrecke geschafft. Gegenüber unserem groben Zeitplan haben wir durch die schnelle Abfahrt in England ungefähr 14 Tage eingespart, diese wollen wir jetzt an der spanischen Biskaya Küste verbringen.

Unsere erste längere Atlantikfahrt war völlig problemlos, Pech hatten wir nur mit dem Wetter. In der sonst als windreich bekannten Gegend lagen wir insgesamt zwei Tage in einer Flaute fest. Bis auf den heutigen Tag waren die Winde immer sehr schwach, so dass wir statt der geplanten vier bis fünf Tage sechs unterwegs waren.
Obwohl die Biskaya Überquerung in jeder Hinsicht unkompliziert war, sind wir nach fast 500 Meilen auf See richtig stolz auf unsere Leistung, unser Selbstbewusstsein steigt, ab Nordspanien haben wir keine Zweifel mehr, dass wir unsere Atlantikrundreise schaffen. Gleich nachdem wir in der Marina festgemacht haben, rufen wir unsere Familie zu Hause an. Alle sind froh, dass wir wieder sicher in einem Hafen liegen.

Dienstag d. 2.8.2011

Hafentag in Ribadeo. Nach dem mehrtägigen Törn sind wir abends recht müde, wir klönen noch etwas mit den anderen Seglern und gehen recht bald in die Koje.
Die Engländer von der „Start Again" laden uns noch zum Sundowner ein, aber wir sind zu müde und verschieben die Einladung auf den nächsten Tag.

Am nächsten Morgen scheint die Sonne, der Nebel vom Ankunftstag ist verschwunden und wir können die schöne Bucht von Ribadeo zum ersten Mal richtig sehen.

Die neben uns liegende Hamburger Yacht läuft am Vormittag aus, nur für eine kurze Strecke in den Nachbarhafen, etwa 25 Seemeilen westlich. Bis Ende der Saison will man das Mittelmeer erreicht haben, dann das Boot dort ins Winterlager geben und ein Jahr später durch die französischen Kanäle zurück nach Deutschland fahren.

Nach dem ausgiebigen Frühstück wird das Schiff aufgeklart und gereinigt, außen ist überall eine dicke Salzschicht, innen klebt alles, wohl durch die salzhaltige Luft auf dem Ozean. Da wir auf See nur Salzwasser zum Abwaschen haben, müssen wir in jedem Hafen alles immer sehr gründlich mit Süßwasser nachreinigen. Erstaunlich, wie schnell unser Edelstahlbesteck unter diesen Bedingungen anfängt zu rosten. In fast allen Marinas gibt es Waschmaschinen, so dass es kein Problem ist, die Wäsche zu reinigen. Nachdem wir noch etwas um gestaut haben, sind wir wieder klar zur nächsten Etappe.

Der Ortskern von Ribadeo ist nicht weit, vielleicht zehn Minuten zu Fuß. Die Stadt ist sehr alt, mit vielen schönen Gebäuden, an jeder Ecke sind vier Cafés, die in den Mittagsstunden und abends immer gut besucht sind.

Mittwoch d. 3.8.2011

Eigentlich wollten wir heute weiterfahren, ging aber nicht, weil wir noch etwas Organisatorisches mit Florians Krankenversicherung klären mussten und das geht nur mit Internetanschluss, der hier WiFi und umsonst zur Verfügung steht. Jetzt ist alles geklärt und morgen geht es weiter.
So ist das eben bei Langzeitseglern, was heute nicht geklappt hat, wird auf morgen oder übermorgen verschoben.

Natürlich sind wir nie tatenlos, heute haben wir zum Beispiel zwei Maschinen Wäsche gewaschen und alles zum Trocknen an der Reling aufgehängt.
Außerdem haben wir unsere Proviantvorräte aufgestockt, alles an Bord geschleppt und eingestaut.

Darüber hinaus habe ich mir eine modische kurze Hose gekauft. Abends gehen die elegant gekleideten Spanier in großer Zahl gern am Hafen spazieren und da passte meine abgeschnittene Jeans einfach nicht mehr.

Jetzt sind wir genau einen Monat auf Reisen, bisher hat alles viel besser funktioniert, als vorher geträumt. Viele Dinge, über die wir uns vorher oft Gedanken gemacht haben, haben sich wesentlich einfacher als gedacht herausgestellt.

Einziges kleines Problem ist das Salzwasser, das überall klebt. So sind zum Beispiel alle unsere guten Sitzkissen für die Plicht kaum noch zu nutzen, optisch wirken sie trocken, wenn man sich draufsetzt, werden sie jedoch sofort unangenehm klamm. Das Wasser ist hier deutlich über 20°C warm, ab morgen will Florian im blauen Meer baden.

Donnerstag / Freitag d. 04. / 05.08.2011

Wir liegen immer noch in Ribadeo, es ist sehr schön hier, die nahe gelegene Stadt ist schnell zu Fuß erreicht, wir genießen die Zeit und haben es auch nicht eilig weiterzufahren.

Hier im Hafen ist immer viel los. Jeden Abend finden hier Regatten mit kleinen Traditionsjollen statt. Wir sind erstaunt wie schnell sie mit ihrem aufrollbaren Lateinsegel fahren können und wie gut sie damit gegen den starken Strom kreuzen.

Beim Duschen ist mir eine Panne passiert, ich hatte das Handtuch an Bord vergessen und es erst gemerkt als es zu spät war. Kein Problem in Spaniens warmer Sonne. Vergessen sind die Zeiten, zum Beispiel in Zeebrugge, wo wir wegen der Kälte in Winterkleidung zu den Waschräumen gehen mussten.

Die Menschen in Spanien sind alle sehr hilfsbereit und freundlich. Klar, wenn das Hafenmeisterbüro ab 16:00 Uhr geöffnet sein soll, macht es wenig Sinn vor 16:30 Uhr dort hinzugehen.

Erstaunlich ist das alle hier nur spanisch sprechen. Englisch, auch wenn es nur einfachste Worte sind, versteht hier kaum jemand.
Als heute der Zoll mit drei Beamten an Bord kam, es ging darum ob wir die Mehrwertsteuer für unser Boot bezahlt haben, gab es große Probleme die Daten aus unseren Pässen in die spanischen Formulare zu übertragen. Selbst einfache Begriffe, die in jedem Pass stehen, wie Wohnort etc., verstanden die Zöllner nur schwer.
Am Ende war alles kein Problem, wir zeigten unsere Pässe, Funklizenz, unsere MMSI Zulassungsnummer der UKW Anlage, alles Dokumente mit vielen offiziellen Stempeln, die Behördenvertreter waren zufrieden und gingen weiter zur nächsten Yacht, einem Franzosen. Auch hier die gleichen Verständigungsprobleme.

Wir erinnern uns an die merkwürdigen Begegnungen mit Flugzeugen in der Biskaya, mehrfach sind zweimotorige Propellermaschinen im Tiefflug um uns herumgeflogen, wohl um Schiffsname und Nationalität festzustellen.

Gerüchteweise haben wir gehört, dass Yachten im europäischen Schengenraum, wo es normalerweise keinerlei Kontrollen mehr gibt, zum Transport von Rauschgift eingesetzt werden. Wir überlegen, was wohl passiert wäre, wenn die Zöllner unsere ausgeschäumten und nicht mehr zugänglichen Ecken im Boot hätten kontrollieren wollen.

An das Zollproblem haben wir nicht gedacht. Wir werden in Gran Canaria noch mehr Zigaretten und Alkohol bunkern, um die offiziellen Behördenvertreter bei der Einklarierung in der Karibik freundlicher einzustimmen.

Bisher bin ich auf vielen Reisen nur einmal vom Zoll angehalten worden, genau auf dieser Reise hatte ich in Asien für 50 Dollar eine ``Rolex`` für unsere Kinder gekauft.
Da ich nicht wusste, was erlaubt oder verboten ist, habe ich die Uhr selber umgebunden.
Als ich der Zöllnerin gegenüberstand, habe ich sofort gestanden. Die noch recht junge Beamtin fragte dann schnippig ob ich ``davon noch mehr`` habe. Hatte ich nicht und durfte wieder ohne weitere Kontrolle gehen.

Später habe ich erfahren, dass Uhren oder andere Kopien in dieser Preisklasse für den Eigenbedarf kein Problem sind, ernster wird es, wenn man eine sehr gute Kopie dabeihat, eine bei der auch ein Uhrmacher erst nach stundenlanger Recherche feststellen kann, ob es eine Fälschung ist oder nicht.

Sonnabend d. 06.8.02011

Heute Morgen um 4:00 Uhr kamen die vorhergesagten Sturmböen, vorsichtshalber nehme ich die Windfahne unserer Selbststeueranlage ab und kontrolliere unsere Leinen.

Laut Wetterbericht soll das Tiefdrucksystem innerhalb weniger Stunden durchgezogen sein. Unser Barometer steigt auch schon bald wieder und wir beschließen den günstigen westlichen Wind auszunutzen und nach Cudellero, ungefähr 45 Seemeilen östlich gelegen, auszulaufen.

Zu Anfang läuft es prima, dann nimmt der Wind immer mehr zu und wir verkleinern die Segelfläche. Sehr schnell baut sich eine hohe See auf, schwer zu schätzen, wie hoch die Wellen sind, vielleicht drei Meter. Da sie aber von hinten kommen, ist alles halb so schlimm. Das erste Mal surfen wir die sehr langen Wellen herunter und erreichen kurzfristig Spitzengeschwindigkeiten über 10 Knoten.

Der Wind wird immer stärker, wir segeln jetzt nur noch mit unserem kleinsten ausgebaumten Vorsegel und kommen trotzdem sehr gut voran.

Wieder einmal bewährt sich unsere ``Loliti``, es gelingt uns sogar während der Schaukelei einen köstlichen Kaffee zu kochen.

Sehr erfreut sind wir, dass die Geräusche im Schiff unter diesen Bedingungen, gering sind. Kein Vergleich zu dem Krach, den wir in der Nordsee und im Kanal hatten.

Wir fühlen uns absolut sicher und freuen uns über den herrlichen Segel Tag.

Ein kleines Navigationsproblem sind die unterschiedlichen Schreibweisen der spanischen Städte auf unserer Papierseekarte und dem Kartenplotter. In Zukunft müssen wir uns diesbezüglich besser vorbereiten.

Der Hafen von Cudellero liegt direkt an der Küste, nicht wie sonst in Nordspanien üblich in einer geschützten Bucht. Da nach wie vor hoher Seegang läuft, sind wir nicht sicher ob wir den angepeilten Hafen überhaupt anlaufen können.

Die spanische Nordküste ist größtenteils eine Felsenküste, die Hafeneinfahrten sind sehr schmal, gelingt es nicht, diese zu treffen, hat man ein unlösbares Problem. Hinzu kommt, dass man die genaue Lage der Einfahrten erst relativ spät erkennen kann. Darüber hinaus ändern sich die Wellen in Landnähe: Je flacher es wird, umso steiler werden sie. Zusätzlich kommen von den Felsen reflektierende Wellen, alles zusammen eine konfuse See. Erschwerend kommt hinzu, dass eigentlich immer, wenn wir an der kritischsten Stelle sind, ein Fischkutter mit großer Geschwindigkeit ausläuft.

Bei Gefahr hätten wir große Probleme uns wieder von der Küste frei zu kreuzen. Der Motor ist auch keine Hilfe, um schneller segeln zu können, klappen unsere Propellerflügel ein, das ist gut, der Nachteil, ausgeklappt, ist der Vortrieb viel geringer als bei einem Festpropeller.

Wir überlegen immer sehr genau ob wir das Anlaufen eines Hafens riskieren können, alternativ gibt es nur die Chance weiterzufahren, gegebenenfalls sogar eine Nachtfahrt, bis sich Wetter und Seegang beruhigt haben.

Wir sind sehr froh, dass das jetzt nicht erforderlich ist. Nachdem unser Ziel in Sichtweite gekommen ist, hängen wir noch schnell die Angel raus und fangen innerhalb von zehn Minuten einen schönen Thunfisch.

Der Hafen von Cudellero hat keine Stege, wir liegen an Bojen. Neben uns sind zwei Segler aus England, ansonsten treffen wir viele französische und holländische Yachten hier.

Nachdem wir gut vertäut sind, wird Sushi zubereitet, eine Herausforderung bei den vorhandenen Möglichkeiten an Bord. Vom Wein hätte ich besser ein Glas weniger getrunken, aber das habe ich erst am nächsten Morgen bemerkt. Zufrieden und sehr satt gehen wir in die Kojen.

Sonntag d. 07.08.2011

Ich stehe schon vor Sonnenaufgang auf und hoffe, dass es mir bessergeht, wenn ich aktiv bin. Nach zwei Stunden ist das Boot aufgeklart, die Kombüse wieder sauber, unser Schlauchboot aufgeblasen und ich habe gut gefrühstückt.

Heute ist ein schöner sonniger Tag, mit 25°C nicht zu warm, einfach nur angenehm.
Mit dem Schlauchboot fahren wir zum Dingi Steg, nur ungefähr 100 Meter. Wir rudern, für so kurze Distanzen ist der Aufwand den Außenbordmotor aus seiner Reling Halterung zu lösen und auf dem wackeligen Beiboot zu befestigen, einfach zu groß.
Rudern hat auch den Vorteil, dass es nicht so spritzt und wir trocken an Land kommen.

Der kleine Ort Cudellero ist sehr schön, es gibt einige nette Restaurants und ein paar kleine Geschäfte in der Hafengegend.
In den Mittagsstunden wird es sehr warm, wir machen Pause an Bord und rudern abends noch einmal an Land. In Spanien beginnt das Leben erst relativ spät, um 20:00 Uhr sind alle Restaurants noch leer, um 22:00 Uhr bekommt man keinen Platz mehr.

Wir laufen auf dem nahen gelegenen Aussichtsberg und können den schönen Hafen und den Ort komplett überblicken.

Immer mehr Yachten kommen jetzt in den Hafen. Neben uns liegt die „Endora" aus London, der Eigner ist ein pensionierter, jugendlich wirkender Polizist. Wir sind sehr erstaunt als wir erfahren, dass Polizisten in UK schon mit 50 Jahren in Rente gehen können.

Vor uns liegt ein Boot aus Österreich, die meisten Yachten sind jedoch aus Frankreich. Viele sind mit kleinen Kindern unterwegs, einige sogar mit Haustieren.
Manche sehr komfortabel, andere eher sportlich, zum Beispiel eine Familie mit zwei Kleinkindern in einer 6,5 Meter langen Pogo.
Dieser Bootstyp wurde speziell für Einhand-Atlantik-Rennen konstruiert und hat keine Inneneinrichtung, dafür aber mehr Segelfläche als wir. Beim Auslaufen am nächsten Morgen haben die Segler schon in der Hafenausfahrt den Spinnaker oben.

Mit den Franzosen ist die Kommunikation schwer, meistens sogar unmöglich, wir sprechen nur wenig französisch, und das was wir auf Französisch sagen, verstehen sie nicht.

Montag d. 08.08.2011

Heute Nacht hat es geregnet, wir haben es zum Glück rechtzeitig bemerkt und alle Schotten geschlossen bevor es innen nass wurde. Regen ist nicht nur gut für die Natur, auch unser Deck ist jetzt wieder salzfrei.

Es regnet hier nie länger als ein bis zwei Stunden, danach scheint die Sonne wieder und alles ist nach kürzester Zeit trocken.

Eigentlich wollten wir heute weiterfahren, aber ein Blick auf unseren Windanzeiger auf dem Mast zeigt uns, dass wir nicht den vorhergesagten Ostwind haben. Da wir nach Westen wollen und keine Lust zum Kreuzen haben, bleiben wir noch einen Tag in Cudellero.

Abends gehen wir noch einmal zum Leuchtturm und genießen den herrlichen Blick auf Stadt, Hafen und See. Zurück an Bord klönen wir noch etwas mit den Engländern von der „Endora", auch sie wollen morgen weiter, nach Westen, wie wir. Wir verabreden unterwegs Kanal 16 abzuhören und unterwegs Wetterinfos auszutauschen.

Dienstag d. 09.08.2011

Bestes Segelwetter, alle Yachten bereiten sich schon früh morgens zum Auslaufen vor. Die meisten wollen, wie wir, in westliche Richtung. Andere, deren Sommerurlaub sich dem Ende neigt, fahren in Richtung Frankreich.

Vor dem Hafen liegen sehr viele große Felsen, alle ohne Betonnung. Zum Glück haben wir uns die Lage der Hindernisse bei Niedrigwasser gut eingeprägt und erreichen problemlos das offene Meer.

Bis der vorhergesagte Wind richtig bläst, vergehen einige Stunden, aber dann fahren wir sechs Stunden mit Spinnaker immer im Bereich unserer maximal möglichen Rumpfgeschwindigkeit. Wenn es die langen Wellen runtergeht, auch kurzfristig schneller. Eine deutlich längere Yacht kann uns nur mit Mühe einholen, wir wussten es immer: Unsere „Loliti`` ist das beste Schiff der Welt.

Unser Tagesziel ist, zurück nach Ribadeo zu segeln.

Wir beschließen nach Ankunft in eins der vielen Restaurants zu gehen, es sei denn wir fangen noch einen Fisch.

Neben unserer Segelausrüstung ist auch unsere Angelausrüstung sehr umfangreich. Die Thunfische hier sind Raubfische, fressen jeden Tag unzählige Fische.
Unser nachgeschleppter Pilker sieht aus wie eine feine Sardine, das hohe Tempo mit der er hinterher gezogen wird, macht den Köder für den Thun noch attraktiver, er schnappt zu und ehe er sich versieht, ist er an Bord gehievt.
Natürlich töten wir den gefangenen Fisch so schnell und so sanft wie möglich. Wenn man einen Fisch an der Angel hängen sieht, weiß man den Vorteil zu schätzen, am Ende der Nahrungskette zu stehen.

Unsere Fangerfolge sind schwer zu glauben, immer wenn wir beschließen, Fisch zu essen, haben

wir kurze Zeit später einen gefangen.
Der heutige war sehr groß, zu groß für uns beide, wir teilen den Fang mit den netten Franzosen des Nachbarschiffes.

Mittwoch d. 10.08.2011

Wir hatten eine unruhige Nacht, durch die hohen Wellen im Hafen von Ribadeo haben die Schwimmstege Geräusche gemacht wie noch nie, und die übertragen sich durchs Wasser optimal in unsere Kabine.

Wir sind uns noch nicht im Klaren was heute geschehen soll, eigentlich wollten wir weitersegeln, haben aber keine Wettervorhersage und ohne die ist es uns zu riskant in die Biskaya hinaus zu fahren.

Der Wind nimmt immer mehr zu, eben kommen zwei Segler aus Australien in den Hafen und berichten von mehr als 30 Knoten Wind draußen.
Wir beschließen im Hafen zu bleiben und erst morgen früh auszulaufen.

Im Hafenbereich wird eine große Bühne aufgebaut, es sieht so aus, als wenn es heute Abend noch Livemusik gibt.

Neben uns hat ein Traditionssegler aus Holland festgemacht. Diese Schiffe kommen fast alle aus den Niederlanden. Das 1949 ursprünglich als Fischkutter in Finkenwerder gebaute Schiff ist sehr aufwendig als Segler für die Mitnahme von bis zu 20 Passagieren ausgebaut worden.

Alle an Bord müssen immer mit anpacken. Die Reise soll zu den Kanaren gehen, von dort wieder zurück. Man hat einen festen Terminplan und fährt nur mit Maschine. Wenn der Wind günstig steht, werden zusätzlich die Segel gesetzt. Nur mit Segeln kann das Schiff bei kräftigem Wind einigermaßen vor dem Wind, bestenfalls auch mit raumem Wind vorwärtskommen.

Der Arbeitsaufwand, diese Schiffe in Fahrt zu halten, ist enorm. Die meiste Arbeit wird von freiwilligen Helfern geleistet. Erschwerend und sehr kostenintensiv kommt hinzu, dass weil Passagiere mitgenommen werden, die höchsten Sicherheitsstufen eingehalten werden müssen.

Donnerstag d. 11.08.2011

Es ist bewölkt, die Temperatur sehr angenehme, der Wind weht aus der richtigen Richtung, ist weder zu stark noch zu schwach, wir machen das Schiff seeklar und laufen aus.

Unser Ziel: Die Bucht von Vivero, nicht ganz 25 Seemeilen in nordwestlicher Richtung.

Nach einem wunderschönen Segel Tag, wie es ihn in Deutschland nur fünf Mal in einer Saison gibt, erreichen wir Vivero.
Die kleine Stadt hat einen Yachthafen, aber keinen Platz für Besucher. Kein Problem, wir ankern in der weiten Bucht vor der Stadt.
Ankern ist sehr schön, wir liegen vielleicht 200 Meter vom Strand entfernt und können mit unserem Schlauchboot jederzeit an Land fahren. Hinzu kommt, dass ankern kostenlos ist, die Liegegebühren in den Yachthäfen hier sind verglichen, mit denen in Deutschland üblichen Preisen bei schlechterem Service, viel höher.

Insgesamt ankern mit uns sieben Yachten, außerdem unzählige kleine Fischerboote, von denen geangelt wird.

Angeln ist in Spanien für viele Leute eine große Leidenschaft, es gibt keine Hafenmole, auf der nicht Angler stehen. Bei jedem einlaufenden Schiff werden hektisch die Leinen eingezogen.
Wir passen immer sehr gut auf, dass bloß keine Angelsehne in unseren Propeller kommt. Würde das passieren, muss das Schiff aus dem Wasser gehoben werden.

Durch den Fischreichtum hier im Atlantik sind die Fangerfolge sehr gut, laufend sehen wir Fische, die aus dem Wasser gezogen werden.
Erstaunt sind wir, dass es sogar Automaten gibt, aus denen man nach Geschäftsschluss Angelhaken und anderes Angelzubehör ziehen kann.

Abends fahren wir noch einmal zum Strand und gehen ein bisschen im Ort spazieren. Wir werden hier wohl zwei bis drei Tage bleiben.

Freitag d. 12.08.2011

Da wir schon recht weit westlich sind, aber immer noch die deutsche Zeit gilt, wird es morgens erst um 7:30 Uhr hell, abends ist der Sonnenuntergang entsprechend später.
Mit Sonnenaufgang fahren die letzten Fischerboote in den Hafen und man sieht die ersten Jogger am Strand.

Es ist völlig windstill, die vielen Windräder auf den umliegenden Bergkämmen stehen still. Wie jeden Morgen ist es sehr dunstig. Der neben uns liegende Katamaran läuft trotzdem aus, obwohl er bestimmt 12 Meter lang ist, hat er als Hilfsantrieb nur einen Außenbordmotor, der vom mittig angeordneten Steuerstand aufwendig hoch- und runter gezogen werden muss.

Wir sehen jetzt immer mehr Fahrtenkatamarane. Diese haben gegenüber Einrumpfbooten den großen Vorteil, dass sie mit ihrem geringen Tiefgang dichter unter Land ankern können, in jedem Rumpf eine separate Kabine haben und bei Seegang weniger schaukeln. Außerdem segeln Katamarane in der Regel schneller als Einrumpfkielyachten. Zu mindestens, wenn der Wind von der Seite oder hinten kommt.

Hafenliegeplätze gibt es für diese breiten Schiffe nur sehr wenige, das macht aber nichts, je weiter man nach Westen kommt umso weniger Marinas gibt es und alle ankern nur noch.
Ob die nicht vorhandene Kentersicherheit wirklich ein Problem ist, wissen wir nicht, noch nie haben wir gehört, dass ein Fahrtenkat auf See umgeschlagen ist.

Sonnabend d.13.08.2011

Heute war wieder ein Bilderbuchtag, ab und zu eine kleine Wolke, ansonsten Sonnenschein, ohne dass es zu heiß wurde.

Wir sind froh, dass wir vor der Abfahrt ein Bimini, mit dem wir den Außenbereich des Schiffes beschatten können, angeschafft und montiert haben. Unser Sonnenschutz kann schnell ausgeklappt werden und schützt einen großen Teil der Plicht vor den Sonnenstrahlen.

Wir liegen in einer Ankerbucht mit einem sehr langen Sandstrand der an einem schönen Tag wie heute von vielen hundert Spaniern besucht wird. An einer Seite ist ein felsiger Hügel mit schönen Häusern.

Einen kleinen, aber gut sortierten Einkaufsladen gibt es in zwei Kilometer Entfernung, eine Strecke, die zu Fuß wirklich kein Problem ist. Zuerst dachten wir, hier nirgends Internet zu haben, bis wir durch Zufall mitbekamen, dass es im einzigen Café WiFi gibt.
Internet ist eine sehr schöne Sache, wenn man unterwegs ist. Wir bekommen die letzten Wetterinformationen und können problemlos mit unserer Familie und unseren Freunden kommunizieren.

Heute hatte ich mit Florian etwas Stress. Wir haben abgemacht, dass wir das Boot nie längere Zeit unbeaufsichtigt vor Anker alleine lassen wollen. Will einer an Land, rudert der andere ihn hin und holt ihn natürlich auch wieder ab.

Als er heute Nachmittag mit Rucksack und zwei großen Tüten vom Einkauf zurückkam, war er der Meinung, ich bin zu trödelig gerudert und hatte darüber hinaus auch noch zu lange mit den Leuten von einer anderen Yacht geklönt. Zur Strafe, aus meiner Sicht völlig unbegründet, wurde ich mit Seewasser nass gespritzt.

Alles kein wirkliches Problem, auch wenn mir das Wasser hier noch zu kalt zum Baden ist. In

Spaniens Sonne ist man sehr schnell wieder trocken.

Nachmittags haben wir noch einige kleine Wartungsarbeiten am Boot vorgenommen und viel gelesen.

Das Buch von Franz Werfel ``Das Lied der Bernadette`` habe ich jetzt durch. Am Anfang musste ich mich manchmal zwingen weiterzulesen, am Ende konnte ich nicht aufhören. Ich denke ohne die Muße an Bord, hätte ich dieses großartige Buch nie zu Ende gelesen.

Am Wochenende kommen tagsüber spanische Motoryachten aus dem nahen Hafen zum Ankern und Baden aus der Stadt in die Bucht, jetzt sind alle wieder weg, die anderen Segelyachten allerdings auch.

Abends, kurz nach Sonnenuntergang, kommen immer viele kleine Boote aus dem Ort und angeln in der Bucht. Die Angelleine wird aus der Hand geführt, gefangen werden Sardinen.

Der Wind hat auf West gedreht und zugenommen, nicht viel, aber ausreichend, um eine unangenehme Welle zu erzeugen.
Unsere bisherigen Mitankerlieger haben alle auf die andere Seite der Bucht verholt. Uns ist das zu mühsam, das bisschen Schaukelei stört uns nicht und wir sind sicher, dass unser 11 Kilogramm schwerer Bügelanker mit 50 Meter Kette noch bei ganz anderen Bedingungen sicher halten würde.

Sonntag d.14.08.2011

Heute war der erste bewölkte Tag, seitdem wir in Spanien sind, ab und zu hat es auch etwas geregnet, es ist aber trotzdem angenehm warm.

Vorhin bin ich von einem Spaziergang nach Cillero, drei Kilometer von unserer Ankerbucht entfernt, zurückgekommen.
Alle Geschäfte hatten heute zu, nicht weiter schlimm, wir haben immer Vorräte für mindestens zwei Monate an Bord, nur frisches Brot hätte ich gern zum Frühstück gehabt.

Selbst in kleinen und abgeschiedenen Orten sind die Gründe für die Finanzkrise sichtbar. Überall sind Neubauten, teilweise nicht einmal fertig gestellt, Bürogebäude, Einkaufszentren, fast alle mit großen ``zu verkaufen`` oder ``zu vermieten`` Schildern.

Im Ortszentrum ist ein großer Fischereihafen, Fischfang und Fischverarbeitung scheint hier die Haupteinnahmequelle der Menschen zu sein.

Die meisten Fischerboote sind nicht größer als unser Schiff, es gibt aber auch einige größere, die mehrere Tage auf See bleiben können.

Wir haben heute das Buch von Nick Ward ``Allein mit dem Tod`` gelesen. Es geht in dem Bericht um die Fastnet Katastrophe aus dem Jahr 1979.
Die „Grimalkin", um diese Yacht geht es, ist eine ähnliche Konstruktion wie unsere `Loliti`, nur noch mehr auf Geschwindigkeit und Regattasegeln getrimmt.
Es ist schon beeindruckend zu lesen mit welcher Wucht Wind und See damals zugeschlagen haben. Wir hoffen nie mit solchen Naturgewalten konfrontiert zu werden.

Da, wo wir segeln wollen, sind Windstärken über sechs bis sieben Beaufort sehr selten und für uns auf dem offenen Meer problemlos beherrschbar. Während es auf der Elbe oder auf der Ostsee schon äußerst unangenehm ist, bei fünf Beaufort gegen an zu segeln, ist der gleiche Kurs bei gleicher Windstärke auf dem Ozean zwar auch kein Vergnügen, aber möglich.

Erschreckt waren wir allerdings über den Vergleich, dass der Unterschied zwischen Beaufort acht und zehn so ist wie Kopfschmerzen und Gehirntumor.

Lange haben wir gesprochen was wir in ähnlicher Situation gemacht hätten. Vergessen darf man jedoch auch nicht, dass von den fast 60 gestarteten Booten in der ``Grimalkin`` Klasse die allermeisten völlig unbeschadet den Sturm überstanden haben. Allerdings hatten diese Yachten das Rennen auch früher abgebrochen und sind vor dem Sturm abgelaufen.
Die `Tai Fat`, die die in Seenot treibende `Grimalkin` gefunden hat, liegt übrigens in unserem Heimathafen Wedel.

Florian hatte heute Ohrenschmerzen, gestern hat er wohl zu lange und zu tief im Meer getaucht. Wir finden in unserer Bordapotheke ein Mittel, das hoffentlich wirkt.

Abends fahren wir noch einmal an Land und schicken Emails an unsere Familien und Freunde und checken die Wettersituation für den morgigen Tag.

Leider hatten auch der Wind und der Seegang in unserer Bucht wieder zugenommen, mir gelingt es nicht trocken mit dem Schlauchboot unsere Yacht zu erreichen.

Salzwasser auf der Haut ist nicht angenehm und es juckt, wenn ich nicht mit Süßwasser duschen kann, daran werde ich mich wohl in den nächsten Monaten gewöhnen müssen.

Montag d.15.08.2011

Heute ist der erste Regentag seit wir Spanien erreicht haben, richtig Regen ist es nicht, eher sehr feuchter Nebel, auch ohne Regenkleidung oder Schirm dauert es lange, bis man wirklich nass ist.

Wir sehen morgens aus der Kajüte, prüfen die Wetterbedingungen, stellen fest, dass kein Wind weht und schlafen erst einmal weiter.

Später sehen wir, dass zwei andere Yachten aus Frankreich den Anker hochziehen und mit Maschine losfahren, wahrscheinlich sind es Charteryachten, die unbedingt zu einem festen Termin ihre Basis wieder erreichen müssen. Kein Vergnügen jetzt viele Stunden mit Motor übers Meer zu fahren.

Segelyachten, die nicht segeln, sondern mit Maschine fahren, schaukeln und rollen fürchterlich, hinzu kommt der Krach und die Vibration des Motors. In den seltensten Fällen ist es auf längeren Seestrecken möglich, ein Stützsegel zu setzen, um wenigstens die Rollerei etwas zu reduzieren.

Nach dem Frühstück ist das Wetter immer noch nicht besser.
Wir beschließen in die zwei Seemeilen entfernte Marina zu fahren, um ein Medikament gegen Florians noch nicht abgeklungenen Ohrenschmerzen zu kaufen.
Die Medizin ist schnell besorgt, zum Glück konnten alle in der Apotheke gut Englisch. Wir wollten gleich etwas Proviant einkaufen und erfahren, dass heute und morgen in Spanien Feiertag ist und alle Geschäfte geschlossen sind.
Im Yachthafen liegen wir in der Nähe der 27 Fuß großen `Ninita` mit der zwei junge Schweden unterwegs sind. Wir haben sie schon in Holland und Belgien getroffen und erfahren, wie gut unsere Entscheidung war, bei der ersten sich bietenden Gelegenheit von Plymouth aus zur Biskaya Überquerung zu starten. Die Schweden waren in Falmouth, wollten dort zwei Tage bleiben und haben dann fast einen halben Monat auf günstige Winde warten müssen.

Während wir wie die meisten anderen Segler nur eine begrenzte Zeit segeln wollen, planen die beiden erst einmal nicht mehr ins normale Berufsleben zurückzukehren. In die Karibik wollen sie auch, aber ihr eigentliches Ziel sind die pazifischen Inseln.

Um den Lebensunterhalt zu bestreiten, wollen sie versuchen, unterwegs ‚Day-Jobs' zu bekommen. Bisher hat das nicht funktioniert. Ich denke das ist auch nur möglich, wenn man über ganz spezielle Kenntnisse und Fähigkeiten verfügt, für die es unter den anderen Seglern, nur die kommen als Kunden in Frage, auch eine Nachfrage besteht.
Lange sitzen wir mit den neben uns liegenden Engländern von der ``Flinesse`` zusammen, John war in seinem Berufsleben bei der Royal Air Force, auch in Deutschland stationiert, und konnte schon sehr früh in Pension gehen.
Seit vielen Jahren segelt er jetzt mit seiner Frau auf ihrer ``Malö``. Sie waren in der Karibik, im Mittelmeer, schon mehrfach in Spanien und Portugal und planen im nächsten Jahr die Ostsee zu umrunden.

Von ihnen leihen wir uns die sehr informativen Handbücher des Imray - Verlages, dort finden wir viel mehr Details als in unserem ``Reeds``. Wir machen uns einige Notizen, leider gibt es keinen Copyshop in der Nähe, um die Pläne zu kopieren.

Spät abends werden die Straßen hier richtig voll, es scheint alle Spanier sind auf den Beinen. Die vielen Lokale sind bis auf den letzten Platz besetzt, von einer großen Bühne wird Musik gespielt. Die Texte verstehen wir natürlich nicht, die Melodien klingen aber sehr schön.

Dienstag d. 16.08.2011

Heute ist noch Feiertag in Spanien, was gefeiert wird, konnten wir nicht herausbekommen. Viele Geschäfte sind zu, trotzdem haben wir den Eindruck, alle Einwohner von Vivero sind auf den Straßen unterwegs.

Wir liegen nach wie vor in der schönen Marina, wollen auch heute Nacht noch hierbleiben, um morgen früh im direkt am Hafen liegenden Supermarkt unsere Vorräte wieder aufzufüllen.

Tagsüber gehen auch wir im Ort spazieren, lesen viel und schreiben unseren Freunden E- Mails. In fast allen Cafés kann man hier WiFi surfen.

Abends gibt es wieder Livemusik, heute gefällt es uns nicht so gut wie gestern und um 1:00 Uhr sehen wir ein riesiges Feuerwerk, das von einer Schute in der inneren Hafenbucht aus abgefeuert wird.

Mittwoch d. 17.08.2011

Nach unserem Großeinkauf legen wir ab und fahren bei wenig Wind, natürlich von vorn, in Richtung Carino.

Carino hat keinen Hafen für Yachten, nur kleine Fischerboote können an den wenigen Schwimmstegen festmachen.
Wir ankern vor dem Strand zusammen mit Booten aus Dänemark und Irland. Beide Boote werden von Einhandseglern gefahren. Unser Schlauchboot ist immer schnell aufgeblasen, bis zum Strand rudern wir in nur wenigen Minuten.

Zwischenzeitlich haben wir auch Übung im Schlauchboot rudern, nichts spritzt mehr, und wenn wir ein- oder aussteigen, besteht keine Kentergefahr mehr.

Mit Glück gelingt es manchmal das Boot mit einer etwas höheren Welle auf den Strand zu setzen und dann mit trockenen Füßen an Land zu kommen.

Die Stadt Carino ist recht klein, eher ein Dorf, es gibt ein paar Geschäfte, einige Cafés und eben den Hafen, wo sich abends das Dorfleben abspielt.

Die Bucht hat recht tiefes Wasser und ist an beiden Seiten von hohen Bergen umgeben.

Nach mehreren Tagen ohne Fisch wollten wir auf dem Weg hierher einen zum Abendessen fangen, aber heute hatten wir kein Glück, auch an unseren fängigsten Köder hat kein Fisch angebissen.

Donnerstag d.18.08.2011

Morgens in aller Frühe verlassen die dänische und die irische Yacht die schöne Bucht. Ihr Ziel ist La Coruna.

Am Abend vorher haben wir mit dem Dänen noch ein Bier zusammen getrunken. Er war früher in der Offshore Industrie tätig und will jetzt mehrere Jahre segeln. Wohin und wie lange weiß er selber noch nicht.
Um unterwegs etwas Geld zu verdienen, will er Chartergäste mitnehmen. In Europa hat das noch nicht funktioniert, er hofft, dass das Geschäft in der Karibik einfacher wird.

Heute ist es den ganzen Tag bewölkt, wir empfinden den sonnenfreien, etwas kühleren Tag sehr angenehm.

Neben Leuten, die wie wir mit einem Boot unterwegs sind, treffen wir auch immer Wohnmobilfahrer aus allen Ländern. Viele Wohnmobile stellen sich abends auf die Parkplätze der Yachthäfen und nutzen die vorhandenen Einrichtungen.
Mit einem Ehepaar aus Bochum, das mit einem VW Campingbus unterwegs ist, klönen wir ein bisschen, sie nehmen mich auch in ihrem Auto mit in die Stadt.
Nachdem sie unser kleines Schlauchboot und das in der Bucht schaukelnde Boot gesehen haben, lehnen sie aus Angst vor Seekrankheit eine Einladung an Bord unseres Schiffes ab.

Im Laufe des Tages kommen keine weiteren Yachten, wir verbringen die Nacht in unserer Bucht alleine.

Freitag d.19.08.2011

Heute Nacht haben wir beide zum ersten Mal nicht gut geschlafen, der Wind hat auf Nordost gedreht und die Wellen können ungehindert in die Bucht laufen.

Unser Anker hält perfekt aber das Schiff schaukelt stark. Wir rutschen in den Kojen hin und her und können uns nur schlecht abstützen. Hinzu kommen die nervenden Klappergeräusche aus allen Schubladen, erst nach längerem Suchen in allen Vorratskisten finden wir eine hin- und her rollende Dose mit Oliven.

Nach dem frühen Frühstück machen wir das Schiff schnell seeklar, holen den Anker hoch und laufen in Richtung Cedeira, 25 Seemeilen westlich, aus.

Es ist heute nicht sonderlich warm, das erste Mal seit langer Zeit ziehen wir wieder lange Hosen und Schuhe an, auch in Nordspanien scheint der Hochsommer zu Ende zu gehen.

Die schroffe Felsenküste sieht sehr schön aus, wir halten immer gut Abstand, manchmal ragt recht weit draußen ein kleiner Felsen aus dem Wasser, ohne Markierung durch Warntonnen. Obwohl wir nur vier bis fünf Beaufort haben, sind die Atlantikwellen bestimmt drei Meter hoch. Wenn man sieht mit welcher Wucht die Wassermassen gegen die Felsen donnern, glaubt man gern, dass die meisten Schiffe nicht auf See, sondern an der Küste verloren gehen. Wir überlegen auch was wohl passiert, wenn man bei Sturm an den Felsen zerschellen würde, an den meisten Stellen erscheint es uns unmöglich, die steilen Abhänge hochzuklettern.

Lange Zeit hatten wir keinen Fisch gegessen, kurz vor Cedeira gelingt uns der bisher größte Fang dieser Reise. Der Thun ist fast einen halben Meter lang und kann trotzdem relativ einfach in unsere Plicht gehoben werden.
Dort zappelt er recht lange ganz fürchterlich, immer noch mit dem kräftigen Haken im Maul, erst relativ spät gelingt es uns ihn zu töten. Normalerweise kommen die gefangenen Fische immer gleich in die Pütz, dieser war aber zu groß für unseren Eimer.

Cedeira hat keinen richtigen Hafen, die Bucht ist mit einem Wellenbrecher vom offenen Meer geschützt, alle Boote und Schiffe ankern.
Während wir früher in Nord- und Ostsee fast nie geankert haben, dort gibt es überall Marinas, sind wir immer mehr auf unseren Anker angewiesen, je weiter wir nach Süden kommen.

Es gibt viele verschiedene Ankertypen, jeder hat Vor- und Nachteile. Unser Bügelanker wiegt 11 Kilogramm und hängt an einer 50 Meter langen Kette, dazu kommen noch einmal 50 Meter Ankerleine. Um ruhig schlafen zu können, müssen Kette und Leine zusammen mindestens fünf Mal so lang sein wie die Wassertiefe an der Ankerstelle.

Den Anker fallen zu lassen ist einfach, alles von Hand – macht immer Florian - wieder hochzuziehen, ein Kraftakt. Eine elektrische Ankerwinsch haben wir nicht.

Unser Fisch hat wieder vorzüglich geschmeckt, alles, was wir nicht essen konnten, haben wir der französischen Yacht neben uns geschenkt. Wie immer ist die Kommunikation mit den Franzosen schwierig, selbst so einfache Worte wie ``Fisch`` sind ein Problem.

Wir liegen hier zusammen mit mehreren Schiffen aus Frankreich, der ``runaway`` aus Schweden, einem polnischen Boot und kurz vor Sonnenuntergang kommt noch die Yacht ``Bullwinkel`` aus Cuxhaven und die ``Xanadu`` aus Hamburg in die Bucht eingelaufen.

Sonnabend d. 20.08.2011

Wir liegen nach wie vor in der schönen Bucht von Cedeira und werden wohl bis Montag bleiben.

Jeden Tag kommen und fahren Yachten aus vielen verschiedenen Nationen in die Bucht und bleiben ein paar Tage, bis sie weiterfahren.

Heute nach dem Frühstück sind wir zur Hamburger Yacht ``Xanadu`` gerudert. Das pensionierte Eignerpaar segelt seit vier Jahren, hauptsächlich im Mittelmeer. Jetzt sind sie auf der Heimreise, morgen wird zur Biskaya Überquerung gestartet. Kein leichter Törn bei den vorherrschenden Winden aus dem nördlichen Sektor. Der Dieselvorrat würde für die Hälfte der Strecke reichen, immer vorausgesetzt, die Wellen sind nicht so hoch.

Die Segler von der Cuxhavener Yacht ``Bullwinkel`` haben schon eine Weltumsegelung und zwei Karibiktörns gemacht. Das Lehrerehepaar konnte mehrfach längere Zeit Urlaub nehmen, jetzt sind beide frühpensioniert und segeln mit ihrem Schoner aus Stahl einfach weiter. Das Boot soll irgendwo in Spanien überwintern. Für Stahlschiffe, die im Winter im Wasser liegen bleiben können, kein Problem.

Am nettesten waren unsere Gespräche mit den Schweden von der ``runaway``, er ist so alt wie ich und hat mit dem Berufsleben abgeschlossen, sie ist wesentlich jünger und hat sich erst einmal für zwei Jahre beurlauben lassen, für Angestellte des Staates Schweden kein Problem.

Mein Weinglas wird immer schneller wieder gefüllt, als ich trinken kann. Als ich zurück zu unserem Boot rudere, werden von Florian die Schlangenlinien des Schlauchbootkielwassers, die ich mit undefinierten Strömungen in der Bucht erkläre, kritisiert.

Die sehr seetüchtige schwedische Yacht ist ungefähr so groß wie unsere ``Loliti``, das Beiboot allerdings noch kleiner als unser Schlauchboot. Statt in die Karibik, wohin fast alle fahren, will man nach Brasilien und dann weiter.

Von Brasilien kommt man eigentlich nur weiter, wenn man um Kap Horn fährt. Von Ost nach West eine echte Herausforderung, nicht nur wegen Sturm und Kälte, in der Gegend gibt es praktisch keine Häfen für Yachten. Die Segler haben die Weiterfahrt noch offengelassen. Wer plant, um das schwierigste Kap der Welt zu fahren, erzählt das erst, wenn man es gemacht hat.

Abends ist es in Nordspanien immer besonders angenehm, die Sonne geht spät unter, wir sind auf dem achten westlichen Längengrad und haben immer noch die deutsche Zeit, die Temperaturen sind nach wie vor sehr behaglich. Gestört wird die angenehme Atmosphäre nur durch die lauten Jetskis und Speed Boote, die in großer Zahl durch die Bucht düsen.

Relativ spät kommt noch eine Yacht aus England und ein Segler aus Kanada, die Engländer ankern kurz vor uns. Wir haben Befürchtungen, dass sie ihren Anker über unsere Kette werfen.

Auf dem Meeresgrund verhakte Ankergeschirre sind eine Katastrophe, meistens müssen die Ketten dann durch Tauchen wieder klariert werden.

Wir hoffen, dass alles gut gegangen ist, ob es so ist, werden wir sehen, wenn wir weiterfahren.

Sonntag d. 21.08.2011

Heute war es den ganzen Tag bewölkt, aber nicht kalt und bis auf einige Regentropfen ist auch kein Niederschlag gefallen.
Uns gefällt das nicht ganz so sonnige Wetter zwischendurch sehr gut, insbesondere wenn wir uns den Ort und die Landschaft ansehen, ist es sehr angenehm, wenn es nicht so heiß ist.

Heute Morgen sind die beiden anderen deutschen Boote ausgelaufen, eins in Richtung Süden, das andere nach Norden. Wir hoffen für sie, dass der Wind in der Biskaya nicht die ganze Zeit von vorne weht.

Im Laufe des Nachmittags und abends kommen wieder neue Schiffe aus England, Holland und Frankreich. Für viele ist die Bucht von Cedeira der erste Hafen nach der Überfahrt aus Nordeuropa.

Der Ort Cedeiro ist nicht besonders groß, viele schöne Häuser sind am Berghang direkt am Wasser gebaut. In den engen Gassen können keine Autos fahren, alle gehen zu Fuß. Uns fällt auf, dass wir nirgends Fahrräder sehen.
Wir fragen uns, wo die Menschen hier arbeiten, außer einigen Geschäften gibt es nichts, wir können weder Handwerksbetriebe noch Industrie sehen. Tourismus gibt es auch nicht, nicht einmal ein Hotel hat der Ort.

Wir wundern uns auch, warum wir hier kostenlos liegen dürfen, bei den vielen Yachten wäre es einfach, die sonst in Spanien übliche Liegegebühr zu kassieren.

Heute haben wir das Boot komplett gereinigt, alles kontrolliert und wo erforderlich, repariert.

Das Boot ist innen und außen immer sehr schnell verdreckt, auch wenn wir auf See sind und eigentlich nichts an Bord kommen könnte.
Es ist natürlich ein großer Unterschied, ob man zu Hause nur am Wochenende, oder wie wir jetzt, für längere Zeit richtig an Bord lebt. Andere Besatzungen haben die gleichen Erfahrungen gemacht.
Nach drei Stunden haben wir alles wieder Tipp top, abends laufen wir noch einmal in den Ort. Morgen früh wollen wir auslaufen, unser Ziel: Ardes in der Bucht von La Coruna

Montag d. 22.08.2011

Heute ist der erste Tag, an dem wir kein gutes Wetter haben, es ist relativ kalt, zwar nicht 15 °C wie zu Hause, aber ohne Pullover friert man, dazu kommt Nebel und eine sehr hohe Luftfeuchtigkeit, nichts trocknet, alles klebt.

Wir machen nach dem Frühstück das Boot seeklar, ziehen den Anker hoch, setzen Segel und fahren los, in der Bucht ist der Wind schwach, wir hoffen auf bessere Bedingungen draußen.

Die stellen sich aber nicht ein, im Gegenteil, der schon schwache Wind wird noch schwächer, der Nebel dichter. Eine Weile versuchen wir noch voranzukommen, dann entscheiden wir umzudrehen und an der gleichen Stelle wie in den letzten Tagen wieder zu ankern und es am drauffolgenden Tag noch einmal zu versuchen.

Abends fuhr Florian mit dem Schlauchboot an Land um im Café seine Mails anzusehen. Das ist sehr gut in Spanien, in vielen Straßencafés ist Wi Fi, man nimmt sein Notebook mit, trinkt einen Kaffee und kann im Internet surfen.

Normalerweise kommt er nach maximal zwei Stunden wieder zurück an Bord, diesmal erst nach fünfeinhalb Stunden, es war schon völlig dunkel. Damit er das Boot überhaupt wiederfinden konnte, hatte ich alle Lampen angeschaltet.

Ich hatte schon befürchtet, dass unser Schlauchboot gestohlen oder nicht richtig festgebunden, auch das kommt manchmal vor, war. Und ohne Beiboot gibt es keine Chance das in der Bucht liegende Schiff zu erreichen.

Wir beschließen in Zukunft, die Handfunke mit an Land zu nehmen, um Kontakt halten zu können.

Dienstag d. 23.08.2011

Heute begann alles sehr gut, wir haben ausgezeichnet geschlafen, der Regen hat in den frühen Morgenstunden aufgehört und es wehte Wind aus der richtigen Richtung.
Wir beschließen loszufahren, nicht alleine, insgesamt machen sich sechs Yachten zum Auslaufen bereit.

Der Hauptgrund für die Weiterfahrt ist die Wettervorhersage für die nächsten Tage, ein Tiefdruckgebiet nähert sich und bringt schlechteres Wetter und westlichen Wind.

Unser normalerweise leicht zu lichtender Bügelanker hat sich in einem Unterwasserhindernis verhakt. Es gelingt uns trotz aller Tricks nicht ihn an Bord zu bekommen. Sehen können wir auch nichts und zum Tauchen ist es uns zu tief. Wir befürchten, dass die Kette an einem Mooring Betonklotz, an dem normalerweise größere Fischkutter festmachen, verklemmt ist.

Wir haben keine andere Chance als schweren Herzens unsere Kette zu kappen und ohne unseren Hauptanker weiterzufahren. Das ist sehr ärgerlich, nicht nur der finanzielle Schaden, wir werden einen vergleichbaren Anker, für den alle Halterungen im Schiff angefertigt sind, in Spanien nicht als Ersatz bekommen.

Wir haben allerdings noch zwei Reserveanker, ein erheblicher Teil unserer Ankerkette ist aber auch verloren.

Draußen auf See fahren wir einige Meilen mit akzeptabler Geschwindigkeit, dann schläft völlig unerwartet der Wind ein und kommt später ``schwach umlaufend`` wieder. Mit niedriger Geschwindigkeit nähern wir uns unserem Ziel.

Wir überlegen während der Fahrt lange, wie wir in Zukunft sicherer ankern können, kommen aber zu dem Schluss, dass unser Ankerverlust einfach Pech war, wir können keinen eigenen Fehler erkennen.

Für die 25 Seemeilen weite Strecke bis zu unserem Ziel brauchen wir fast den ganzen Tag, dummerweise lässt der Wind immer mehr nach. Wir fahren einige Stunden mit Motor, erst kurz vor dem Ziel kommt wieder Wind und wir können das letzte Stück segeln.
Statt wie geplant nach Ardes, fahren wir in den Nachbarort La Coruna, der größten Stadt hier in Nordwestspanien. Spät abends, aber noch am 23.08.2011, erreichen wir La Coruna.

Weil es schon dunkel war und wir müde, fuhren wir in die direkt am Eingang liegende

``Marina Coruna``. Zu unserer großen Überraschung waren viele Liegeplätze frei, alle Bücher und Reiseinformationen anderer Crews haben im September und Oktober von einem total überfüllten Hafen geschrieben.
Wir legten neben einer großen holländischen und einer britischen Yacht an.

Am nächsten Morgen stellten wir fest, wie weitläufig die Marina ist und wie lange wir laufen müssen, um die City zu erreichen.
Wir gingen zum Stadthafen, vergleichbar mit dem Hamburger City Yachthafen und sahen auch dort sehr viele freie Plätze.

Da wir länger hierbleiben wollten, erkundigten wir uns im Yachthafenbüro nach den Bedingungen für Langzeitlieger. Unsere ursprüngliche Idee, dass Florian mit dem Boot hier ankert, verwerfen wir, einmal weil unser Hauptanker weg ist und zum anderen, weil die möglichen Ankerplätze in 15 Meter tiefem Wasser liegen und auch nur schlecht vor Wellen geschützt sind.

Erstaunt nahmen wir zur Kenntnis, dass wir einen guten Liegeplatz im Real Club Nautico für einen ganzen Monat zum Preis mieten können, wie er normalerweise für sechs Einzeltage fällig ist. Einschließlich WiFi, Dusche und Waschmaschine.
Im Hafen trafen wir wieder viele Yachten, einige hatten wir schon in anderen Orten gesehen. Von hier wollen alle weiter nach Süden fahren.

Um das Kap Finisterre zu umrunden sind günstige Winde Voraussetzung, La Coruna ist dafür eine gute Warteposition. Von dort geht es mit den vorherrschenden nördlichen Winden in der Regel problemlos weiter. Wir überlegen Mitte September ohne Zwischenstopp von hier gleich bis Madeira zu fahren.

Wir genießen die großartige Lage des Hafens hier direkt im Stadtzentrum.

Zum Flughafen, ich fliege in der nächsten Woche nach Hause, sind es auch nur acht Kilometer.

Mittwoch d. 24.08.2011 bis Sonnabend d. 27.08.2011

La Coruna ist eine große Stadt, etwa 250.000 Einwohner, die größte Stadt in Nordwest Spanien und das wirtschaftliche und kulturelle Zentrum der Region.
Im nahe gelegenen Industriehafen liegen viele Kümos, die hauptsächlich Komponenten für Windkraftanlagen geladen haben.

Die Innenstadt ist sehr schön, die alten Häuser sind dicht aneinandergebaut, Autos
können auf den schmalen Straßen nur sehr eingeschränkt fahren, Parkplätze gibt es überhaupt

nicht. Bis tief in die Nacht sind die Fußgängerzonen sehr belebt, die unzähligen Restaurants und Cafés sind immer voll.

Hier gibt es auch Yachtzubehörläden, in denen wir sofort erkunden wo wir am besten eine neue Ankerkette bekommen können.

Zuerst wussten wir nicht wie wir die schwere Kette zum Schiff transportieren konnten, mit einem vom Yachthafen ``geliehenen`` Einkaufswagen war es aber kein Problem.

Einen Anker, der in die vorhandene Vorrichtung in unseren Ankerkasten passt, gibt es, wie nicht anders erwartet, allerdings nicht.

Kein großes Problem, wenn ich am 11. September wieder von Hamburg nach Spanien fliege, werde ich den neuen Anker mitbringen.

Gestern Morgen lief noch vor Sonnenaufgang das Kreuzfahrtschiff ``Seven Seas Voyager`` der Regent Reederei ein und machte nur wenige Meter von uns entfernt am Cruise Terminal fest.

Das 2004 in Italien gebaute Schiff sieht sehr elegant aus. Alle Außenkabinen haben einen Balkon, die Passagiere in allen Altersklassen wurden recht bald nach dem Ablegen mit Bussen zu Besichtigungstouren im Umland abgeholt oder wir trafen sie tagsüber beim Stadtbummel.

Abends, so gegen 20:00 Uhr, waren alle wieder an Bord und die Reise ging weiter. Ohne Schlepperhilfe verließ das große Schiff den Hafen von La Coruna.

Sehr aufwendig sind die Sicherheitsvorkehrungen. Wenn das Kreuzfahrtschiff an der Pier liegt, wird als erstes ein großes Zelt aufgebaut. Jeder der das Schiff betritt, muss durch eine Personenschleuse, wie man sie von Flughäfen kennt. Gepäck und Taschen werden auch sorgfältig kontrolliert und dürfen ebenfalls nur nachdem sie gescannt wurden an Bord.

Am frühen Nachmittag lief die ``Timpetee`` aus Bremerhaven ein. Mit ihrer ``Carter 30`` will das Pärchen, genau wie wir, ein Jahr lang den Atlantik umrunden. Er ist Lehrer und konnte problemlos ein Jahr frei bekommen. Gestartet ist die ``Timpetee`` mit Ferienbeginn einen Monat nach uns. Statt wie wir den Weg an der englischen Südküste zu wählen, haben sie die sehr schönen Kanalinseln besucht und in Brest die Biskaya Überquerung gestartet.

Der ``Timpetee`` Skipper hat schon vor einigen Jahren mit einem kleinen Boot England umrundet. Über die Reise hat er ein Buch verfasst, dass er anderen Seglern jetzt zum Kauf anbietet.

Wie üblich, wenn man andere Yachten trifft, tauschen wir alle Informationen aus. Wir helfen ihnen den Motor zu reparieren, können einige Seiten aus seinem wirklich guten Hafenhandbuch kopieren und bekommen ein Computerprogramm, das uns ermöglicht, Wetterinformationenmitten auf dem Ozean, aus GRIB Daten, empfangenen mit dem Satellitentelefon, zu lesen.

Das ist zwar keine große Hilfe, falls ein Schlechtwettergebiet, oder eine Flaute angekündigt ist, haben wir mit unserer relativ geringen Geschwindigkeit wenig Chancen auszuweichen, aber trotzdem nice to have.

Jeden zweiten Sonnabend veranstaltet der örtliche ``Königliche Yachtclub`` eine große Regatta. Mit unserem schwer beladenen Fahrtenschiff würden wir keinen Blumentopf gewinnen, wir sehen uns aber gern Start und Regattageschehen von der großen Hafenmole aus an.
Die „First Ship Home" ist eine gut 45 Fuß lange Yacht.
Abends ist im Yachtclub Party, obwohl wir nicht das vorgeschriebene Jackett und auch keine Krawatte an Bord haben, sind wir trotzdem zum Freibier eingeladen.

Von den ursprünglich vier deutschen Yachten sind heute zwei ausgelaufen, Schiffe aus Holland, England und Belgien sind gekommen.

Sonntag d. 28.08.2011 bis Mittwoch d. 31.08.2011

Wir liegen nach wie vor im Stadthafen von La Coruna. Der wirklich optimal gelegene Hafen ist jetzt nahezu leer, und das obwohl in allen Handbüchern steht, dass gerade hier auf Grund der optimalen geografischen Lage immer alle Liegeplätze besetzt sind.
Heute Morgen kam wieder ein Passagierschiff, die ``MCS OPERA``. Das Anlegemanöver zu beobachten, ist bei diesen riesigen Schiffen immer spannend. Am späten Nachmittag lief das Kreuzfahrtschiff dann wieder mit Ziel Portugal aus.

Wir haben heute einen sehr langen Spaziergang zum Leuchtturm am anderen Ende der Bucht unternommen. Zum Glück kamen ab und zu einige Wolken und brachten etwas Abkühlung. Weite Fußmärsche sind wir nicht mehr gewohnt. Leider hatten wir die Fotokamera vergessen.

An der ganzen Küste sind steile Klippen, nur unterbrochen von relativ kleinen Strandabschnitten, die gerade am Wochenende bei schönem Wetter von der Stadtbevölkerung gut besucht werden.

Am Sonntagabend war noch einmal Open-Air-Konzert auf dem hiesigen Rathausmarkt, das gefiel uns aber nicht so gut wie die Veranstaltung am Vorabend. Noch vor der Pause gehen wir zurück zum Hafen.

Am Mittwoch regnet es zum ersten Mal den ganzen Tag, seit wir in Spanien sind, außerdem ist es relativ kalt.

Langweilig ist es trotzdem nicht, wir lesen viel, gehen trotz des Regens in die Stadt und klönen mit den Engländern der Nachbaryacht. Zurzeit liegen viele Yachten aus England im Hafen. Fast alle Skipper sind schon im Rentenalter. Die britischen Yachten sind wesentlich größer als die Schiffe mit französischen Crews.

Auch einige Norweger sind gekommen, fast alle sind wie wir auf dem Weg nach Amerika.

Donnerstagmorgen stehe ich früh auf, um 7:15 Uhr fährt mein Bus zum kleinen Flughafen La Coruna.
Zum Frühstück sitzen wir draußen und beobachten wie die MS ``Deutschland`` der Deilmann Reederei einläuft und neben uns am Kreuzfahrtterminal festmacht.
Die ``Deutschland`` ist wesentlich kleiner als die Passagierschiffe, die wir bisher hier gesehen haben, sieht aber eleganter aus, fast wie eine große Yacht. Wir erfahren, dass das Schiff zur Olympiade 2012 in England als Hotelschiff in der Bucht von Portland, wo auch wir geankert haben, stationiert wird.

Das Flugzeug, aus Madrid kommend, landet pünktlich. Die Passagiere für den Rückflug werden zum Boarding aufgerufen, dürfen aber nicht einsteigen. In 10 Minutenabständen werden Verspätungen angekündigt, erst Probleme mit der Flugsicherung, dann ``organisatorische`` Gründe, nach zwei Stunden ``technical reasons``. Das Flugzeug hat einen Defekt und kann nicht starten.

Geplant war, dass ich mit Spanair von La Coruna nach Madrid, von dort nach Palma de Mallorca und dann mit Lufthansa weiter nach Hamburg fliegen sollte. Mit der Verspätung in La Coruna ist die Lufthansa Maschine nicht mehr zu erreichen. Die Diskussion mit Spanair ist nicht nur wegen fehlender Sprachkenntnisse schwierig. Am Ende gelingt es doch das Personal zu überzeugen, dass man mich so umbucht, dass ich von Madrid ohne den Umweg über Mallorca direkt nach Hamburg fliegen kann.

Innerhalb von nur drei Flugstunden reise ich die gleiche Strecke, für die wir mit dem Segelboot mehr als einen Monat gebraucht haben.

Am 11.September werde ich zurück nach Spanien fliegen. Mit dabei habe ich eine Liste mit Ausrüstungsgegenständen, die ich in Hamburg beschaffen muss. Florian wird in der Zwischenzeit auf das Boot aufpassen und auch verschiedene Wartungs- und Verbesserungsarbeiten durchführen.

In Wedel vom 01. bis 11. September 2011

Die Woche ``Urlaub`` in Wedel war ursprünglich gebucht worden um zum 80. Geburtstag meiner Mutter zu Hause zu sein.
Leider hatte sich der Gesundheitszustand meiner Tante - sie lebt seit vier Jahren zusammen mit meiner Mutter - in sehr kurzer Zeit deutlich verschlechtert. Als ich am nächsten Tag zu ihr nach

Maschen in die Nordheide fuhr, lebte sie noch, war aber nicht mehr ansprechbar. Zur Linderung der starken Schmerzen bekam Sie Morphium, was den Nebeneffekt hatte, dass sie nahezu ohne Unterbrechung schlief und weder essen noch trinken konnte.

Die geplante Geburtstagsfeier meiner Mutter wurde abgesagt, wir trafen uns alle in Maschen, was auch sehr schön war.

In der Nacht vom Montag zum Dienstag verstarb meine Tante. Wir waren alle sehr froh, dass es möglich war die Beerdigung noch am Freitag der gleichen Woche zu organisieren.

Zwischenzeitlich kam auch der bestellte neue Anker. Zum Glück passte er - wenn auch nur ganz knapp - in meine Reisetasche. Auch das maximal Gepäckgewicht von 20 Kilogramm wurde nicht überschritten.

Dienstag d. 13.09.2011

Der Rückflug von Hamburg über Brüssel und Madrid nach La Coruna war problemlos. Leider war mein Gepäck mit dem Anker verloren gegangen. Da nicht nur meine Tasche fehlte, war am Baggage Lost Schalter eine lange Schlange. Als ich meine Zettel ausgefüllt hatte, war der Flughafen bereits geschlossen und alle Taxis weggefahren, bis auf eins, in dem saßen aber schon zwei Spanier.
Freundlich und hilfsbereit wie alle Leute hier, durfte ich noch kostenlos mitfahren.

Florian war froh, dass ich wieder da war. Eineinhalb Wochen alleine mit dem Schiff ist eine lange Zeit.

An Bord war alles in bester Ordnung, wir waren ausgerüstet um wie vorgesehen am nächsten Morgen weiter zu segeln. Da Spanair versprochen hatte, das Gepäck bis 10:00 Uhr morgens anzuliefern, sahen wir alles sehr gelassen.
Als um 12:00 Uhr immer noch nichts da war, haben wir telefonisch nachgefragt. Da wir selber nicht spanisch sprechen, hat das die freundliche Mitarbeiterin des Yachthafens für uns erledigt. Wir erfuhren, dass der Koffer jetzt in La Coruna ist, allerdings hatte der Verteilwagen vergessen ihn mitzunehmen, um 19:00 Uhr kommt er aber noch einmal.
Wir waren über diese Nachricht erst einmal froh, und beschlossen die Abfahrt einen Tag zu verlegen.

Leider kam abends das Gepäck wieder nicht, neuer Auslieferungstermin: Mittwochmorgen 10:00 Uhr.
Als gegen Mittag immer noch niemand da war, haben wir wieder telefoniert. Leider hatte der Fahrer des Subunternehmers, der die Auslieferung durchführt, den Hafen nicht gefunden, die

Adresse war verloren gegangen etc., neuer Termin: abends 19:00 Uhr. Damit waren wir natürlich nicht einverstanden und baten den Fahrer mit dem Gepäck im Auto anzurufen und ihm Adresse und so weiter, mitzuteilen, nach langer Diskussion war das möglich und um 14:00 Uhr hatten wir endlich alles an Bord.

Wir bedankten uns bei der Yachthafenmitarbeiterin für ihre freundliche Unterstützung und erfuhren, dass sie aus Estland kommt und erst seit einem halben Jahr in Spanien lebt. In dieser kurzen Zeit hat sie spanisch gelernt, neben ihrer Muttersprache spricht sie auch englisch und etwas deutsch.

Obwohl das Wetter nicht besonders war, beschlossen wir noch am gleichen Tag auszulaufen.

Dienstag d. 13.09.2011 bis Montag d. 19.09.2011 von La Coruna nach Porto Santo

Der Dienstag war ein relativ kalter Tag, ab und zu fiel Sprühregen, der Wind kam aber mit akzeptabler Stärke aus der richtigen Richtung.

Unser Ziel ist Porto Santo, eine kleine Insel kurz vor Madeira. Ursprünglich kannten wir Porto Santo gar nicht. Den Tipp diese kleine Insel anzulaufen, bekamen wir von anderen Seglern in La Coruna.
Zu segelnde Distanz: 740 Seemeilen, deutlich mehr Meilen als unsere bisher weiteste Strecke. Ab Cap Finestaire können wir direkten Kurs auf die Insel nehmen. Wir rechnen mit fünf bis sieben See Tagen.
Zum Vergleich: In einer kompletten Saison zu Hause sind wir froh 500 Meilen zu segeln.

Ursprünglich war geplant, noch einige Häfen an der portugiesischen Küste anzulaufen. Wir haben unsere Pläne geändert, weil wir lieber länger auf den Atlantikinseln Porto Santo, Madeira sowie den Kanaren bleiben wollen.
Als wir realisierten, wie weit die Madeira Inselgruppe im Atlantik liegt, hatten wir schon ein bisschen mulmiges Bauchgefühl. Wir werden die meiste Zeit ohne Landsicht fahren, bisher hatten wir immer einen Hafen in der Nähe, auf dieser Strecke nicht mehr.

Cap Finestaire an der Nordwestspitze Spaniens runden wir mit ausreichendem Sicherheitsabstand um Mitternacht. Um diese Zeit nimmt auch der Wind stetig zu, zum Glück ändert er seine Richtung nicht und kommt nach wie vor aus Nord.
Wir reduzieren die Segelfläche und kommen herrlich schnell voran. Allerdings ist es auch sehr nass, dauernd kommt Spritzwasser über.
Zum ersten Mal segeln wir bei acht Windstärken, mit unserem kleinsten Vorsegel surfen wir die hohen Wellen mit bis zu zwölf Knoten herunter, unsere Durchschnittsgeschwindigkeit ist allerdings deutlich niedriger, weil das Boot beim Hochfahren der Wellen zwar nicht stehen bleibt,

aber doch wesentlich langsamer wird.

Erstaunt sind wir wie wenig Wasser ins Cockpit kommt, selbst hohe brechende Wellen sind dank unseres breiten und auftriebsstarken Hecks kein Problem.
Gelegentlich müssen wir die Selbststeueranlage unterstützen, zu groß ist uns das Risiko, dass wir quer zu den Wellen kommen.
Nachdem alle Leuchttürme des Kaps passiert sind, gehen wir abwechselnd in der Kabine schlafen. Richtig schlafen können wir aber nicht, zu laut sind die Geräusche im Boot.

An allen Kaps ist der Wind durch den Düseneffekt immer stärker als davor oder dahinter, schon bald wird er schwächer, wir fahren trotzdem bis zum Morgen mit kleiner Segelfläche weiter und reffen erst nach dem Frühstück aus.

Am ersten Tag auf See geht es uns beiden leider nicht gut, wir verspüren Seekrankheit, haben den Tag über nichts Richtiges gegessen und sind nass. Unser Aufbruch in La Coruna war überstürzt, besser wäre gewesen erst am nächsten Morgen loszufahren. Zumal wir uns vorgenommen hatten eine längere Strecke nur dann zu beginnen, wenn man nicht gleich am ersten Tag nass wird.

Auch der zweite Tag auf See ist noch nicht optimal, es bläst und schaukelt nach wie vor so stark, dass wir uns nichts zum Essen kochen können.

Hinzu kommt der viele Schiffsverkehr, wir passieren die Hauptfahrtrouten der Frachter von Nordeuropa zum Mittelmeer am frühen Nachmittag.
Aber der Wind ist toll, wir schaffen ohne große Anstrengungen 120 Meilen am Tag.

Erst auf See wird uns klar, dass wir jetzt in den nächsten neun Monaten kein Festland betreten werden, alle zukünftigen Anlaufpunkte auf der geplanten Reise sind Inseln.

Nachdem wir bis zum späten Abend keine weiteren Schiffe mehr gesehen haben, beschließen wir in der drauffolgenden Nacht beide unter Deck zu schlafen und uns ganz auf unser Warnsystem zu verlassen.

Als wir dann doch noch einige Schiffe sehen, ändern wir unsere Pläne und schlafen wieder abwechselnd.

Am dritten Tag auf See haben wir uns wieder an die Bordroutine gewöhnt und es geht uns wieder gut. Zur sehr guten Stimmung hat das schnell besser werdende Wetter und das schmackhafte, von Florian zubereitete, Essen beigetragen.

Die Nachtwachen sind nicht langweilig und gehen immer sehr schnell vorbei. Uns geht es ausgezeichnet und wir sind sehr froh, dass wir zu unserer ``weiten Fahrt`` aufgebrochen sind. Wir wissen auch zu schätzen, dass der Rest der Familie uns unterstützt und freuen uns schon sehr auf den geplanten Besuch in der Karibik. Fredi kommt Mitte Dezember für sieben Wochen nach St Lucia, Angelika danach für drei Wochen nach Martinique.
Wenn man 15 Haustiere hat, ist ein gemeinsamer Familienurlaub nicht möglich.

Jeden Abend um 18:00 Uhr sende ich meinem Bruder mit dem Satellitentelefon eine SMS mit unserer aktuellen Position. Er trägt diese dann in eine Karte ein und sendet sie allen aus der Familie. Darüber hinaus erhalten wir immer die aktuelle Wetterprognose.

Das Iridium Satellitentelefon hat Cousin Jan für uns in England gekauft, dort kosten die Geräte wesentlich weniger als in Deutschland.
Jan macht gerade zum wiederholten Mal Surfurlaub auf Mauritius. Die moderne Kommunikation macht es möglich, dass er uns von dort alle Funktionen des Gerätes erklären konnte. Die fast 200 Seiten starke, schlecht verständliche Bedienungsanweisung durchzuarbeiten, hatte ich keine Lust, einfacher war es Jan zu fragen.

Jan ist ein Allroundtalent, günstige Flüge buchen, alles was mit Computer und Telefon zusammenhängt, kann er perfekt und ist auch nicht ungeduldig, wenn man eine blöde Frage zwei Mal stellt. Gut, dass wir Jan in der Familie haben. Er kennt auch das Bordleben, vor einigen Jahren hat er mit einer großen Swan den Atlantik von West nach Ost überquert.

Neben der Bedienung des Iridium Handys sind auch die Vertragsbedingungen ungewöhnlich und äußerst kompliziert.
Für uns reicht es zu wissen: Sprechen ist sehr teuer, SMS schreiben ist akzeptabel und bis zu 150 SMS können im Monat kostenlos empfangen werden. Auf die Möglichkeiten, E-Mails zu verschicken, verzichten wir.

Mittlerweile haben wir das Gerät ein paar Mal benutzt, es kommt uns wie ein Wunder vor, dass weit draußen auf dem Meer schnell und mit erstaunlich guter Qualität überall auf der Welt angerufen werden kann.

Ohne Peter Förthmann wäre unsere Reise so angenehm auch nicht möglich. Peter Förthmann ist der geniale Konstrukteur unserer Selbststeueranlage. Seit zwei Tagen steuert sie unsere ``Loliti`` bei erschwerten Bedingungen (hohe Wellen, achterlicher Wind) besser als von Hand möglich.
Und das alles völlig geräuschlos und ohne Stromverbrauch. Vom nächsten Hafen bekommt er eine Mail von uns.

Am 16.09.2011 sind wir drei Tage auf See und haben gegen 14:00 Uhr die Hälfte der Strecke dieser Etappe geschafft.

Die Wetterprognose lautet drei bis fünf aus Nord / Nordost, bis wir das Ziel erreicht haben. Besser kann es nicht sein.
Wir segeln nur mit ausgebaumtem großen Vorsegel, dann wird das Boot ``gezogen`` und lässt sich besser steuern und das gefährliche Halsen des Großsegels ist ausgeschlossen. Es sieht so aus, dass wir die Besegelung, so wie sie jetzt steht, in den nächsten Tagen nicht ändern müssen.

Der konstante Nord- Nordost Wind an der portugiesischen Küste ist wie ein Passat, er weht mit optimalen drei bis fünf Windstärken, zusätzlich schiebt uns eine nach Süden laufende Meeresströmung. Auch die Wellen sind mit zwei bis drei Metern nicht besonders hoch.

Leider sehen wir keine Delphine, unsere Angelversuche sind auch nicht erfolgreich, offensichtlich gibt es hier keine Fische. Ab und zu sehen wir Seevögel, können aber nicht beobachten, wie sie Fische fangen.

In der Nacht vom Sonnabend zum Sonntag haben wir aus unerklärlichen Gründen eine sehr konfuse See, das Schiff schaukelt fürchterlich, wir können kaum schlafen.
Wir sehen wenige Frachtschiffe, nur zwei bis drei am Tag. Die meisten passieren uns in ausreichendem Sicherheitsabstand, ohne dass wir unseren Kurs korrigieren müssen.

Heute hatten wir allerdings einen aus Süden kommenden Gastanker passiert, der uns gefährlich nahegekommen wäre, wenn wir nicht abgefallen wären. An Bord des Frachtschiffes war niemand zu sehen, wir sind uns nicht sicher, ob die Mannschaft uns gesehen hat und ob sie Ihrer Ausweichpflicht nachgekommen wäre.
Um das Restrisiko zu minimieren, beschließen wir, in Zukunft von unseren Plänen nachts ohne Wache einfach weiterzufahren, Abstand zu nehmen. Wie bisher werden wir auch in Zukunft abwechselnd schlafen, zumindest bis wir bei den „Kap Verden" sind, dann sehen wir weiter.

Sehr positiv überrascht sind wir, dass wir hier auf dem offenen Meer weder Öl noch anderes Treibgut entdecken können. Offensichtlich wirkt das Verbot, dass Tanker ihre Laderäume nicht mehr auf See reinigen dürfen und viele Frachter zwischenzeitlich Müllverbrennungsanlagen an Bord haben.
Unseren Müll sammeln wir. Innerhalb einer Woche auf See ist eine mittelgroße Plastiktüte voll mit Kunststoffresten und anderen nicht organischen Dingen. Für die mit drei Wochen veranschlagten Atlantik Überquerung müssen wir uns etwas anderes einfallen lassen. Wir können den Müll nicht so lange bei unserem sehr reduzierten Stauraum an Bord lagern.

Tagsüber hatten wir bisher immer sonniges Wetter mit einigen Wolken, nachts war es stets sternenklar, gegen Mitternacht ging der Mond auf und da wir Vollmond hatten, wurde es nie richtig dunkel. Beständig weht der Portugal Passat mit vier bis fünf Windstärken aus Nordost. Die Sterne funkelten wie Diamanten, während der Nachtwachen konnte man immer sehr schön Orions Zug Bahn am Himmel verfolgen. Wir finden, dass Orion das schönste, und darüber hinaus, sehr leicht zu findende, Sternbild ist.

Kurz bevor wir unser Ziel erreichen, dreht der Wind und wird stärker. Schon von weitem sehen wir das starke Leuchtfeuer von Porto Santo. Schwierigkeiten macht uns ein Kümo, er ist recht lange auf Kollisionskurs. Wir können schwer abschätzen ob er vor oder hinter uns vorbeifährt. Vorsichtshalber kuppeln wir die Selbststeueranlage aus und steuern von Hand um schneller reagieren zu können. Bei Sonnenaufgang erkennen wir die noch schattenhaften Umrisse von Porto Santo.

Unsere bisher weiteste Seestrecke nähert sich dem Ende. Wir sind froh, dass alles gut geklappt hat, und wieder bestätigt sich: Ozeansegeln im Passat ist einfacher als segeln auf der Elbe. Wir haben nicht einmal ein Schlafdefizit. Sehr zum Gelingen der Reise trägt auch das harmonische zwischenmenschliche Klima und die sehr gute und abwechslungsreiche Verpflegung bei.

Montag d. 19.09.2011 um 14:00 Uhr erreichen wir Porto Santo und laufen in das große Hafenbecken ein.

Wir waren schon sehr froh die Insel da zu sehen wo wir es erwartet hatten, Land in Sicht haben wir aber nicht gerufen. In früheren Zeiten, ohne die heute üblichen sehr einfachen und präzisen Navigationshilfen, fuhren immer wieder Yachten versehentlich an den Inseln vorbei und machten ihren Land Fall erst auf den Kanaren. Insbesondere wenn man mehrere Tage mit bewölktem Himmel hatte und demzufolge keine Standortbestimmung möglich war, wusste man wirklich nicht wo man auf dem Wasser war.
Auf eine Fahrt von Cuxhaven nach Helgoland hatten wir vor vielen Jahren auch schlechte Sichtbedingungen und sind an der Insel vorbeigefahren, ein wirklich blödes Gefühl. Damals hatten wir noch keine elektronischen Navigationshilfen.

Im Hafen von Porto Santo liegen ausschließlich Langfahrtyachten, viele Schweden, Franzosen, Engländer und neben uns noch ein weiteres deutsches Boot. Immer mehr Yachten sehen wir, auf denen auch Kinder mitfahren, die deutsche Yacht zum Beispiel ist mit vierjährigen Zwillingen unterwegs.
Die meisten Kinder sind auf französischen Yachten. In Frankreich gibt es die Möglichkeit, dass der Unterricht von den Eltern an Bord erteilt werden kann, das erforderliche Schulmaterial wird von der zuständigen Behörde geliefert. Auf der 14 Meter langen Amel Yacht vor uns, sitzen die Kinder wirklich ruhig und konzentriert im Cockpit und lernen mit den Vater Mathematik, vorher war die Mutter dran und übte die Fremdsprache Deutsch. Um alles sehr gut zu machen, kam sie

vorher zu uns an Bord und stellte uns einige Fragen zur, für die Franzosen unsinnig komplizierten, Grammatik.
Später treffen wir französische Yachten, auf denen die Kinder bis zum 15ten Lebensjahr nie eine richtige Schule besucht haben.

Auf deutschen Yachten ist so etwas nicht möglich, Reisen mit Kindern sind nur vor dem Beginn der Schulpflicht möglich. Selbst wenn die Eltern Lehrer sind, und Lehrer stellen einen erheblichen Teil der Langfahrtsegler, dürfen sie Ihre Kinder nicht selber unterrichten.

Immer mehr Yachten haben die ``ARC 2011`` Flagge gesetzt. Die ARC ist eine Regatta von Las Palmas nach St. Lucia und findet in jedem Jahr statt. In diesem Jahr ist der Start am 20. November.

Porto Santo ist eine karge Insel und besteht eigentlich nur aus hohe Felsen und Kilometer langen weißen Stränden. Obwohl Madeira nicht weit entfernt liegt, wurde die wesentlich größere und höhere Insel erst ein Jahr später von den portugiesischen Seefahrern entdeckt.

Man lebt von der Tourismusindustrie, etwas Fischfang gibt es auch. Drei mittelgroße Windräder versorgen die ganze Insel mit Strom. Da der Passat sehr beständig und eigentlich immer weht, braucht das alte Dieselaggregat kaum noch laufen.

Der nahe am Hafen gelegene Ortskern ist sehr schön, in allen Gärten blühen Kakteen, alles macht einen sehr viel gepflegteren Eindruck als in Spanien.

Für uns sehr gut: Viele Portugiesen sprechen sehr gut Englisch.

Wir liegen im großen Hafenbecken von Porto Santo an einer Mooringtonne direkt neben der Marina. Jeden Tag kommen und fahren Yachten, fast alle mit einer Selbststeuer Windfahne am Heck, also Segler auf Langfahrt so wie wir.

Der freundliche Franzose neben uns hat eine 12 Meter Alu Yacht. Einen Schönheitswettbewerb würde er damit nicht gewinnen, aber das Boot ist schnell und innen sehr geräumig. Wir fragen uns wie er es alleine schafft das Boot zu segeln, besonders bei rauen Bedingungen.
Wie alle Einhandsegler geht er keine Nachtwache und lässt das Boot bei Dunkelheit alleine weiterlaufen, das mögliche, allerdings nur sehr geringe Kollisionsrisiko, wird in Kauf genommen.

Eine andere Yacht kommt aus Laboe, die 34 Fuß lange ``Mamiti`` wird von drei jungen Leuten gesegelt. Gestern Nachmittag lief, eine 30 Fuß Stahlyacht aus Hamburg ein. Auf den Kajüten Dach war ein Bobby Car festgebunden.

Hier gibt es im Hafen keine Waschmaschine, wir reinigen unsere Kleidung am Steg in Eimern, zum Trocknen wird an Bord beidseitig eine Leine gespannt. Später stellen wir fest, dass die beste Wäscheleine unsere See Reling ist.

Aus Schweden kommt der Einhandsegler Sven mit einem selbstgebauten Segelkanu, ein kleineres Boot haben wir noch nie gesehen. Er läuft den ganzen Tag am Steg auf und ab, sein Boot ist so klein, dass er sich im Hafen kaum darauf aufhalten kann.

Überall ist er gern gesehener Gast, in seiner Referenzmappe hat er Bilder, die ihn zusammen mit dem schwedischen Königspaar zeigen.

Wir erfahren, dass er in 30 Tagen direkt von Irland nach Porto Santo gefahren ist. Jetzt wartet er hier auf eine Reserveteillieferung aus Schweden und will dann ohne weiteren Stopp, noch vor dem offiziellen Ende der Hurrikan Saison, bis Martinique segeln. Er rechnet mit 60 Seetagen, das heißt 60 Tage nur immer mehr oder weniger im Wasser sitzen, nie etwas Warmes essen, er hat aus Platz- und Sicherheitsgründen keinen Kocher dabei. Verbindung zur Außenwelt hat er auch nicht, ein Funkgerät würde den ``peace on sea`` stören.
Sehr erstaunt sind alle, dass er nur 55 l Frischwasser mitnimmt und keine Einrichtung an Bord hat mit der er aus Seewasser Frischwasser erzeugen kann. Normal gilt, dass in den Tropen der minimale tägliche Frischwasserbedarf zweieinhalb Liter pro Person ist.

Später erfahren wir, dass er Martinique nach 45 einsamen Tagen auf See erreicht hat. Von dort fliegt er nach Schweden zurück und baut zurzeit an einem knapp sechs Meter langem Segelboot, mit dem er im nächsten Jahr erneut den Atlantik überqueren will.

Der Ort Porto Santo ist sehr überschaubar, innerhalb weniger Stunden kann man durch alle Straßen laufen.

Die Ehefrau von Kolumbus kam aus Porto Santo, es gibt auch ein kleines, allerdings wenig informatives Kolumbus Museum.

Den ersten Versuch einen der hohen Vulkanberge zu besteigen, brechen wir ab, zu schlecht wird die Straße, außerdem ist es uns für solche Gewaltmärsche einfach zu warm.

Was uns sehr wundert: In allen Büchern steht, dass es nach der Entdeckung von Porto Santo ein Jahr gedauert hat, bis auch Madeira entdeckt wurde.

Das können wir uns nur schwer vorstellen, von den hohen Bergen können wir bei klarer Sicht die wesentlich größere Nachbarinsel mit bloßem Auge klar und deutlich erkennen.

Am späten Nachmittag laufen wir aus dem Hafen aus und ankern zusammen mit vielen anderen Booten in der großen Strandbucht.

Vor dem Essen gehen wir noch im Meer schwimmen. Erleichtert stellen wir fest, dass der Rumpf völlig frei von Fahrt hemmendem Bewuchs ist. Das Wasser ist so klar, dass wir den in siebeneinhalb Meter tiefen Wasser auf dem Sandboden liegenden Anker mit der Taucherbrille gut sehen können.

Um bei plötzlich drehenden Winden, die gibt es hier durch die hohen Berge sehr häufig, keine Probleme zu bekommen, haben wir 50 Meter Kette ausgelegt. Es sieht so aus, dass das Schiff jetzt nur an der Kette hängt und der noch nicht eingegrabene Anker bisher gar nicht belastet ist.

Einen großen Schreck bekommen wir, als wir die Opferanoden im Propellerbereich inspizieren. Während die Anoden am drehenden Propeller überhaupt keine Verbrauchsspuren aufweisen, ist das an der Welle befestigte Zinkmaterial nahezu komplett weg.
Eine Erklärung dafür haben wir nicht. Das Boot ist komplett aus Kunststoff, wir haben nie an einer Stahlspundwand gelegen und die letzte Anode hat 15 Jahre gehalten.
Später erfahren wir, dass statt Zink Magnesium verwendet wurde. Magnesium ist optimal bei Süßwasser, für das sehr salzige Atlantikwasser aber völlig ungeeignet.

Dummerweise muss zur Montage einer neuen Anode das Boot aus dem Wasser gehoben werden. Das Wechseln an Land dauert nur wenige Minuten. Zum Glück ist hier eine Werft mit Yachtlift. Wir werden morgen früh wieder in den Hafen einlaufen und versuchen kurzfristig einen Termin zu bekommen.
Obwohl wir sehr viele Reserveteile an Bord haben, eine Ersatzanode fehlt. Wir hoffen, dass der Volvo-Penta Vertreter in Funchal gut sortiert ist und das Bauteil kurzfristig mit der täglich verkehrenden Fähre auf die Nachbarinsel schicken kann.

In der Nacht dreht der Wind und das Boot rollt stark. Das wäre aber nicht weiter schlimm gewesen. Wirklich schlafstörend sind die lauten Knarr Geräusche, die entstehen, wenn Innen- und Außenschale zusammen mit der Holzinneneinrichtung unterschiedlich arbeiten.
Zum Glück gelingt es uns, die Ursache recht schnell zu finden und wenigstens teilweise abzustellen.

Am nächsten Morgen erfahren wir, dass die Werft keine passenden Reserveteile hat und auch der Volvo Vertreter in Madeira die Anode erst bestellen muss. Wir müssen mit einer Woche Wartezeit rechnen.

Zwischenzeitlich hat der Wind auf Süd gedreht und die Boote am Ankerplatz schaukeln heftig. Wir fahren zurück ins Hafenbecken und machen wieder an einer der vielen ausgelegten Mooringtonnen fest. Um an Land zu kommen, müssen wir jetzt einige Minuten mit dem

Schlauchboot rudern.

Je länger wir in Porto Santo sind umso schöner finden wir die kleine Insel. Wir wandern am kilometerlangen Sandstrand bis zum anderen Ende der Insel und besteigen abends, als die Sonne schon tiefer steht, den höchsten Berg der Insel.
Jeden Tag kommt ein recht großes Fährschiff aus Madeira mit gut 1.000 Tagesgästen, die hier baden, tauchen oder mit dem Wal Watching Boot rausfahren. Auf Madeira gibt es keine Badestrände.
Die Berge auf Porto Santo sind wesentlich niedriger als auf Madeira, alle Wolken regnen sich dort ab. Hier gibt es kaum Vegetation, auf Madeira dagegen tropischen Regenwald.
Einziger grüner Fleck auf der Insel ist der künstlich bewässerte Golfplatz.

Auch hier gibt es viele in den letzten Jahren neu gebaute Immobilien, Leerstände wie in Spanien konnten wir aber nicht sehen. Viele Portugiesen vom Festland, aber auch Eigentümer aus Nordeuropa, verbringen in den Apartments ihre Ferien oder die ganzen Wintermonate. Für die deutsche Kolonie gibt es sogar eine Inselzeitung in der Heimatsprache.

Nicht so gut haben es hier die Pferde. Um den Tagestouristen Reitausflüge zu ermöglichen, gibt es hier einige traurig guckende, magere Pferde. Es ist zu hoffen, dass sie nicht so oft gemietet werden. Wenn sich das Geschäft nicht lohnt, dürfen die Tiere sicherlich sofort zurück auf die grünen Wiesen Madeiras.
Besser geht es da schon den unzähligen Geckos, wenn man genau hinsieht, erkennt man sie überall. Problemlos können sie steile Betonwände oder Bäume hochklettern. Fotografieren ist schwer, längere Zeit still sitzen können die kleinen Eichechsen nicht.
Interessant sind die Seevögel zu beobachten, sie sehen aus wie kleine Albatrosse und können stundenlang ohne einen Flügelschlag in den Aufwinden der Berge fliegen. Warum sie das tun, konnten wir nicht erfahren, nie sehen wir, dass einer landet, um zum Beispiel eine gesichtete Maus oder einen Fisch zu schnappen.

Der Hafen ist jetzt sehr voll, neben vielen nordeuropäischen Booten ist gestern eine Yacht aus Florida eingelaufen.
Während die meisten Yachten die sehr bequeme Passatroute mit überwiegend achterlichen Winden fahren, ist der amerikanische Einhandsegler mit seiner ``Valkyrie``, das ist indianisch und bedeutet ``Mutter Erde``, trotz der Hurrikan Gefahr die sehr anspruchsvolle Strecke von Amerika nach Europa gegen die vorherrschenden Winde und Meeresströmungen gesegelt.
Nachdem er in der Marina erst einmal fast 24 Stunden geschlafen hat, verholt er sein Boot an einen schaukeligen Ankerplatz vor dem Hafen.
Sein Hauptproblem ist der schwache Dollar. Für die meisten Amerikaner ist Urlaub in Europa bei diesem Wechselkurs einfach nicht möglich und draußen kann man kostenlos liegen.

Beim Abwasch passiert ein Missgeschick, unser bester Kochtopf fällt mir aus der Hand und versinkt sofort im Hafenbecken. Schnell markiere ich die Stelle. Im klaren Wasser kann man in fünf Meter Tiefe alles gut erkennen, trotzdem ist es nicht einfach den Topf mit einem Angelhaken wieder einzufangen. Am Ende gelingt es aber und unsere Ausrüstung ist wieder komplett.

In La Rochelle ist zu Beginn der Woche die Mini Transat 2011 gestartet worden. Zwischenstopp auf dem Weg nach Brasilien ist Funchal auf Madeira. Die gut 100 teilnehmenden Boote werden Ende der Woche dort erwartet.
Die Regattaboote sind alle nur sechseinhalb Meter lang und leicht gebaut, viele mit Schwenkkiel und Wasserballast und haben mehr Segelfläche als wir. Die Ein Mann Crew steuert 20 Stunden am Tag von Hand, Zeit für Schlaf ist praktisch nie.
Da die Boote immer an der Belastungsgrenze gefahren werden, gibt es oft Bruch.

Das Problem für die Regattasegler ist, dass sie nur Sponsoren finden, wenn ihre Boote unter den ersten ankommenden Yachten im Zielhafen sind.
Und ohne Sponsoren geht es nicht, trotz der geringen Bootslänge sind die Kosten sehr hoch. Wie schon bei den Olympiateilnehmern in Portland / UK, werden auch bei dieser Regatta viele Teilnehmer von den bekannten bayrischen Autoherstellern unterstützt.

Am Donnerstag kommt mit der Fähre aus Funchal unsere neue Opferanode. Für den Nachmittag vereinbaren wir mit der Werft einen Termin, um die ``Loliti`` aus dem Wasser zu heben.

Mit dem Trave Lift und der professionellen Unterstützung der Werftmitarbeiter ist das Boot schnell an Land. Mehr Probleme haben wir den Propeller zu lösen. Die Schrauben sitzen so fest, dass wir sie nur mit allen möglichen Tricks lösen können.
Wir stellen fest, dass die Schadensursache zum Glück nicht galvanische Korrosion zwischen dem Sail Drive aus Aluminium und dem Bronzepropeller ist, sondern dass die alte Anode aus falschem Material bestand.

Wieder im Wasser verholen wir an unseren alten Liegeplatz und gehen erst einmal im Meer baden, danach in den Ort.
Die Versorgung ist problemlos, im großen Supermarkt bekommen wir alles, für den Transport zum Schiff mieten wir ein Taxi.
Wir sind jetzt wieder 100% seeklar und wollen bald nach Funchal, der Hauptstadt Madeiras fahren.

Insgesamt liegen jetzt neben vielen Booten aus Skandinavien, England und Norwegen auch fünf weitere deutsche Schiffe in Porto Santo. Alle warten auf günstigeren Wind, um mit dem kleinen Umweg über Funchal, zu den Kanaren weiterzufahren.
Tagsüber treffen wir uns mit den anderen Seglern am Strand, abends im ``Internet Café`` am

Yachthafenbüro. Dort ist WiFi umsonst, alle nutzen die Gelegenheit Wetterinfos zu bekommen und ihren Freunden und Verwandten zu schreiben.

Sehr netten Kontakt haben wir zu Karl, er kommt aus Flensburg und segelt die meiste Zeit einhand. Seine ``Tschaika`` ist ein 13 Meter langer Einzelbau.
Karl will auf dem Weg in die Karibik auf den Kap Verden einen Zwischenstopp einlegen. Wir leihen uns seine Handbücher aus und beschließen ebenfalls dorthin zu fahren.

Karl hat nicht an einer Mooringtonne festgemacht, sondern ankert als einziger im Hafen. Jeden Tag kommt Vincent, der Manager der Marina, mit dem Speed Boot und die beiden diskutieren stundenlang, ob ankern im Hafen erlaubt oder verboten ist. Vincent hat die besseren Argumente und am Ende bezahlt Karl den Preis, der an einer Mooringtonne fällig gewesen wäre. Wir sind jetzt auch Mitglied bei ``Trans Ocean``, einem Verein für Langstreckensegler mit Sitz in Cuxhaven.
Als TO Mitglied bekommt man in vielen Häfen Liegegebührenrabatt für die und der Verein ist autorisiert ein ``Standerzertifikat`` als Eigentumsnachweis für die Yacht auszustellen. Ein Vorteil, den ich bei der Planung der Reise nicht erkannt habe.
Unsere Schiffsdokumente sind nur auf Deutsch, in Spanien und auch hier in Portugal haben die Zollbehörden letztendlich nach langer Diskussion diese Papiere immer anerkannt,
in den karibischen Inselstaaten würden wir damit wohl größere Probleme haben.

Sonnabend d. 01.Oktober 2011

Starkwind im Hafen von Porto Santo

Überraschend hat der Wind aus Südwest über Nacht stark zugenommen, im Hafen steht eine recht hohe Welle, die alle Schiffe heftig rollen lässt. In der Nacht kontrollieren wir mehrfach unsere Leinenverbindung zur Mooringtonne und verstärken unsere Festmacher. Da wir nur 10 bis 15 Meter von der Steinmole entfernt liegen, hätten wir im Falle eines Leinenbruchs wenig Chancen das Boot vor der Strandung zu retten.

Aber alles hält gut und die Schaukelei stört uns nicht.

Anders sieht es auf der Ankerreede draußen vor dem Hafen aus. Die beiden dort liegenden Yachten rollen entsetzlich. Besonders schlimm ist es für den amerikanischen Einhandsegler.
Da er in der Brandung liegt, macht sein Schiff richtige Bocksprünge, es sieht beängstigend aus, wenn die Ankerkette spannt und wie eine Peitsche schlägt.

Nachdem ein Schiff bereits in der Nacht in den Hafen verholt hat, ist es auch für ihn irgendwann wohl nicht mehr zum Aushalten und er versucht in den Hafen einzulaufen. Bei diesen

Bedingungen selbst für eine komplette Mannschaft ein schweres Manöver, für einen alleine ist es eigentlich nicht zu schaffen. Aber es gelingt, wir freuen uns, als er sicher vertäut an einem Fingersteg liegt.

Ankern vor einer ungeschützten Küste ist kein Problem, wenn der Wind von der Landseite kommt, dann gibt es keine Wellen und das Schiff liegt sehr sicher und ruhig. Anders sieht es aus, wenn der Wind, und die dann immer sehr schnell größer werdenden Wellen, von See kommen. Wenn dann der Anker nicht richtig hält, hat man keine Chance. Mit Motorkraft durch die Brandung das offene Meer zu erreichen, ist auch nur mit sehr viel Glück und starker Maschine möglich.
Besser ist immer gut aufzupassen und den Ankerplatz zu verlassen bevor der Wind gedreht hat, auf See ist viel Wind kein wirkliches Problem.

Montag, den 3. Oktober 2011

Der Wind weht günstig, die Prognose für die nächsten Tage ist es auch. Wir bezahlen unsere Hafengebühr, bekommen unsere Schiffsunterlagen zurück, setzen noch im Hafenbecken die Segel, und rauschen mit hoher Geschwindigkeit in Richtung Madeira. Etwas wird unser Speed reduziert, denn wir schleppen unsere Angel hinterher. Leider erfolglos, in den nächsten Stunden beißt kein Fisch an.

Bald sehen wir die wesentlich größere und höhere Insel Madeira immer deutlicher, wir runden die Südost Spitze und dann lässt der Wind nach.
Nicht weit entfernt ist der Ort Quinta do Lorde. Von weitem sehen wir schon die vielen Masten im Hafen und beschließen unsere Fahrt mit dem eigentlichen Ziel Funchal hier zu unterbrechen.

Vor der Einfahrt lassen wir die Segel runter, starten den Motor und sehen den Hafenmeister mit dem Schlauchboot auf uns zukommen. Freundlich werden wir begrüßt und bis an einen freien Liegeplatz begleitet. Toller Service, insbesondere, weil uns auch noch beim Festmachen geholfen wird.

Im Hafen treffen wir viele bekannte Boote wieder, auch Karl mit seiner ``Tschaika`` ist schon da.

Quinta do Lorde soll ein Touristenzentrum werden, viele Häuser sind so gut wie fertig. Seit zwei Jahren ist allerdings Baustopp, der Investor ist insolvent. Es gibt keinen Laden, keinen Bus, man kann die Marina nicht verlassen.

Nachts haben wir wenig geschlafen, laufend sind große Wellen in den Hafen gerollt und haben die Schiffe stark rollen lassen. Mehrfach versuchen wir die unangenehmen Bewegungen des Bootes mit elastischen Ruckdämpfern abzustellen, leider erfolglos. Manche Wellen im Hafen sind so hoch, dass wir Angst um unsere Klampen an Deck haben, wenn die Festmacher ruckartig das

Boot abbremsen.

Länger als einen Tag möchten wir in diesem unangenehmen Hafen nicht bleiben, Funchal ist nur wenige Segelstunden entfernt, unter besten Bedingungen erreichen wir die Hauptstadt von Madeira am frühen Nachmittag.

Unterwegs sehen wir ein Boot mit einem wirklich riesigen Spinnaker sehr schnell näherkommen. Bald erkennen wir eines der Boote der Mini Transat und freuen uns besonders, dass zum ersten Mal ein deutscher Teilnehmer auf einer Etappe dieser Regatta unter den ersten Yachten ist, die ankommen.

Wir schießen einige Fotos, winken dem Einhandsegler mit seiner ``GER 753`` freundlich zu und schon ist er an uns vorbeigezogen. Wir schätzen, dass er bestimmt doppelt so schnell segelt wie wir.

Die Teilnehmer der Mini Transat hatten in diesem Jahr äußerst schlechte Bedingungen, ein ausgeprägtes Tiefdrucksystem nahe der Azoren war für südliche (gegen) Winde verantwortlich, diese sind im Herbst unüblich, normal in dieser Gegend sind jetzt stetige nördliche Strömungen.

Für die Segler eine große Herausforderung, da immer von Hand gesteuert wird. Nur so lassen sich die Rennboote einigermaßen sicher beherrschen. Natürlich sind drei extra Tage ohne vernünftigen Schlaf hart. Aus Gewichtsgründen werden auch nur minimale Wasser- und Proviantmengen mitgenommen. Wahrscheinlich mussten die begrenzten Vorräte in den letzten Tagen auch noch rationiert werden.

Der Yachthafen in Funchal, den wir nach unseren Unterlagen größer eingeschätzt hatten, ist wegen der Regatta gesperrt. Wir ankern vor der Hafenpier in zehn Meter Wassertiefe. Als wir ankommen, weht der Wind kräftig. Der Franzose hinter uns hat Angst, dass wir unsere Kette über seine Kette werfen, tun wir aber nicht.
Problemlos hält unser Ankergeschirr, abends lässt der Wind nach und dreht auch in eine günstigere Richtung, so dass die Wellen kleiner werden und wir sehr komfortabel liegen.

Eine Regattayacht nach der anderen läuft jetzt ein, wir sind erstaunt wie eng das Spitzenfeld nach einer so langen Seereise beieinanderliegt. Jedem ankommenden Boot fährt eine ganze Armada Schlauchboote entgegen, hauptsächlich Fotografen.

Später kommt auch Karl mit seiner ``Tschaika``, ihm ist der in der Seekarte vorgegebene Ankerplatz zu rollig und er wirft seinen Anker recht dicht vor der Hafeneinfahrt. Wir hoffen, dass er dort nicht vom Hafenmeister verscheucht wird, Ankermanöver sind einhand auch unter besseren Bedingungen mit so einem großen Schiff schwierig.

An Land gehen wir heute nicht mehr, die Wellen, die jetzt wieder ungehindert in die Bucht rollen, sind einfach zu hoch um mit dem Schlauchboot sicher und trocken in den Hafen zu kommen.

In der Nacht gehen wir abwechseln Ankerwache. Bei dem vielen Schiffsverkehr und dem anfangs starken Seewind haben wir Bedenken, wenn wir beide schlafen würden.
Die Nachtwachen sind aber interessant, ein Mini Racer nach dem anderen kommt in die Bucht von Funchal. Jedes Boot wird von den Organisatoren nach dem Passieren der Ziellinie in den Hafen geschleppt. An Land ist die ganze Nacht Party.
Die jetzt ankommenden Segler sind Pechvögel, der Zeitunterschied zwischen dem führenden Boot und den vielen folgenden beträgt bis kurz vor Madeira trotz der sehr langen Seestrecke nur wenige Stunden. Kurz vor Mitternacht schläft der Wind komplett ein und die vor Funchal liegenden Boote bleiben zwei Meilen vor dem Ziel stehen. Ärgerlich und enttäuschend für die Crews, die noch eine weitere Nacht ohne Schlaf auf See verbringen müssen.

Am nächsten Morgen läuft in Funchal noch die ``Independence of the Sea`` der RoyalCaribean-Reederei ein, das große Schiff muss das Regattafeld passieren, für viele Regattateilnehmer bedeutet das einen weiteren Umweg.

Geplant ist, dass wir zwei bis drei Tage hierbleiben, in Funchal gibt es viele Sehenswürdigkeiten. Dann fahren wir weiter zu den Kanaren, für Ende der Woche sind wieder mäßige nördliche Winde angesagt. Bis Lanzarote, der nördlichsten größeren Kanareninsel sind es gut 280 Seemeilen, wir rechnen mit zweieinhalb Tagen auf See.

Zum Frühstück kommt Karl mit dem Beiboot vorbei, leider kann er nicht an Bord kommen, weil eine ankommende belgische Yacht sich direkt vor ihn legen will. Nach langer Diskussion holen sie ihren Anker wieder hoch und finden einen besseren Ankerplatz, wo niemand gefährdet oder behindert wird.
Wir fahren mit dem Schlauchboot in die Marina, melden uns beim Zoll an und sofort wieder ab, laufen durch die schöne Stadt und kaufen Proviant für die nächste Etappe ein.

Am Nachmittag kommt wieder starker Wind auf und hohe Wellen laufen in die Ankerbucht. Schlafen tun wir in dieser Nacht wenig, besonders wenn das Achterschiff aufs Wasser knallt, vibriert das ganze Boot. Die letzte Yacht der Mini - Transat läuft um Mitternacht ein, völlig erschöpft lässt sich der Segler in den Hafen schleppen.

Atlantikfahrt - Respektgegner Biskaya (von Florian)

Man sagt, die Sicht auf das Leben ist eine andere, nachdem du einem Wal ins Auge geschaut hast. In sein unglaublich schwarzes Auge. Man sagt, die Sicht ist dann eine andere.

Von England wollen wir in einem Rutsch die Biskaya überqueren. Bis nach Spanien muss dafür die Entfernung Hamburg - Stuttgart zurückgelegt werden. Das Wasser ist hier bereits 4.000 Meter tiefblau. Wir planen vier Tage und vier Nächte, natürlich nur wenn die günstigen Bedingungen durchhalten. Respekt haben wir bei dieser Etappe vor zu viel Wind.

Hochseesegeln ist ein Sport. Einmal losgefahren gilt nicht, hab keine Lust mehr, machen wir doch morgen weiter. Hochseesegeln bedeutet, sich in Teilen auf das Wesentliche beschränken zu können. Oder, was die Sache durchaus interessant macht, zu müssen.

Schlaf, Nahrungsaufnahme und sich und seine Umgebung sauber zu halten ist ein echtes menschliches Grundbedürfnis und beschäftigt uns den lieben langen Tag. Jetzt könnte der eine oder andere zu der Annahme neigen, dass unser Tag doch 24 Stunden lang sei. Er würde zusätzlich ergänzen, dass das Boot sich automatisch steuert, die Navigation nicht mehr als einen Knopfdruck bedeutet, und dass wir auch noch hundert weitere kleine Helfer an Bord haben, die uns bei Schlaf, Nahrungsaufnahme, sich und seine Umgebung sauber zu halten, unterstützen.

Wir sind angehalten, das naheliegende wahrzunehmen: Wind hören und Wolken beobachten, ein voller Sternenhimmel über einer glasklaren Nacht oder ein roter Sonnenaufgang. Auf dem Meer sind wir allein. Ab und zu sehen wir mal ein anderes Schiff am Horizont. Oder mal einen Seevogel. Delfine sind dagegen häufig bei uns. Wir sehen sie schon aus etwas Entfernung an uns vorbeischwimmen, dann drehen sie plötzlich ab und jagen uns nach. Stundenlang spielen diese imposanten Tiere mit unserem Boot. Sie springen und tauchen. Sie drehen sich und freuen sich selbst über ihre Faxen.

Und dann, nachts, ich hatte gerade versucht, mir das Cockpit etwas gemütlicher zu machen, da kamen sie schon wieder. Diese Rufe und dieses kindische Rumgeplansche.

Ich nehme eine Taschenlampe und leuchte in die Dunkelheit. Nichts. Da wieder, diesmal hinter uns. Ich leuchte. Wieder nichts. Ich höre sie, lege mich auf die Lauer. Da wieder. Ich leuchte. Nichts. Und doch sind sie so nahe. Ich versuche einen Trick, ich lasse die Lampe an. Keiner zeigt sich. Merkwürdig denke ich. Ich höre sie doch. Sie sind so nahe. Sie sind nicht scheu. Gestern habe ich doch noch einen angefasst. Und immer wieder dieses Platschen und Prusten um mich herum. Ganz nahe müssen sie sein. Warum kann ich sie nicht sehen? Da schon wieder ein Platsch. Ich halte meine Lampe drauf. Und es schiebt sich ein dunkler Körper an unserm Boot vorbei. Unser Erstkontakt mit Walen, mitten in der dunkelsten Zeit des Tages. Am nächsten Tag sehen wir noch mehr. Zwei trauen sich und tauchen unter uns durch und einer davon schlägt mit seiner Flosse so aufs Wasser, dass unser Deck nass wird.

Nach fünf Tagen und fünf Nächten auf See kommt in den frühen Morgenstunden Spanien in Sicht. Nächstes Etappenziel: Madeira

Florian

Kanarische Inseln

Lanzarote

Die letzte Nacht am Ankerplatz vor Funchal von Donnerstag auf Freitag ist erneut wider Erwarten sehr unangenehm, völlig unerwartet hat der Wind seine Richtung von Nordost auf Südost geändert. Da die Bucht nach Südosten ungeschützt ist, können alle Atlantikwellen ungehindert hineinrollen.
Unser Schiff schaukelt entsprechend.
Eine Situation wie diese wollten wir eigentlich immer unbedingt vermeiden. Jetzt liegen wir ungefähr 50 Meter vor einer gefährlichen Steinmole. Bestimmt zwei Meter hohe Wellen laufen in die Bucht und wenn jetzt der Anker ausbrechen würde, hätten wir nur eine kleine Chance die Strandung und damit die Zerstörung unserer Yacht zu verhindern. Vorsichtshalber öffnen wir das Kühlwasserventil des Motors und bereiten alles für einen Schnellstart vor. Für den Notfall beschließen wir einfach in den geschlossenen Hafen einzulaufen.
Am nächsten Morgen, der Wind hat etwas auf Nord gedreht, läuft, - wie fast jeden Morgen -, ein großes Kreuzfahrtschiff in den Hafen ein.

Anders als an den Tagen vorher, dreht das Riesenschiff nicht, sondern treibt auf die vor Anker liegenden Yachten zu. Mit lautem Krach wird der Anker geworfen. Das macht man normal nur bei einem ``Manöver des letzten Augenblicks``. Erst wenige Meter vor der englischen Najad ``Willow Winds`` kommt das Passagierschiff zum Stehen. Die Engländer stehen in Panik in der Plicht, bereit sofort ins Schlauchboot zu springen.
Aus den Schornsteinen des Kreuzfahrers kommt jetzt dicker schwarzer Rauch, offensichtlich ist es gelungen, die Dieselgeneratoren wieder zu starten. Jetzt können auch die Bugstrahlruder eingesetzt werden, der Anker wird hochgezogen, das folgende Anlegemanöver gelingt.

.

Im großen Vorhafen von Las Palmas liegen wir fast zwei Wochen

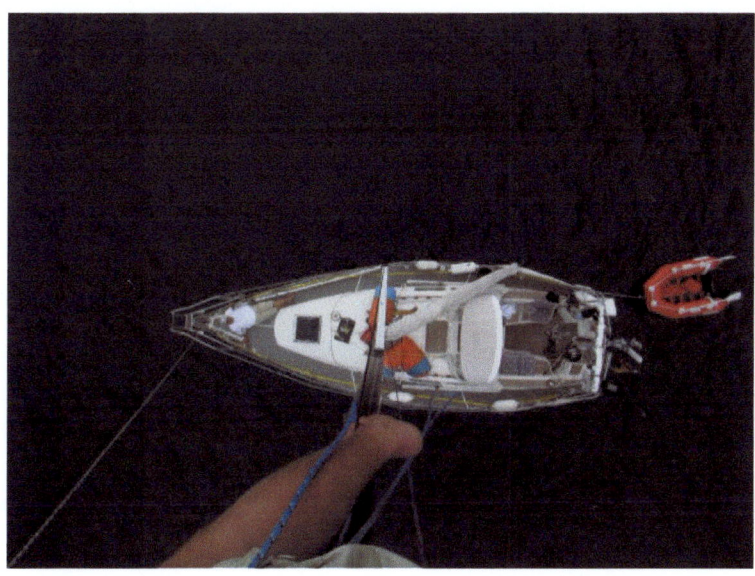

In Las Palmas steigen wir in den Mast und kontrollieren alle Beschläge

Vor jeder Ozeanpassage haben wir Proviant für drei Monat an Bord

Die ``Deutschland`` kommt, wir fahren nach Amerika

Ruhiges Leben auf dem Atlantik, im Hintergrund fährt ein Frachter, zu sehen sind nur die Masten

Nach 19 Tagen erreichen wir die Rodney Bay von St Lucia

Neben den großen Passagierschiffen ist auch an jedem Tag eine Megayacht eingelaufen. Die meist britischen Schiffe sind zwischen 60 und 80 Meter lang, dürfen an der Passagierschiffpier anlegen und sind wirklich schöne Konstruktionen.

Der Bordhubschrauber bleibt im Hangar. Wenn die stark motorisierten Speed Beiboote zu Wasser gelassen werden, bleiben viele Zuschauer an der dem Hafen gegenüberliegenden Promenade stehen und beobachten das Schauspiel.

Wir sind müde, von der Schaukelei vor Anker fast seekrank, haben aber gut gefrühstückt und beschließen sofort nach Lanzarote auszulaufen.
Karl, der das gleiche Ziel hat, kommt noch schnell vorbei. Sein Wetterbericht sagt erst für morgen günstigen Wind voraus. Die Vorhersage, die wir gehört haben, allerdings schon für heute.

Den Anker hochzuziehen ist ein Kraftakt, gelingt aber mit Motorunterstützung problemlos. Schon in der Hafenbucht setzen wir Segel und fahren los. Draußen wird der Wind immer stärker, auch die Richtung ist nicht optimal, wir beschließen statt Lanzarote zuerst Teneriffa anzulaufen. Teneriffa liegt weiter westlich und ist mit halbem Wind zu erreichen. Weiter draußen dreht der Wind wieder und wir ändern unseren Kurs zurück in Richtung Lanzarote. Der Tag und die Nacht sind stürmisch, mit kleiner Besegelung für uns aber völlig unkritisch. Auf jeden Fall aber viel besser als eine weitere Nacht vor Anker in Funchal.
Zum ersten Mal werden wir in dieser Nacht von einem seitlichen anlaufenden Brecher getroffen, im Schiff hatte man das Gefühl, das Boot zerlegt sich, draußen war alles halb so schlimm. Nur wenig Seewasser strömt in unsere Plicht, und über die Lenz Rohre schnell wieder hinaus. Wir sind froh, dass wir vor der Abfahrt unsere seitlichen Fenster im Aufbau erneuert und verstärkt haben.

Abwechselnd legen wir uns schlafen, am nächsten Morgen ist herrlichstes Wetter mit bestem Wind, ein schöner Segel Tag beginnt.
Andere Schiffe sehen wir nicht, erst abends kommen uns zwei mittelgroße Frachter entgegen. In der Nacht passieren wir die Dampferroute von Europa nach Südamerika, sehen aber trotzdem nur wenige Schiffe.

So gut geschlafen, wie in dieser Nacht, haben wir auf See noch nie. Wir frühstücken stundenlang, das Boot fährt mit guter Geschwindigkeit alleine weiter, tagsüber sehen wir keine anderen Schiffe mehr.
Am späten Nachmittag wird der schöne Wind allerdings schwächer, wir reagieren mit dem Vergrößern der Segelfläche. Kurze Zeit später wird der Wind allerdings so schwach, dass wir kaum noch fahren. Durch die Dünung, der Ozean ist niemals wellenfrei, fangen die Segel an zu schlagen. Da wir sowieso nicht vorankommen, nehmen wir sie runter und lassen uns treiben.
Kurz nach Sonnenuntergang, so gegen 20:00 Uhr Ortszeit, kommt die Brise wieder, wird stärker und beständiger und kommt zum Glück aus der richtigen Richtung. Wir setzen wieder Segel und haben eine herrliche Nachtfahrt.
Da wir schon recht dicht bei Lanzarote sind, können wir die Stimmungsmusik des deutschen Urlaubssenders der Insel im Radio hören.

In der Nacht passieren wir die kleinen und unbewohnten Inseln nördlich von Lanzarote und kommen mit mäßigem Speed unserem Ziel Arrecife näher. Vom Wasser aus erkennen wir die vielen Hotels an der Küste und sehen im Minutenabstand Flugzeuge mit Touristen starten und landen. Was uns wundert: Wir können keine längeren Strandabschnitte erkennen. Von See aus sieht die Küste felsig und nicht besonders schön aus.

Arrecife ist die Hauptstadt von Lanzarote und hat drei Liegemöglichkeiten für Yachten. Eine Marina mit Anlegestegen gibt es allerdings nicht mehr. Die noch vorhandenen Stege der alten Anlegestelle für Yachten sind marode und können nur noch zum Festmachen der Schlauchboote genutzt werden. Man ankert entweder in einem der großen Hafenbecken oder liegt in einer gut gegen den vorherrschenden Nordwind geschützten Bucht an einer Mooringtonne.
Hier in Arrecife sehen wir zum ersten Mal viele ``gestrandete`` Yachten. Alle sind für Langfahrt ausgerüstet und die war hier zu Ende.
Gründe gibt es viele, zum Beispiel Gesundheit - viele Segler sind schon deutlich über 60 Jahre alt -, einige haben sich das Bordleben wohl auch anders vorgestellt. Genau wie wir haben die meisten vor Beginn der Reise nie eine Nachtfahrt gemacht.

Da man zwar leicht zu den Kanaren segeln kann, es aber nahezu unmöglich ist auf kurzem Weg wieder zurück nach Nordeuropa zu kommen, werden die Schiffe im Hafenbecken gut verankert. Die Mannschaft fliegt nach Hause und man versucht die Boote zu verkaufen. Das gelingt aber in der Regel nicht, so dass viele Schiffe schon mehrere Jahre hier liegen und zwischenzeitlich in einem nicht mehr reparablen Zustand sind. Was wir überhaupt nicht verstehen können: Bei vielen Yachten sind die Segel nicht unter Deck gebracht worden. Angeschlagene Segel, die permanent der UV Belastung durch die Sonne ausgesetzt sind, verschleißen sehr schnell.

Wir liegen die erste Nacht im in alle Richtungen sehr gut geschützten Innenhafen, verholen aber am nächsten Morgen in die wesentlich schönere südlich gelegene Bucht. Diese ist nach Süden völlig offen. In nächster Zeit ist weiterhin Nordwind vorhergesagt, so dass wir keine Probleme erwarten. Wir liegen trotz kräftigem Wind und hohen Wellen auf See hier sehr ruhig an einer Mooringtonne, zusammen mit 15 anderen Yachten, darunter drei weiteren Schiffen aus Hamburg.

Mit dem Schlauchboot sind wir in wenigen Minuten an Land. Die Stadt Arrecife ist sehr schön, vom Tourismus bekommt man hier nicht viel mit.

Die Problematik mit den Flüchtlingen aus Nordafrika, Marokko liegt nur 90 Kilometer östlich, ist überall sichtbar. Von der afrikanischen Küste werden die Afrikaner mit Schlauchbooten und starken Außenbordmotoren zu den Kanaren geschleust. Die erhoffte Weiterreise nach Nordeuropa ist praktisch unmöglich, man kann Lanzarote nur mit dem Flugzeug verlassen. Die auf Lanzarote lebenden Afrikaner sind oft illegal hier und bemühen sich mit Aushilfsjobs etwas

Geld zu verdienen. Das wird dann in die Heimat geschickt, in erster Linie sicherlich, um die aufgenommenen Schulden für die Schleusergebühr zurückzuzahlen.

Viele Boote, die hier liegen, haben wir schon in anderen Häfen getroffen, aber wir lernen auch in jedem Hafen neue Mannschaften kennen. Besonders netten Kontakt haben wir hier zu den Kanadiern von der ``Monte Christo``. Das Ehepaar ist schon seit 14 Jahren auf Weltreise, jetzt geht es über die Karibik zurück nach Nordamerika und dann über die Schleusen in Montreal zurück in die großen Seen.
Die ``Annabella`` aus Hamburg, eine edle HR 39, hat die Atlantikumrundung schon mehrfach gemacht und gibt uns viele Ratschläge wo es auf unserer geplanten Route aus ihrer Sicht gut oder schlecht ist. Viele Tipps von anderen Seglern sind sehr gut gemeint, gemachte Eindrücke und erlebte Erfahrungen sind jedoch sehr unterschiedlich. Wir wollen lieber alles selber erleben, und weil wir auch keine großen Erwartungen haben, werden wir auch nirgends richtig enttäuscht.

Die ``Blue Eye``, auch aus Hamburg, ist nur knapp über sechs Meter lang und liegt schon mehrere Monate hier in Arrecife an der Mooring. Im November soll es zum zweiten Mal über den Ozean in die Karibik gehen. Die erste Fahrt auf der Nordroute hat 41 Tage gedauert, jetzt soll die etwas längere Südroute gewählt werden. Hier sind die günstigen und beständigeren Ostwinde zu erwarten die eine schnellere Fahrt ermöglichen. Vorher muss das kleine Boot noch repariert werden. Besonders die aufwendige Schwenkkielkonstruktion ist nicht für die Dauerbelastung auf dem Ozean ausgelegt.

Während wir bisher überwiegend Ein-Rumpf-Boote getroffen haben, sehen wir jetzt immer mehr Segler, die mit Katamaranen unterwegs sind. Hauptvorteile dieser Zweirumpfboote sind das enorme Platzangebot und dass sie an den Ankerplätzen nicht schaukeln, sondern sehr ruhig liegen.

Am Freitag, d. 14.Oktober laufen wir gegen Mittag in Arrecife mit Kurs Corralejo, im Norden von Fuerteventura gelegen, aus. Der Wind weht optimal schräg von hinten, wir segeln nur mit unserem ausgebaumten Vorsegel mittlerer Größe.
Erstmalig ist auch unser Schlauchboot nicht zusammengelegt, aufgeblasen liegt es auf dem Vorschiff und ist dort gut festgebunden.

Die ganze Fahrt ziehen wir unsere Angel hinterher, leider erfolglos, hier scheint es keine Fische zu geben.
Uns fällt auch auf, dass wir weder in Lanzarote noch auf Porto Santo oder Madeira viele Fischerboote im Hafen gesehen haben. Die Fische sind mehr in der Nähe des Kontinents, nicht an den steil aus 3.000 bis 4.000 Meter vom Meeresboden ansteigenden atlantischen Vulkaninseln.

Die Meerenge zwischen Lanzarote und Fuerteventura ist nur sieben Meilen breit. Zwischen den Inseln nimmt der Wind durch den Düseneffekt erheblich zu. Heute leider nicht, wir kommen mit Segeln nicht bis zum Ziel, gut zwei Meilen vor Corralejo starten wir den Motor.

Relativ dicht passieren wir zwischen den Inseln eins der vielen hier stationierten AIDA Kreuzfahrer Welches Schiff es war, konnten wir trotz des geringen Abstands nicht lesen. Tagsüber lag das große Schiff in Arrecife, jetzt fährt es über Nacht nach Teneriffa oder Las Palmas.

In Corralejo wollten wir eigentlich ankern, in allen Seehandbüchern werden die Ankermöglichkeiten zwar nicht als optimal, aber möglich beschrieben. Umso überraschter waren wir, als wir eine neu gebaute Marina mit vielen leeren Plätzen entdeckten. Der Hafenmeister wollte uns zuerst nicht erlauben hier zu bleiben, wir waren nicht angemeldet, aber mit Hilfe unseres sehr gut deutschsprechenden spanischen Bootsnachbarn konnte das Problem gelöst werden.
Mit großer Freude sehen wir, dass auch eine bekannte Yacht aus Laboe hier liegt, zusammen mit der Mannschaft haben wir zwei Wochen in Porto Santo gelegen.
Hafenduschen und Toiletten gibt es hier nicht, dafür sind die Liegegebühren sehr niedrig.

Vor vier Jahren waren wir bereits einmal in Corralejo, als Pauschaltouristen. Aus dem damaligen kleinen Fischerort ist mittlerweile eine recht große Stadt geworden. Unzählige neue Hotel- und Apartmentanlagen sind zwischenzeitlich gebaut worden. Und alle scheinen gut ausgelastet zu sein, die vielen Restaurants und Cafés an der Promenade sind immer gut besucht.

Wir sind jetzt gut drei Monate auf Tour, Zeit das Boot einmal komplett innen und außen zu reinigen. Fast den ganzen Tag schrubben wir das Deck, reinigen alle Teakhölzer und polieren die vielen Edelstahlteile an Deck. Nachdem die dicke Salzschicht ab ist und wir alles erneut eingestaut haben, ist unser Auslaufzustand wieder erreicht. Befriedigt stellen wir fest, dass alles heil und in gutem Zustand ist, bisher hat sich unsere Ausrüstung sehr gut bewährt.

Karl mit seiner ``Tschaika`` ist jetzt auch auf den Kanaren, er liegt in Arrecife. Auf der Überfahrt hatte auch er viel Wind, leider ist ein Segel gerissen und auf Lanzarote gibt es keinen Segelmacher.
Von der ``Timpetee`` hören wir, dass man auf dem Weg von Portugal zu den Kanaren auch ohne Probleme Marokko anlaufen kann. Dort gibt es zwar keine Yachteinrichtungen, aber viele Fischereihäfen und sehr nette und hilfsbereite Leute.
Rainer hat uns geschrieben, dass seine ``Time & Tide`` jetzt in Kiel im Winterlager liegt. Im nächsten Jahr plant auch er auf Langfahrt zu gehen.

Sonntag d. 16. Oktober 2011

Heute ist ein bewölkter Tag, nach so vielen Sonnentagen freuen wir uns auf etwas frischere

Temperaturen.

Auf Fuerteventura gibt es riesige Dünen, der Sand ist von der nur 90 Kilometer entfernten Sahara hierher geweht worden.

Überall sind in den letzten Jahren neue Ferienanlagen mit künstlich bewässerten Grünflächen entstanden.

Außerhalb dieser Anlagen hätte man allerdings auch die Mondlandung filmen können, nur Lava und Steine.

Der Aufenthalt in Corralejo endet unfreundlich. Das Hauptproblem ist, dass der Hafenmeister nur spanisch spricht, wir nur deutsch und englisch.

Obwohl der Hafen nicht voll ist, haben alle Yachten am Freitag erst einmal nur eine Übernachtung genehmigt bekommen. Da der Hafenmeister am Wochenende frei hat, und keine neuen Yachten kommen, die die Plätze eventuell reserviert haben, bleiben alle übers Wochenende liegen. Am Montag treffen wir uns früh im Hafenbüro, alle wollen die Gebühren fürs Wochenende bezahlen. Nur der Hafenmeister tobt, was er sagt, verstehen aber weder die Engländer, noch die Skandinavier, wir auch nicht.

Die Dame aus der nahen Tourismuszentrale versucht zu übersetzen und zu vermitteln. Keine Chance, er bestimmt, wer in Corralejo liegt, auf eine Diskussion lässt er sich nicht ein. Alle müssen wegfahren und der Hafen bleibt heute leer, die Gemeinde hat entsprechend weniger Einnahmen. Das interessiert unseren Freund aber nicht, uns auch nicht, wenn wir nicht erwünscht sind, fahren wir eben weiter.

Draußen ist optimaler Wind, die Wellenhöhe ist moderat, wir beschließen spontan nach Las Palmas auf Gran Canaria zu segeln. Für die gut 90 Seemeilen benötigen wir ungefähr 20 Stunden, perfekt, dann können wir bei Tagesanbruch in den Hafen von Las Palmas einlaufen.

Schon von weitem sehen wir das starke Leuchtfeuer von Las Palmas, bald auch die Skyline der Hauptstadt der Kanarischen Inseln.

Als wir in den sehr großen Hafen von Las Palmas einlaufen, ist gerade die Sonne aufgegangen. Neben einigen modernen Containerschiffen liegen hier sehr viele russische Fischfabrikschiffe, alle machen einem sehr heruntergekommenen Eindruck.

Die Gegend südlich der Kanaren ist äußerst fischreich, dort fischen die Trawler alles, was im Wasser schwimmt und verarbeiten den Fang gleich an Bord zu Fischmehl.

Auch viele ausgediente alte Frachter mit Ladebäumen, so wie wir sie auf der Elbe seit Jahren nicht mehr sehen, liegen hier beschäftigungslos und offensichtlich auch ohne Mannschaft an der alten Bunkerpier.

Der Yachthafen ist zurzeit für Fahrtenyachten gesperrt, alle Plätze sind von den Teilnehmern der ARC 2011 belegt, ARC bedeutet Atlantic Rallye (for) Cruisers.

Die ARC gibt es seit über 25 Jahren. Während bei den ersten Regatten nur 20 bis 30 Boote mitfuhren, sind es in diesem Jahr 270. Auch werden die Schiffe von Jahr zu Jahr größer. Wir sehen wenige Schiffe unter 40 Fuß Länge.
Viele spezielle Charterunternehmen bieten Kojen Charter auf ihren von Profiskipper geführten Yachten für diese Regatta an.

Wir ankern vor der Marina im geschützten Hafenbecken, zusammen mit bestimmt 25 anderen Booten, von denen wir einige schon früher getroffen haben
.
Sehr netten Kontakt haben wir mit den Seglern von der ``Bonafide``, einer 39 Fuß Yacht von Jeannau. Petra und Andreas sind schon seit drei Jahren unterwegs, ihre Firma, ein Dentallabor, haben sie verkauft. Gestartet sind sie in Kroatien. Bis Gibraltar sind sie, nachdem sie Griechenland und die Türkei verlassen hatten, anders als die meisten Segler, nur an der arabischen Küste gefahren. Von den politischen Umstürzen in den Ländern haben sie vor Anker liegend nichts mitbekommen.
Die Segelei im Mittelmeer hat ihnen wenig Freude bereitet, selten guter Wind, entweder Flaute oder Sturm, die meiste Zeit mussten sie mit Maschine fahren.

Neben uns liegt ein englischer Einhandsegler, seine ``Joy II`` ist ein sicherlich 40 Jahre altes, gut acht Meter langes, klassischen Holzboot. Mit Booten dieser Bauart haben die ersten Langstreckensegler in den sechziger Jahren weite Strecken zurückgelegt.

Holzboote sieht man kaum noch, die meisten Yachten sind aus Glasfaser verstärktem Kunststoff hergestellt. Immer mehr werden jedoch aus Aluminium gefertigt. Der Vorteil dieser Materialien ist die Wartungsfreiheit und dass das Boot immer hundert Prozent dicht ist. Ein riesiger Vorteil gegenüber Holzbooten in denen es innen immer nass ist. Unser englischer Nachbar meint allerdings nass ist es bei ihm nicht, nur klamm.

Gran Canaria sollte unsere Startinsel für die Fahrt nach Amerika sein, wir haben uns allerdings zwischenzeitlich entschieden noch zu den kapverdischen Inseln zu fahren. Um in den Bereich der beständigen Ostwindzone zu kommen, können wir von hier nicht den direkten Kurs auf die Karibik nehmen, sondern müssen erst ein paar 100 Meilen nach Südwesten fahren, und dann liegen die Kapverden praktisch auf dem Weg.
Von dort sind es nur noch knapp 2.100 Seemeilen bis Amerika. Ein weiterer Vorteil des Zwischenstopps ist, dass wir dort noch einmal frischen Proviant einkaufen können.

In Las Palmas wollen wir unser Schiff für die Atlantiküberquerung vorbereiten, in den Mast steigen, alles kontrollieren und gegebenenfalls reparieren. Hier ist die letzte Chance Ersatzteile zu beschaffen.

Zum Glück konnten wir das Kühlwasserproblem bei unserer Hilfsmaschine endgültig lösen. Sicherlich gibt es moderne und wesentlich leichtere Maschinen als unser alter Volvo Motor, aber er läuft immer sehr zuverlässig und verbraucht in einer Stunde nur gut einen Liter Diesel, und weil wir immer segeln, haben wir auf der Reise bisher noch keine 15 Liter Brennstoff verbraucht.

Obwohl wir nicht in der Marina liegen, dürfen wir alle Einrichtungen der wirklich schönen Anlage nutzen.
Wirklich ärgerlich ist nur das viele Öl hier im Hafen. Auch am Strand kann man nicht barfuß laufen ohne hinterher ölverschmiert zu sein.

Hier in Las Palmas sind viele junge Leute die eine Mitfahrgelegenheit auf Yachten in die Karibik suchen. Am liebsten ``Hand gegen Koje``. Geduldig wird zu jeder neu angekommenen Yacht gerudert und gefragt ob man noch Crew braucht. Meistens erfolglos, eigentlich haben alle schon genug Leute an Bord, die ARC Charteryachten nehmen zwar gern Gäste mit, aber nur gegen Bezahlung.
Unser Platz an Bord ist sehr begrenzt, schon aus diesem Grunde können wir keine Passagiere mitnehmen, wir wären allerdings auch mit einem größeren Boot sicherlich lieber alleine gefahren.

So geht es den meisten hier am Ankerplatz, für alle ist die Atlantiküberquerung die erste wirklich lange Seestrecke. Keiner weiß so recht was auf ihn zukommt, eine gewisse Unsicherheit vor dem großen Abenteuer ist allen anzumerken.

Die Mitnahme von praktisch fremden Leuten ist auf einem Boot immer problematisch. Selbst auf einem großen Boot gibt es keine Rückzugsräume. Hinzu kommt der Zwang zum Beispiel mit Trinkwasser sehr sparsam umzugehen, die ewige Schaukelei und sicherlich auch die unterschiedlichen Erwartungshaltungen. Ein abschreckendes Beispiel ist die schlechte Stimmung auf vielen Charteryachten.
Von Yachten die Rucksacktouristen mitgenommen haben, hört man auch Horrorgeschichten. Gerade in der Karibik und besonders den USA sind die Einreisebedingungen sehr streng. Ohne gültigen Pass oder wenn es irgendwann einmal ein Rauschgiftproblem gegeben hat, dürfen die Gäste nicht von Bord und müssen auf der Yacht wieder mit zurück nach Europa fahren.

Angeblich werden der US Coast Guard alle aus Europa abfahrenden Boote gemeldet, von Kontrollen in der Karibik durch schwer bewaffnete Soldaten können viele Segler berichten. Allerdings sind die Maßnahmen nicht unbegründet, ein erheblicher Teil des in die Vereinigten Staaten gebrachten Rauschgifts wird mit Yachten transportiert.
Die meisten jungen Leute die eine Mitfahrgelegenheit suchen, sind jedoch ausgesprochen freundliche und gebildete Menschen, fast alle sprechen drei Sprachen, sind belastungsfähig und geben in ihren Bewerbungen an, dass sie gut kochen können. Wenn man berücksichtigt, wie

wichtig gutes Essen für die Stimmung an Bord ist, ist letzteres ein starkes Argument.

Jeden Morgen kommen zwei, manchmal auch drei große Kreuzfahrtschiffe in den Hafen gefahren. Wir sind erstaunt, wie viele Passagierschiffe es gibt und wie viele Leute eine Kreuzfahrt buchen. Abends laufen die riesigen Schiffe immer wieder aus und fahren in der Nacht weiter.
Die Passagierschiffe sind alle recht neu, viele sind wirklich groß, allerdings ist die ``Queen Mary II``, die am letzten Tag einläuft, sichtbar noch wesentlich größer.

In der Altstadt von Las Palmas steht ein sehr großer Dom, direkt davor ist das wirklich interessante Kolumbus Museum.
Wir wussten nicht, dass Kolumbus insgesamt vier Reisen nach Amerika gemacht hat, ein Wunder, dass er alle überlebt hat. Zur damaligen Zeit war die Rückkehrquote unter fünf Prozent. Hinzu kam, dass er alle Reisen während der Hurrikan Saison durchgeführt hat.
Vor 500 Jahren waren die Wirbelstürme, die westlich der Kanaren entstehen, in Europa unbekannt.
Kolumbus muss sehr gebildet gewesen sein, ein Vergleich seiner mit einfachsten Mitteln erstellten Seekarten mit den heutigen zeigt, wie präzise er navigiert, beobachtet und gezeichnet hat.
Auch muss er aus den Wetterbeobachtungen die richtigen Rückschlüsse gezogen haben, mit jeder Reise verlief die Route südlicher, zum Schluss hatte er den Idealkurs gefunden, eine Strecke, die auch wir in wenigen Wochen nehmen werden.

Montag d. 24.10.2011

Wieder beginnt ein Bilderbuchtag.

Wir haben allerdings ein großes Arbeitsprogramm. Als erstes wollen wir unsere komplette Wäsche waschen. Alles, was wir dabeihaben, muss gereinigt werden. In den letzten Tagen haben wir schon das relativ sauberste wieder aus unseren Wäschesäcken geholt.

Zum Glück gibt es hier in der Marina eine Waschmaschine und wir brauchen nicht alles zur Wäscherei in die Stadt schleppen.

Ich gehe gleich in die Stadt, um herauszufinden, wo der Bus zum Flughafen abfährt, für die Passatroute haben wir uns ein zusätzliches Vorsegel bestellt, das jetzt geliefert werden soll.

In der Zeitung, schon etwas älter, haben wir von dem tragischen Tod eines Norddeutschen Seglers im Pazifik gelesen. Die Vorstellung im Kochtopf zu enden ist fürchterlich. Uns kann das nicht passieren, wir fahren nicht dorthin und an unserem Ziel, der Karibik, hat es noch nie Kannibalismus gegeben.

Den Abend verbringen wir auf der ``Bonafide``. Aufgeschreckt werden wir, als gegen 23:00 Uhr plötzlich heftige Böen aus Nord über das Ankerfeld fegen. Auf allen Schiffen wird hektisch der Anker überprüft, wir kommen der ``Bororo Tiny Dancer`` aus Italien recht nahe. Leider können wir unsere Maßnahmen wegen Sprachproblemen nicht abstimmen.
Wir hängen alle Fender raus und hoffen, dass unser Anker hält.
Als der Italiener am nächsten Tag unsere Ankerboje einfach abschneidet, sind wir recht ärgerlich. Natürlich wird alles abgestritten.

Von den Franzosen neben uns erfahren wir, dass die Italiener viel Stress auf der Hinfahrt hatten, die gesamte Mannschaft hat sofort, nachdem Las Palmas erreicht war, abgemustert. Jetzt wird eine neue Crew gesucht, nicht einfach, wenn man weder englisch noch französisch spricht.
Das Problem bei plötzlichem Windwechsel oder Starkwind am Ankerplatz ist oft nicht der eigene Anker. Wenn das vor einem liegende Boot auf Drift geht, reißt deren Anker den eigenen mit raus. Genauso ärgerlich ist, wenn sich die Ankerketten unter Wasser vertüdeln, aber das merkt man erst, wenn man wieder wegfährt.
Letztendlich hält alles und nach einer Stunde hat sich der Wind auch wieder normalisiert und wir können ruhig schlafen.

Hier in Las Palmas gibt es wie in vielen Städten Spaniens Mietfahrradstationen. Eine ist direkt am Hafen. Man muss in der Zentrale anrufen und bekommt dann einen Code per SMS und kann das Rad nutzen. Leider gelingt es uns nicht die Freischaltung zu bekommen, wahrscheinlich weil unser Handy einen Auslandsanruf erfordert. Schade, wir wären gern per Rad in der Stadt gefahren.
Heute sind wir zum anderen Ende der Stadt gelaufen, dort ist ein langer Sandstrand und es gibt auch sehr viele Hotels.

Hier hat vor vielen Jahren der Tourismus auf den Kanaren begonnen. Jetzt sind die alten Unterkünfte in einem sehr schlechten Zustand, es sieht so aus, dass wenig für die Erhaltung getan wird. Für die vielen Gäste sind überall auf den Kanaren neue Touristenzentren gebaut worden.
Der Tourismus ist die Haupteinnahmequelle der Inseln. Wir hören, dass die Besucherzahlen rückläufig sind, hauptsächlich weil immer mehr Leute Ihren Urlaub in der preisgünstigeren Türkei verbringen.

Die ``Bemel`` aus Bremen fährt am späten Nachmittag als erste Yacht in Las Palmas mit Ziel Karibik los. Wir wünschen dem Einhandsegler alles Gute und eine schnelle Überfahrt. Eigentlich ist es noch zu früh, die Hurrikan Saison ist noch nicht vorbei, allerdings ist die Wahrscheinlichkeit jetzt noch in einen tropischen Sturm zu kommen, sehr gering.
Insgesamt liegen im Moment noch zehn andere deutsche Segelyachten mit uns hier in Las Palmas vor Anker.

Der schwedische Extremsegler mit seinem Segelkanu, wir haben uns in Porto Santo getroffen, ist ebenfalls bereits seit dem 12. Oktober auf See, hoffentlich verläuft die Fahrt nach Martinique gut, jetzt müsste er im Seegebiet nördlich der Kanarischen Inseln sein.

Alle nicht für die ARC angemeldeten Yachten müssen jetzt den Hafen verlassen und ankern. Wir liegen recht dicht zusammen, wenn die Ankerkettenlängen gut abgestimmt sind, ist das aber kein Problem.

Manchmal funktioniert es nicht, die polnische Yacht ``Champion`` und die deutsche ``Jaqueline`` stoßen zusammen. Viel passiert nicht, aber die Aufregung ist groß und ``Jaqueline`` muss sich einen neuen Ankerplatz suchen.

Auf allen Schiffen werden Proviantlisten für die Überfahrt erstellt, hier in Las Palmas kann man sich den Proviant auch an Bord liefern lassen.
Wir staunen wie viel Dosen Bier manche Mannschaften für drei Wochen auf See bunkern. Bier in Dosen ist natürlich ökologisch bedenklich, an Bord aber sehr praktisch.

Sonntag d. 30.10.2011

Mit dem bequemen Linienbus fahren wir in gut einer Stunde in den Süden der Insel. Das Busnetz auf Gran Canaria ist sehr gut. Jeden Ort auf der Insel kann man problemlos und sehr preisgünstig erreichen. Einziger Wehrmutstropfen: Der Bus ist innen auf Kühlschranktemperatur gekühlt.

Gleich nachdem das Stadtgebiet von Las Palmas verlassen ist, beginnt eine karge sehr hügelige Landschaft. Überall sieht man kleine Dörfer. Am Straßenrand wachsen viele Kakteen und manchmal sieht man mitten in der Wüste einen grünen Busch mit großartigen roten Blüten.

An der Küste sind viele Hotels und Ferienanlagen, je weiter man nach Süden kommt, umso mehr. Wir sehen uns den Hafen von Arguineguin an und stellen fest, dass man im Gegensatz zu den Informationen aus unseren Büchern dort sehr gut und gegen die Hauptwindrichtung geschützt, ankern kann.
Etwas weiter westlich liegt Puerto Rico, hier gibt es eine Marina. Wir hatten uns dort, wie auf der Website vorgesehen, per Internet angemeldet, aber keine Rückantwort bekommen. Vom Yachthafenbüro Las Palmas hatten wir die Information bekommen, dass dort alles übervoll ist. Ein kurzes Gespräch mit dem freundlichen Hafenmeister ergab, dass sehr wohl noch freie Plätze vorhanden sind.
Wir beschließen am Dienstag, den 1. November zuerst nach Arguineguin zu fahren und dann das folgende Wochenende in die Marina von Puerto Rico zu gehen.
Das passt sich sehr gut, wir erwarten am kommenden Wochenende Besuch aus Deutschland und da ist es viel einfacher, wenn man ohne Schlauchboottransfer an Bord kommen kann.

Am späten Nachmittag sind wir zurück an Bord und sehen neben uns die ``Kronprinsesse Mette Mat MAXI``, eine nur 7,6 m lange, schon recht alte Yacht der dänischen Maxi Werft. Die norwegischen Segler sind noch sehr jung, der jüngere erst 16, der ältere sieht nicht viel älter aus. Sie sind in diesem Jahr mit dem kleinsten Schiff aus Nordeuropa hier in Las Palmas angekommen. Ein Grund für das örtliche Fernsehen, mit den Seglern ein Interview zu senden. Wir sehen die Maxi später noch ein paar Mal in der Karibik, und erfahren von anderen Seglern, dass auch die Rückreise nach Norwegen sicher geklappt hat.

Die ARC Organisatoren haben zwischenzeitlich im Hafen viele Bürocontainer und eine Bühne aufgestellt, ab jetzt gibt es jeden Abend Programm. Die ARC ist keine richtige Regatta, mehr eine Eventveranstaltung. Jeder bekommt in der Karibik einen Preis, viele Schiffe legen einen erheblichen Teil der Strecke mit Motor zurück. Im Hafen finden auf jeder Yacht Sicherheitschecks statt. Ob das Restrisiko der Atlantiküberquerung geringer wird, wenn die Vorräte und die Rettungsmittel von Inspektoren überprüft werden, sei dahingestellt. Letztendlich ist jeder Skipper für sein Boot verantwortlich, und wenn das nicht seetüchtig wäre, hätte man nie die Kanaren erreicht.

Abends sitzen wir noch mit der ``Bonafide`` zusammen, kopieren ihnen unser Wetterprogramm auf ihren Computer und berichten von unseren Plänen für die kommende Woche. Es sieht so aus, dass wir uns eventuell auf den Kapverden, wahrscheinlich aber erst in der Karibik wieder treffen werden.

Am Nachmittag kommt Karl und ankert genau neben uns, wir werden sofort zu einem Klönschnack an Bord eingeladen. Da Karl Kaffee nur mit einem kräftigen Schuss Schnaps verträgt, sind wir nach drei Tassen ganz tüdelig und rudern Stunden später in Schlangenlinien zurück zu unserer ``Loliti``.
Karl will nur wenige Tage bleiben. In Lanzarote muss sein Schiff repariert werden, und in Kürze kommt seine Frau für zwei Wochen zu Besuch, Treffpunkt ist Teneriffa. Wir werden uns erst auf den Cap Verden wiedersehen.

Großes Glück für das Berliner Pärchen das eine Mitsegelgelegenheit nach Amerika sucht: Wir haben ihnen die Adresse von Karl gegeben, er hat sofort geantwortet, in den nächsten Tagen will man sich treffen. Es sieht so aus, dass beide auf der geräumigen ``Tschaika`` mitfahren können.

Den letzten Abend vor unserer Abfahrt in Las Palmas verbringen wir auf der ``Bonafide``. Wie viele andere haben sich Petra und Andreas eine Staude grüner Bananen gekauft. Da alle Früchte zur gleichen Zeit reif werden und sich dann nur sehr kurz frisch halten, essen wir alle jetzt mehr Bananen an einem Tag als sonst im ganzen Jahr.

Morgens um acht Uhr, kurz nachdem die Sonne aufgegangen ist, holen wir unseren Anker hoch und laufen aus. Wind und Wetter sind perfekt. Wir erreichen Arguineguin, etwas westlich von Maspalomas an der Südküste von Gran Canaria gelegen, gegen 17 Uhr.
Nach 14 Tagen im Hafen sind wir froh, endlich wieder eine Seestrecke gefahren zu sein.

Unterwegs haben wir großes Glück, einen nicht markierten Felsen vor der Küste passieren wir in wenigen Metern Abstand. Unser Fehler: Wir hatten den Plotter auf einen zu großen Bereich eingestellt. Nur wenn man einen kleineren Maßstab eingibt, werden alle navigatorischen Hindernisse angezeigt. Wir bekommen einen großen Schreck. Das passiert uns hoffentlich nicht noch einmal.
Erst später realisieren wir, dass unsere Reise hier zu Ende gewesen wäre, wenn wir nur 50 Meter weiter rechts gefahren wären. Rückblickend war dieses die einzige wirklich gefährliche Situation auf unserer Reise.

Wir finden in Arguineguin schnell einen guten Ankerplatz, Florian paddelt noch an Land, um kaltes Bier zu kaufen, dann sitzen wir noch lange zusammen in der Plicht.
Wir staunen, dass man nachts von hier aus die hohen Berge und die hell beleuchteten Küstenorte Teneriffas gut sehen kann.
In der Bucht von Arguineguin sehen wir eine Meeresschildkröte und zwei Rochen. Auf der Fahrt von Las Palmas hierher haben wir zum ersten Mal fliegende Fische beobachtet. Zwei kleinere finden wir an Deck, leider hatten sie keine Chance lebend zurück ins Wasser zu kommen.

Neben uns liegt die ``Corner Muse``, eine recht kleine Yacht aus Belgien. Die junge Skipperin hat ein zehn Monate altes Kleinkind, und trotz des eingeschränkten Platzes einen Hund, und zwar keinen Dackel oder Pudel, sondern einen großen Schäferhund, an Bord.
Meistens segelt sie alleine mit Hund und Kind. Für längere Strecken wie jetzt zu den Cap Verden, hat sie als Crew einen ``Seenomaden`` in Las Palmas angeheuert. Den ganzen Tag sehen wir sie an Bord werkeln, während ihre Crew offensichtlich gerne lange schläft und dann am liebsten mit dem Schlauchboot durch das Ankerfeld fährt.
Das sehr alte Boot ist in keinem guten Zustand, der starke Unterwasserbewuchs reduziert die Geschwindigkeit erheblich, eine Windselbststeueranlage, die lange Strecken mit kleiner Crew auf See eigentlich erst möglich macht, hat sie nicht an Bord.
Hoffentlich kann ihre Crew nachts mehrere Stunden ohne Unterbrechung konzentriert nach Kompass steuern.
Der Hund hat sich offensichtlich gut an das Bordleben gewöhnt. Morgens, wenn er zum Gassi gehen an Land gefahren wird, springt er zielsicher ins Schlauchboot und hält die Vorderfüße ins Wasser. Zurück an Bord muss er allerdings getragen werden. Vor Anker rennt das Tier immer von links nach rechts, keine drei Meter, und bellt dabei.

Hier in Arguineguin liegt an der Pier ein großes Fischerboot, mit dem Flüchtlinge aus Afrika nach

Gran Canaria gefahren sind. Das offene Boot macht keinen seetüchtigen Eindruck. Für mehrere Tage mussten die Menschen in dem offenen Boot ausharren.
Außerhalb der Touristenzentren ist es auf den Kanaren recht ärmlich, für die Leute aus Afrika aber paradiesisch.

Die Flucht ist fast nie erfolgreich. Die spanische Cost Guard überwacht den See Raum zwischenzeitlich lückenlos, ankommende Boote aus Afrika werden lange bevor sie die Küste erreichen, aufgebracht und in den nächsten Hafen geschleppt. Von dort werden die Passagiere sofort wieder zurück nach Afrika gebracht.

In der Nacht vom Mittwoch auf Donnerstag dreht der Wind völlig unerwartet auf West, eine Richtung, die hier auf den Kanaren eigentlich nie vorkommt. Da alle Häfen keine Wellenbrecher für westliche Winde haben, rollen wir entsetzlich und können die ganze Nacht nicht schlafen.
Unser Anker hält aber perfekt, nicht einen Meter werden wir vertrieben. Da der ungünstige Wind weiter anhält, verholen wir schnell in die nächste, besser geschützte Bucht und liegen wieder schön ruhig.
Am Nachmittag reinigen wir noch unseren Wasserpass und das Unterwasserschiff, viel Bewuchs hatten wir nicht, aber auch nur wenige Seepocken würden unsere Geschwindigkeit reduzieren.

Unsere spanische Gastlandflagge löst sich langsam auf, es wird Zeit, dass wir weiterfahren. Von hier bis Puerto Rico sind es nur zwei Seemeilen. Dort erwarten wir am Wochenende Besuch aus Deutschland.

Unsere Schapps sind alle randvoll, der gestaute Proviant reicht für mehrere Monate, darüber hinaus haben wir fast 400 Liter Wasser in unseren Tanks und Kanistern gebunkert.

Unsere Planung sieht so aus, dass wir am Montag d. 7. November, wenn unser Besuch aus der Heimat wieder abgereist ist, in Richtung Cap Verdische Inseln auslaufen.
Wir rechnen bei den zu erwartenden günstigen Winden aus dem nördlichen Sektor mit einer guten Woche auf See. Wie immer werden wir jeden Tag eine Standortmeldung an unsere Familie senden.

Trans Atlantik (von Florian)

Es gibt immer zwei Seiten einer Geschichte. Hier kommt meine: Wir lagen friedlich schon seit ein paar Tagen vor Anker im Hafen von Las Palmas, der Hauptstadt von Gran Canaria. Das mit dem Ankern ist so schwer nun wirklich nicht, gilt es doch nur einen entsprechenden Abstand zum Nachbarboot einzuhalten. Also DIE von uns, weil wir ja zuerst da waren. Fanden DIE aber nicht und haben...
sich nur sehr widerwillig verlegt. Was am Ende leider auch nach dem dritten Versuch nicht zu

unserer Zufriedenheit geklappt hat. Die haben uns dann keines Blickes oder Wortes mehr gewürdigt und stattdessen unsere Ankerboje durchgeschnitten, was mehr als ein Vergehen ist! Wenn aber der Klügere immer nachgeben soll, würde die Welt bald von Berlusconi Wählern bestimmt werden. Also musste ich mit klopfendem Herz, aber mit geschwellter Brust für unsere Boje in den verbalen Kampf ziehen. Und
– liebe Kinder - die Moral von der Geschichte: Wer schreit hat niemals Recht.

Von Gran Canaria wollen wir mit einem kurzen Verproviantierungstopp auf den Kapverden, einer Inselgruppe ca. 1.000 km vor der Küste von Senegal, die Atlantiküberquerung nach Amerika wagen: Ca. 5.000 km, vier Zeitzonen durchsegeln wir dabei. Wahrscheinlich werden wir für die Etappe, vollgeladen und auf Sicherheit bedacht, maximal 30 Tage brauchen. Ich meine, vor 500 Jahren hätten wir mit so einer Fahrt Amerika entdeckt…

Wir setzen also Segel und stellen die Selbststeueranlage ein während am Horizont Gran Canaria immer kleiner wird. Dann gibt es Abendessen. Papa geht als erstes in die Koje und schläft vier Stunden, dann schlafe ich zwei Stunden, dann Papa zwei Stunden und dann ich wieder vier Stunden. Danach gibt es Kaffee & Frühstück und als kleine Lektüre zwischendurch einen ganzen SPIEGEL. Dann gibt es wieder Abendessen. „You see where this is going".

Ich habe eine kleine Schwester. So klein ist sie nicht mehr, aber dafür ganz schlau, will nicht sagen gerissen. Sie war immer ein großer Zweifler unserer Reise. Will sagen, der größte. Wir hatten eine Wette laufen: Wenn wir es bis nach Amerika schaffen, besucht sie uns. Übermorgen landet ihr Flugzeug.

Absolut Beachfront Location. drei Monate Karibik - wir freuen uns! Florian

Atlantikpassage

Nachdem wir uns in Puerto Rico auf Gran Canaria komplett verproviantiert und das ganze Schiff noch einmal gründlich überprüft hatten, sind wir am 7. November gegen Mittag mit Kurs Mindelo auf den kapverdische Inseln ausgelaufen.

Zu Anfang der 840 Seemeilen langen Strecke kommen wir mit günstigen Winden rasch voran, später wurde der Wind von Stunde zu Stunde schwächer. Wir wechselten die Segel, das hat aber nicht viel genutzt, in den nächsten zwei Tagen herrschte praktisch Windstille, die Segel wurden heruntergeholt, wir haben uns treiben lassen.
Einmal gehen wir vom Schiff aus im Atlantik baden. Das Schwimmen im mehrere tausend Meter tiefem Wasser ist uns aber nicht geheuer. Im Unterbewusstsein haben wir immer Angst vor Haien. Einmal schwimmen wir um das Schiff herum, dann klettern wir schnell über die Badeleiter wieder zurück in die Plicht.

Auch an den folgenden Tagen ist der Wind schwach, vom stetig wehenden Passat ist nichts zu merken. Sehr langsam, aber trotzdem bei bester Stimmung, kommen wir unserem Ziel näher. Drei Tage brauchen wir um die schwachwindige Kalmenzone zu durchfahren, erst an den letzten Tagen unserer insgesamt neuneinhalb Tage dauernden Tour blies der Nordost Passat mit gewohnter Stärke und wir kamen sehr gut voran.
Die Kapverden liegen schon weit im Atlantik, fern ab von allen Schifffahrtsrouten. Nur zwei Schiffe, darunter ein Containerschiff der Hamburg Süd Reederei, haben wir auf dieser Etappe gesehen.

Schon von weitem konnten wir die hohen Berge der kapverdischen Inselgruppe sehen. Mindelo, die Hauptstadt der Insel Sao Vicente, erreichten wir gegen Mittag. Kurz bevor wir den Hafen erreichen, nimmt der Wind stark zu, zu stark für unser mittelgroßes Vorsegel. Mit einem lauten Knall reißt das Unterliek. Schnell bergen wir das Segel und fahren mit Motor in die Marina.

Mindelo liegt in einer großen und sehr tiefen Bucht, es gibt eine Pier für kleine Frachtschiffe, eine Werft für kleinere Fischdampfer und eine ganz neue Marina. Gut 150 Yachten können hier anlegen, von Jahr zu Jahr werden es mehr Boote, die auf dem Weg von Europa nach Amerika hier Zwischenstation machen.

Die Gesamtstrecke in die Karibik wird nicht wesentlich länger. Um in die Zone des günstig und beständig wehenden Passats zu kommen, kann von den Kanaren nicht der direkte Weg in die Karibik genommen werden, und die bewährte Südroute führt nur gut 100 Seemeilen nördlich an den Kapverden vorbei.

Neben vielen Fahrtenyachten aus vielen europäischen Ländern liegen auch bestimmt 15 beschädigte Pogos der diesjährigen Mini Transat Regatta im Hafen. Neben gebrochenen Masten hatten viele Boote auf der zweiten Etappe der Wettfahrt von Madeira nach Brasilien Ruderschäden und mussten das Rennen aufgeben.

Mindelo ist eine interessante Stadt und das wirtschaftliche Zentrum der kapverdischen Inseln. Die Menschen sind ausgesprochen freundlich und hilfsbereit und sprechen gut Englisch. Die Kapverden sollen einer der ärmsten Staaten der Welt sein, verglichen mit zum Beispiel Indien geht es den Menschen aber sichtbar viel besser. Alle sind modisch gekleidet und ein Handy hat auch nahezu jeder, ganz selten sieht man allerdings auch Bettler.
Das Klima auf den Inseln ist für Europäer optimal, tagsüber nicht zu heiß, morgens und abends zieht man besser eine lange Hose und einen Pullover an.
Auf der Überfahrt hierher waren wir erstaunt, wie kalt es hier nachts auf See wird, immerhin segeln wir innerhalb der Wendekreise.

Gleich nach unserer Ankunft haben wir unser beschädigtes Vorsegel zur Reparatur gegeben, schon am nächsten Morgen bekommen wir es mit neuem Unterliek zurück.

Freitag d. 18. Nov. 2011

Wir haben allen Frischproviant an Bord, alle Wäsche ist gewaschen, das Boot ist noch einmal komplett kontrolliert, es gibt nichts was wir noch machen können. Am Abend laufen wir noch einmal zum Strand und sehen uns die Atlantikwellen an, alles ist in Ordnung, morgen segeln wir nach Amerika.

Zusammen mit uns werden in diesen Tagen ungefähr 600 Yachten von den Kanaren mit Ziel Karibik auslaufen, die meisten werden die gleiche Route fahren wie wir, so dass wir davon ausgehen können immer wieder Boote zu treffen.

Abgemacht ist, dass wir, wie auf allen Seestrecken bisher, das Schiff nachts nicht ohne Wache fahren lassen werden.

Die Erfahrung hat gezeigt, dass unser Schlaf dadurch zwar unterbrochen wird, wir aber auch nach einer Woche auf See noch kein Schlafdefizit haben. Auch wenn die Kollisionsgefahr sehr gering ist, kann der andere viel ruhiger schlafen, wenn man weiß, dass das Boot nicht unbeaufsichtigt durch die dunkle Nacht fährt. Und, da es in den Tropen keine Dämmerung wie in Norddeutschland gibt, sind die Nächte zwölf Stunden lang.
Während es tagsüber sehr warm wird, ist es nach Sonnenuntergang sofort angenehm frisch, ohne lange Hosen und Pullover ist es zu kalt. Die Windprognose ist für dreiviertel der Strecke sehr günstig, es sind Nordostwinde zwischen vier und fünf Beaufort zu erwarten, ab dem 50 zigsten Längengrad wird der Passat schwächer, kommt aber nach wie vor aus dem östlichen Sektor. Aber bis dahin benötigen wir ungefähr 14 Tage und in dieser Zeit kann sich noch viel ändern.

Jeden Tag senden wir von unterwegs unsere Position an meinen Bruder, er zeichnet sie in eine Karte ein und informiert unsere Familie und Freunde, so dass alle immer wissen wo wir sind und wie wir vorankommen. Wir bekommen täglich eine Wetter- und Windprognose als SMS.

Sonnabend d. 19. Nov. 2011

Gegen Mittag beginnt das große Abenteuer, die MS ``Deutschland`` läuft in Mindelo ein, wir verlassen den Hafen. Die wohl überwiegend deutschen Passagiere auf dem Kreuzfahrtschiff sehen unsere Flagge und winken uns freundlich zu.

Die vor uns liegende Strecke ist zweieinhalbmal so lang wie unsere bisher weiteste unter Segeln zurückgelegte Distanz. Gleich nach dem Verlassen der großen Hafenbucht werden wir vom starken Passat, der durch die Düsenwirkung zwischen den Inseln noch verstärkt wird, erfasst und fahren mit hoher Geschwindigkeit los.

Schon nach wenigen Meilen ist uns klar, dass wir keine Möglichkeit hätten wieder umzudrehen. Gegen den kräftigen Wind und die vorherrschende Strömung gibt es keine Chance unter Segeln oder mit Maschine gegen an zu kommen.

Wir überqueren den Atlantik auf dem 15 / 16ten Breitengrad, unser Ziel ist St. Lucia. Für die ungefähr 2.200 Meilen rechnen wir mit gut 20 Tagen auf See.
Im Bereich der Inseln wird der Passat abgelenkt, einige Meilen weiter stellt sich der Nordost Passat aber zuverlässig ein. Alles spricht für eine zügige und einfache Passage.
Segeln auf dem Ozean und besonders im Passat, ist sehr einfach. Der Wind kommt immer von achtern. Wir haben nur ein ausgebautes Vorsegel gesetzt, etwas angeluvt, damit das Schiff nicht so rollt. Weil wir auf dem Großkreis fahren, müssen wir alle 300 Meilen eine kleine Kurskorrektur an der Selbststeueranlage vornehmen.

Es gibt unzählige Bücher, die sich mit dem Blauwassersegeln beschäftigen, Blauwasserseminare, Ausrüstungsvorschläge, ohne Ende Foren im Internet. Allein die verschiedenen Ankertypen werden in mehreren Büchern diskutiert.
Überwiegend geht es um technische Dinge wie Radar, Selbststeuerung, Frischwassererzeugung oder Stromproduktion.
Ein Buch, in dem die normalen Probleme des Seelebens mit wenig Trinkwasser, ohne Kühlschrank keinerlei Rückzugsmöglichkeiten usw. beschäftigt, kennen wir nicht und wäre sicherlich eine Marktlücke.
Die Kunst besteht darin sich mit den Möglichkeiten an Bord zu arrangieren und die Reise am Ende auch noch schön zu finden.

Eine echte Herausforderung ist mit wenig Süßwasser auszukommen, als Pauschaltourist in den Tropen verbraucht man bestimmt 100 Liter Wasser pro Person am Tag nur zum Duschen, eine Menge, die an Bord für zwei Leute für eine drei Wochen lange Ozeanfahrt reichen muss. Sehr bewährt haben sich ``feuchte Tücher`` die eigentlich für die Pflege von Kleinstkindern vorgesehen sind.

Ein weiteres Problem ist die Müllentsorgung. Obwohl wir schon fast alle Verpackungen an Land entsorgt haben, fällt immer noch eine Menge an. Besonders problematisch ist Plastikmüll. Es dauert sehr lange bis sich das Material im Wasser zersetzt, Delphine und andere Fische, die die Reste fressen, verenden qualvoll.
Wir zerkleinern allen Plastikmüll und füllen ihn in leere fünf Liter Trinkwasserbehälter. Diese lassen sich gut verschließen, so dass es auch kein Geruchsproblem gibt.
In der Karibik werden wir alles an Land entsorgen und hoffen, dass es dort vernünftig verwertet wird.

Donnerstag d. 24. Nov. 2011

Seit fünf Tagen steuern wir West Kurs, heute hat sich der Wind etwas abgeschwächt, der Grund ist wahrscheinlich ein bei 50° West und 20° Nord entstehender ``später`` Hurrikan.
Von dem Wirbelsturm geht im Moment keine Gefahr für uns aus, trotzdem sind wir sehr froh als wir in unseren täglichen Wettermeldungen erfahren, dass sich das Monster zügig nach Norden verlagert und abschwächt.
Während normale Stürme auf See zwar auch nicht angenehm sind, muss jedes Seeschiff mit ihnen fertig werden. Hurrikane dagegen sind für Yachten nicht mehr beherrschbar.

In den folgenden drei windschwächeren Tagen vergrößern wir unsere Segelfläche und erreichen trotzdem unsere geplante Reisegeschwindigkeit.

Zu Beginn der Reise haben wir mondlose Nächte, es ist völlig dunkel, erstaunlich wie viele Sterne man sehen kann. Der Nordstern steht schon recht tief, ist aber noch gut zu erkennen. In jeder Nacht sehen wir unzählige Sternschnuppen, viel mehr als wir Wünsche haben.

Montag d. 28. Nov. 2011

Die Hälfte der Strecke ist abends geschafft, uns geht es nach wie vor sehr gut, es gibt keinerlei Schäden an Bord, die Stimmung könnte nicht besser sein. Heute sehen wir auch zum ersten Mal auf dieser Reise ein entgegenkommendes Schiff, laut AIS ein Produktentanker auf dem Weg von Mexiko nach Dakar.

Zum Glück haben wir beide keine Probleme mit Seekrankheit. Klar, zu Beginn einer Seereise lesen wir nicht im Schiff, sondern nur draußen. Von anderen Seglern wissen wir, dass Seekrankheit fürchterlich ist, besonders wenn man Medikamente gegen Reisekrankheiten nimmt. Diese versetzen den Körper in einem dauernden Dämmerungszustand. Es ist auch nicht so, dass sich das Problem bei den Betroffenen nach wenigen Tagen auf See von alleine löst. In vielen Fällen leiden die Segler bis zum Schluss.

Obwohl wir eigentlich nichts zu tun haben, vergehen die Tage an Bord immer sehr schnell. Viel Zeit benötigt die Kocherei, hauptsächlich, weil das Schiff immer in Bewegung ist und man alles nur einhändig machen kann, aber auch weil wir immer sehr aufwendig und abwechslungsreich kochen.
Unsere in Mindelo gekauften frischen Sachen haben eine Woche gehalten.

Jeder Schritt muss an Bord ausbalanciert werden, nie kann man im Schiff gehen ohne sich festzuhalten. In den ersten Tagen auf See haben wir deshalb überall Muskelkater.

Morgens werfen wir fliegende Fische zurück ins Wasser, die nachts auf unserem Deck gelandet sind. Meistens drei bis fünf Fische unterschiedlicher Größe. Nur nachts können die Tiere unser Schiff offensichtlich nicht orten, tagsüber ist noch nie einer an Deck geflogen.
Selbst wenn wir den Aufprall hören, können wir die Fische nicht retten. Durch die unsanfte Landung sind die Tiere so verletzt, dass sie sofort tot sind.

Ansonsten haben wir keine Angelerfolge auf dem Ozean. Nur einmal gelingt es uns einen recht kleinen Fisch zu fangen. Delfine sehen wir leider auch nicht mehr.
Sehr erstaunt sind wir auch mitten im Atlantik Seevögel zu treffen. Stundenlang segeln sie dicht über der Wasseroberfläche und suchen Nahrung, nie setzt sich einer zum Ausruhen auf unser Schiff.

Oft denken wir an den Schweden mit dem Segelkanu. Sein völlig geschlossenes Boot muss sich tagsüber in der Tropensonne sehr aufheizen. Eine ausreichende Lüftung ist nicht vorhanden. Wir fragen uns oft, wie man solche Strapazen aushalten kann und warum man so was freiwillig tut.

Freitag d. 4. Dez. 2011

Heute Nacht haben wir den 55 zigsten Längengrad überquert, jetzt sind es noch etwas mehr als 300 Meilen bis St. Lucia, eine Strecke, die wir eigentlich in gut zweieinhalb Tagen schaffen.
Seit heute Nachmittag haben wir allerdings ``Passatstörung``, der Wind weht zwar immer noch aus der richtigen Richtung, aber wesentlich schwächer, wir schleichen nur so dahin und werden wohl noch vier Tage bis zum Land Fall benötigen.
Den ganzen Tag ist es bewölkt, die riesigen Wolken sehen gefährlich aus, sind es aber nicht. Der Wind wird kaum stärker, wenn sie über uns hinwegfliegen. Ab und zu regnet es auch, manchmal nur ein bisschen, manchmal heftig. Da es sehr warm ist, bleiben wir draußen und reinigen das Schiff mit dem Süßwasser. Jetzt, wo wir uns der Karibik nähern, sehen wir immer mehr Yachten mit gleichem Ziel. Die Masse der ARC Yachten ist noch dicht hinter uns, wir freuen uns, dass wir so lange mit den meist erheblich größeren Schiffen mithalten können.

Sonntag d. 6. Nov. 2011

Jetzt sind wir siebzehn Tage auf See, bis St. Lucia sind es noch 180 Seemeilen. Seit gestern Nachmittag hat sich ein stetiger Südwind mit zwei bis drei Windstärken eingestellt. Wir fahren mit unseren größten Segeln und schaffen gut 90 Meilen am Tag.
Noch zwei Übernachtungen auf See, dann sind wir am Ziel.

Heute, wir frühstücken gerade, setzt sich ein kleiner Vogel, ungefähr so groß wie eine Schwalbe, zum Ausruhen auf unsere Reling. Wir geben ihm Wasser zu trinken. Nach gut einer Stunde ist er wieder fit und fliegt weiter. Unser Angebot ihn mit zu den karibischen Inseln zu nehmen, lehnt er ab.

Dienstag d. 8. Dez. 2011

Keine Chance St. Lucia noch heute zu erreichen. Stundenlang treiben wir mit heruntergenommenen Segeln im Ozean. Es ist völlig windstill, auch die Wasseroberfläche ist wie ein Ententeich. Allerdings rollt von Norden eine stetige Dünung, die unser Schiff, jetzt ohne stützende Segel, unangenehm schaukeln lässt.

Wir müssen noch gut 60 Seemeilen segeln, normalerweise ist diese Strecke in zehn bis zwölf Stunden zu schaffen, heute sind wir allerdings froh, wenn wir 40 Meilen zurücklegen können.

Wenig Wind ist anstrengender als viel Wind, das Schiff schaukelt, der Winddruck ist zu schwach um die Segel in Position zu halten und lässt besonders das Großsegel fürchterlich schlagen. Unter Deck hört es sich an, als wenn wir das Boot zerlegen. Alle Versuche mit Gummibändern den Ruck des hin und her schlagenden Baumes zu dämpfen sind letztendlich erfolglos.

Hinzu kommt, dass seit zwei Tagen die Sonne nicht scheint, und ohne Sonne haben wir keinen Strom. Um die Batterien für die Nacht aufzuladen, starten wir für eine Stunde den Motor (und freuen uns, dass der Diesel, nachdem er 3 Wochen stand, nach wenigen Umdrehungen ansprang).

Jetzt wo wir uns St. Lucia nähern, sehen wir immer mehr Yachten, die wie wir den Atlantik überquert haben. Die meisten Yachten durchfahren die Flaute mit Motor, andere treiben zusammen mit uns.

Ab und zu sehen wir jetzt auch Frachtschiffe, eins fuhr gestern Nacht so dicht an uns vorbei, dass wir vorsichtshalber das Kühlwasserventil des Motors geöffnet haben, um bei Kollisionsgefahr schnell ausweichen zu können.

Freitag d. 9. Dez. 2011

Wir erreichen die Rodney Bay im Norden St. Lucias gegen Mittag und fahren in die Marina. Zum Glück bekommen wir einen Liegeplatz, nur für einen Tag, danach müssen wir in der großen Lagune oder vor dem Strand ankern. An den ersten Tagen nach einer langen See Tour ist es sehr angenehm an einem Steg zu liegen und problemlos an Land zu gelangen.

Wir sind sehr froh in der Karibik angekommen zu sein. Die Überfahrt war viel einfacher und leichter, als wir es uns vorher vorgestellt haben.
Insgesamt haben wir neunzehn Tage auf See verbracht, ohne die Flauten Tage zum Ende der

Reise wären wir zwei Tage eher angekommen.

Wir sind auch sehr erleichtert nie mit Sturm oder Gewitter konfrontiert worden zu sein, und natürlich auch, dass niemand an Bord krank geworden ist oder sich verletzt hat.

Fantastisch bewährt hat sich wieder unsere Selbststeueranlage, auf der gesamten Strecke haben wir nur wenige Stunden von Hand steuern müssen.

Wir werden jetzt bis Anfang April in der Karibik bleiben und nur wenig segeln. Die Entfernungen von einer Ankerbucht zur anderen sind sehr gering.

Bis Mitte Februar haben wir jetzt Familienbesuch an Bord, danach werden wir nach Norden fahren um von dort über die Azoren wieder zurück nach Hamburg zu kommen.

The Grenadines – Rum & Drum (von Florian)

Wir sind ja nun zu dritt unterwegs. Schön ist es mit der Familie! Frederike hat schon mehr Segeltage auf dem Buckel als so manch gestandener Segler, entsprechend schnell hat sie sich in unser Bordleben eingewöhnt.
Schnorcheln mag sie gern, blaues Wasser und bunte Fische sowieso und kann man es ihr verdenken: Palmen mit weißem Sand. Hier gibt es Schildkröten und tolle Korallen und das Wasser ist so blau... ups, hatte ich schon gesagt. Über die Tobago Cays sagt man, sie seien das Tor zum Paradies.

Wir leben in den Tag hinein. Ist heute Montag oder Freitag? So alle zwei Tage segeln wir von einem Ankerplatz zum nächsten. Die Inseln hier sind immer nur einen Kreuzschlag voneinander entfernt. Und jede hat ihren eigenen Scharm. Vor der Insel Mustique liegt zum Beispiel ein Wrack. So ungefähr wussten wir auch wo. Da fragt sie mich: Gibt es hier Haie? Und natürlich musste ich meine unbeschwerte Antwort auch sofort aussprechen: Ja, überall wo es 27 °C Wassertemperatur hat, gibt es welche. Ich wollte noch retten was zu retten ist: Die beißen aber nie sofort, es ist immer noch genug Zeit um dann schnell ins Beiboot zu klettern... Kurz gesagt, unser erstes Wrack, ein 30 Meter langes Kanonenboot der Engländer, haben wir erst vor der Nachbarinsel Mayreau er schnorcheln können Wir haben den südlichsten Punkt unserer Reise erreicht. Die Insel heißt Palm Island, wie passend. Gerade sitze ich an Bord, WiFi gibt es von dem Hotel am Stand. Wir sind das einzige Boot in der Bucht. Die Sonne strahlt mit uns um die Wette und gleich mache ich Kaffee. Dann vielleicht schwimmen?? Ach was, auf jeden Fall geh ich gleich schwimmen. Habe ich euch schon gesagt, wie blau das Wasser hier ist?
big time Florian

Karibik

Nachdem wir die Rodney Bay in St. Lucia gegen Mittag erreicht hatten, haben wir in der Marina an einem freien Platz festgemacht. Da der Hafen offiziell für Gastyachten wegen der ARC gesperrt ist, dürfen wir nur einen Tag bleiben.
Für uns ist das ausreichend Zeit, um das Schiff nach neunzehn Tagen auf dem Atlantik wieder komplett zu reinigen, unsere Wassertanks aufzufüllen und im nahen Supermarkt frischen Proviant einzukaufen.

Auf den letzten Meilen unserer Atlantiküberquerung sind im Bereich der Wasserlinien sehr schnell recht große Muscheln gewachsen, als wir sie zum ersten Mal sahen, waren wir sehr erschrocken. Jetzt erfahren wir von unserem Nachbarn, er kommt aus Kanada und ist auf dem Weg nach Hause, dass der Bewuchs nach kurzer Zeit, wenn man in der Karibik nicht mehr so viel segelt, wieder von alleine abfällt.

Zum ersten Mal müssen wir auch bei den örtlichen Behörden einklarieren, eine Prozedur, über die viele Segler nur sehr abfällig sprechen. Wir hatten keine Probleme, unsere Crewlisten waren richtig ausgefüllt, die vielen amtlichen Formulare schnell ausgefüllt und eine Stunde später hatten wir die Einreisestempel in unseren Pässen. Jetzt dürfen wir sechs Monate im Land bleiben.

Um die Mittagszeit am nächsten Tag verholen wir von der Hafenlagune in die Rodney Bay und ankern jetzt zusammen mit ungefähr 80 anderen Yachten vor dem weißen Sandstrand, da wo vor einigen hundert Jahren schon Sir Francis Drake gelegen hat.

Um an Land zu kommen, fahren wir mit dem Schlauchboot nicht einmal drei Minuten.
Hier liegt man völlig ruhig, es bläst eine angenehme Brise, und auch die Mücken aus dem Hafen können offensichtlich nicht so weit fliegen, sehr angenehm.

Vom Strand her werden wir rund um die Uhr mit Musik beschallt, Steelbands, die mit abgesägten Ölfässern spielen, gibt es allerdings nicht mehr, zu mindestens nicht in St. Lucia.

Die Bands sind sehr ausdauernd, stundenlang wird selbst bei größter Tageshitze ohne Unterbrechung gespielt. Nachts wäre es sehr schön, wenn der Geräuschpegel etwas leiser wäre, aber wirklich stören tut die Musik nicht. Musik spielt in der Karibik eine große Rolle, kaum ein parkendes Auto, aus dem nicht aus dem geöffneten Kofferraum laute Musik tönt.
Im Moment ist hier gerade Wahlkampf. Die unterschiedlichen Parteien haben LKWs mit Unmengen von Lautsprechern bestückt und beschallen die ganze Gegend. Wortbeiträge, bei denen die Kandidaten ihr Programm erläutern, gibt es überhaupt nicht.

Kein Problem haben wir mit den Boat Boys. Überall hatte man uns vor dem aggressiven Auftreten der einheimischen Jugendlichen gewarnt. Hier sehen wir nur freundliche Menschen, die auch akzeptieren, wenn wir manchmal nichts kaufen. Die Bananen und die anderen Früchte, die verkauft werden, schmecken uns übrigens sehr gut, besonders nach fast drei Wochen auf See. In der Zeit haben wir zwar auch gut gegessen, aber frische Sachen gab es eben nur in der ersten Woche.

Die Rodney Bay ist nach Westen völlig ungeschützt. Da der Wind aber fast nur aus Osten oder Nordosten kommt, gibt es überhaupt keine Wellen und wir liegen ruhiger als in mancher Marina. Während es in den Mittagsstunden sehr heiß ist, wird es abends, wenn die Sonne untergegangen ist, schnell angenehm kühl. Das Wasser ist warm, bestimmt 28°C, aber trotzdem sehr erfrischend. Mehrfach am Tag gehen wir schwimmen. Manchmal nur einmal ums Schiff herum, manchmal bis zum nahen Strand, wo wir dann in einer der vielen Bars einen Kaffee trinken. Wenn man vom Ankerplatz zum Strand schwimmt, muss man immer sehr aufpassen nicht von einem der vielen, mit hoher Geschwindigkeit und viel Krach, durch die Bucht düsenden Jetskis gerammt zu werden.

Außer den Yachtleuten treffen wir keine anderen Touristen. Die vielen Gäste aus Europa und Amerika werden in der Regel vom Flughafen direkt in die Hotelanlage gefahren und verlassen diese normal auch nicht. Für alle Nichtgäste sind die Ressorts und die dazugehörigen Strände gesperrt. Es scheint, dass mehr Sicherheitsleute als Badegäste dort sind.

Donnerstag d. 15. Dez. 2011

Heute kommt unsere Tochter Frederike für sieben Wochen an Bord. Über London, New York und Miami ist sie nach mehr als 30 Stunden Reisezeit aus Hamburg kommend hier eingetroffen. Unser Liegeplatz ist im Norden von St Lucia, der internationale Flughafen im Süden, schon recht früh morgens fahren wir los, um sie abzuholen.

Wir nehmen eines der vielen Mini Sammelbusse, die ohne Fahrplan, dafür aber mit lauter Musik und hohem Tempo über die Insel fahren. Die Fahrpreise sind sehr gering, nur 3 bis 5 Euro pro Person für die gut 50 Kilometer lange Strecke. Ein reguläres Taxi hätte 80 US Dollar nur für die Hinfahrt gekostet und fast genauso lange benötigt. Und da wir viel Zeit haben, wählen wir selbstverständlich die günstigere Variante.

Frederike kommt pünktlich um 14:30 Uhr auf dem kleinen internationalen Flughafen an, der Flughafen hat eine offene Halle, besteht eigentlich nur aus einem einfachen Dach, es landen zurzeit auch nur vier Flugzeuge am Tag.
Mit dem Sammeltaxi geht es zurück zur Rodney Bay.

Heute ist der erste Tag mit Wellen in unserer Ankerbucht. Frederike, übermüdet und noch unerfahren im Schlauchboot fahren, verpasst den richtigen Moment zum Einsteigen und wird völlig nass. Zum Glück bleibt das Gepäck trocken. Aber auch dieses Missgeschick ist bei dem herrlich warmen Wasser kein wirkliches Problem.

St. Lucia hat zwei Hauptstraßen, eine führt an der Karibikseite von Norden nach Süden, die andere an der Atlantikseite. Rechts und links sieht man Bananenplantagen und den tropischen Regenwald. Viele Sehenswürdigkeiten gibt es nicht, die Orte und kleinen Städte sind alles andere als schön.
Wir sind, wie vermutlich alle anderen Touristen auch, nicht in die Karibik gekommen, um kulturelle Sehenswürdigkeiten anzusehen, sondern um das tolle Meer, die einzigartigen Strände und das beste Segelrevier der Welt zu genießen.

Sonnabend d. 17. Dez. 2011

Nachmittags verholen wir in die gut acht Seemeilen entfernte Marigot Bay, angeblich die einzige wirklich Hurrikan sichere Bucht der Gegend. Auf dem Boden, der nach allen Seiten geschützten Bucht, sind schwere Ketten ausgelegt, an denen bei Sturmgefahr alle Yachten festgebunden werden. Im Notfall liegt Yacht an Yacht, es können sich keine Wellen bilden, Mangroven am Ufer sind ein zusätzlicher Schutz.

Das Konzept scheint gut zu sein, beim letzten Hurrikan ist nur bei einer Yacht ein Fender kaputtgegangen.

Frei ankern ist allerdings nicht möglich, man muss an einer recht teuren Mooringtonne festmachen. Dafür genießen wir aber die warme Dusche und die tolle Atmosphäre der einzigartigen Bucht.

Jetzt sind wir eine Woche in St Lucia und wollen bis Ende Januar in den Grenadinen segeln. Die Grenadinen bestehen aus acht bewohnten Hauptinseln und gut hundert unbewohnten Islands, die nur mit dem Schiff besucht werden können.
Die Inseln haben keinen Flugplatz für große Maschinen, keine Hotels und demzufolge auch nur wenig Tourismus.
Hier werden die meisten Postkartenfotos mit Karibikmotiven geschossen.

Erster Ankerplatz auf dem Weg dorthin ist die Admiralty Bay in Bequia, alles in Sichtweite von St Lucia und St Vincent. Wir wollen die gut 60 Seemeilen in einer Nachtfahrt schaffen, die Wetterprognose ist günstig und stimmt auch bis Mitternacht. Danach ist Flaute und wir treiben langsam an St Vincent vorbei.

Morgens passiert uns recht nahe der TUI - Kreuzfahrer ``Mein Schiff``, der Passat kommt zurück und zusammen mit dem Segelkreuzfahrtschiff ``Sea Cloud II`` erreichen wir Bequia.

Einen guten Ankerplatz in der Nähe des Strandes zu finden ist leicht, danach fahren wir mit dem Schlauchboot zum Zoll und zur Immigrationsbehörde.

Die Grenadinen sind ein eigener Staat und legen sehr großen Wert auf ordnungsgemäßes Einklarieren. Die Prozedur dauert gut zwei Stunden, kostet für drei Personen einschließlich der am Sonntag fälligen Überstunden 70 Euro, dann haben wir die Stempel in unseren Pässen und können drei Monate in den Gewässern kreuzen.

In der Admiralty Bay ankern viele Yachten, etliche auch aus Deutschland, wir beobachten große Meeresschildkröten, gehen im glasklaren Wasser schwimmen und laufen an den langen Sandstränden.
Sehr positiv in den Grenadinen: Jetskis sind verboten.

Auf Bequia leben rund 4.900 Menschen, der Ort ist sehr überschaubar, das Angebot in den Geschäften auch, verhungern werden wir trotzdem nicht.
Morgens kommt der Bäcker mit dem Speed Boot und verkauft Brot, tagsüber steuern uns regelmäßig Boat Boys an, die tropische Früchte anbieten.

Starkwindtage in Bequia:

Seit Tagen ist der Passat stärker als üblich, zusätzlich wehen Fall Böen von den umgebenden Bergen in die Ankerbucht. Wir geben 15 Meter mehr Kette, kontrollieren, ob sich unser Anker gut eingegraben hat und passen auf, dass andere Schiffe in unserer Nähe nicht anfangen zu treiben. Besonders heftig stürmt es in der Nacht vom 21.12. zum 22.12. Wir gehen nach langer Zeit wieder Ankerwache. Drei Yachten haben Probleme und müssen nachts einen neuen Ankerplatz zu finden. Darunter, wie wir am nächsten Tag erfahren, auch unsere neuen Freunde von der ``Momo`` aus Essen. Mehrere Stunden irren sie um Mitternacht durchs Ankerfeld bis sie endlich eine freie Mooringtonne gefunden haben. Ohne die Hilfe der Nachbaryacht wäre ihnen das Anlegemanöver nicht gelungen.
Besonders problematisch: Viele Yachten hatten Ihre Beleuchtung nicht eingeschaltet und waren erst sehr kurz vor dem Zusammenstoß zu erkennen.
Zum Glück gab es nur auf einem kanadischen Boot, bei dem sich die Ankerkette gelöst hatte, Schäden.
Wir wollten gerne weiter, konnten aber bei diesen Bedingungen nicht auslaufen, erst für Heiligabend war eine Normalisierung der Wetterlage angekündigt.

In Bequia wird versucht den Tourismus auszubauen, tolle Strände und Buchten gibt es genug. Das Problem ist der fehlende Flughafen. Internationale Verbindungen gibt es nicht und die amerikanischen Touristen bevorzugen die näher gelegenen Virgin Islands oder Bahamas.

Nur die Yachtleute, es ankern immerhin fast hundert Schiffe in der Bucht, sitzen abends in den vielen Restaurants.

Unsere Tochter Frederike hat sich mittlerweile gut an Bord eingelebt und fühlt sich in der karibischen Sonne sehr wohl. Gemeinsam machen wir lange Spaziergänge an den kilometerlangen Stränden, trinken gern unterwegs einen Kaffee und lesen viel an Bord.

Eigentlich segelt unsere Tochter nicht so gerne, lieber reitet sie mit ihrem Islandpferd Mauri. Pferde werden mit einem ganz speziellen ``Pferdeknoten`` angebunden, sobald das Tier in Panik ist, kann der Knoten mit einem einfachen Zug geöffnet werden. Wir erkennen nicht sofort, dass jetzt auch unser Schlauchboot mit diesem Pferdeknoten an der Heck Reling befestigt wird.
Was für Pferde gut und sinnvoll ist, eignet sich nicht für Schlauchboote: Mit Schreck sehen wir unser schönes rotes Beiboot schon recht weit vom Schiff entfernt in Richtung Panama treiben.

Florian zieht schnell seine Schwimmflossen an und krault mit olympiaverdächtigem Tempo hinterher. Zum Glück gelingt es ihm das Schlauchboot zu erreichen.

Wir sind sehr froh unser Beiboot wieder zu haben und üben mit Frederike sofort Schiffsknoten, die nicht von alleine aufgehen.
Da wir überall nur ankern - hier in den Grenadinen gibt es keine Marinas - ist das Schlauchboot unsere einzige Möglichkeit an Land zu kommen.

Zusammen mit den Seglern von der ``Momo`` verbrachten wir unseren letzten Abend in Bequia in einem netten Restaurant.

Heiligabend 2011

Der kräftige Ostwind ist weg, es weht ein moderater Nordost, gleich nach dem Frühstück lichten wir unseren Anker, setzen die Segel und laufen in Richtung Mustique aus.

Hier sind die zu segelnden Distanzen kurz, als wir die Bucht verlassen hatten, konnten wir unser Tagesziel sehen.

Mustique ist eine Privatinsel. Gut 80 sehr wohlhabende Leute, die meisten aus den USA, aber auch Mick Jagger entspannt hier, besitzen Immobilien. Yachten dürfen nur eine Bucht, in der 29 Mooringtonnen liegen, anlaufen. Wir liegen zusammen mit Privatyachten, die so groß sind wie kleine Passagierschiffe und genießen das türkisblaue Wasser und den herrlichen Strand.

Vor der Küste liegt ein Wrack, beide Kinder fahren mit dem Schlauchboot dorthin. Aus Angst vor Haien kommen sie aber schnell wieder. Vom Schiff aus habe ich die Aktion ständig beobachtet, immer vorbereitet das Schlauchboot wieder einzusammeln, wenn zum Beispiel der kleine Außenbordmotor ausfallen würde.

Nach Sonnenuntergang gehen wir in das Beachrestaurant und essen unser Weihnachtsmenü. Nachmittags gelingt es uns mit dem Satellitentelefon unsere Familie im kalten und verregneten Deutschland zu sprechen.

Die kleine Insel ist schnell erkundet, Autos fahren nur sehr wenige. Wenn man nicht zu Fuß läuft, mietet man ein Elektroauto wie auf einem Golfplatz.
Wir sehen viele Landschildkröten und sehr viele Geckos.

Leider schlägt nachts die Mooringtonne dauernd gegen unsere Bordwand. Erst in der zweiten Nacht hatten wir die Idee unsere Fender um den recht großen Schwimmkörper zu binden und so das Problem zu lösen.

Mittwoch d. 28. Dez. 2011

Nach dem Frühstück gehen wir noch kurz in den nahen Ort und kaufen etwas Proviant ein. Dann setzen wir Segel und fahren nach Canouan. Diese kleine Insel liegt ungefähr 15 Seemeilen südlich von Mustique.

Mit wenigen anderen Yachten ankern wir in der Charlestown Bay.

Canouan ist nur einige Quadratkilometer groß, sehr dünn besiedelt und die am wenigsten entwickelte bewohnte Insel der Grenadinen. Zum Glück haben wir genug Vorräte an Bord. In den kleinen Läden im Ort gibt es praktisch nichts zum Kaufen.
In der Nacht fegen Fall Böen durch die Ankerbucht, für unseren Anker sind sie allerdings kein Problem.

Wir laufen noch einmal durch den Hauptort, wundern uns, dass Ziegen drei Junge, von denen sich eins auf den Arm nehmen lässt, haben können, streicheln einen Esel und machen unser Boot seeklar, um zum Tabago Cays Marine Park zu segeln.

Dieses Paradies kann nur mit dem Boot erreicht werden. Man ankert direkt hinter dem Hufeisenriff in sehr ruhigem Wasser.
Zum ersten Mal segeln wir in einem engen Riffgebiet. Wir haben uns die Lage aller Untiefen genau eingeprägt, vor Ort ist alles, wie so vieles auf dieser Reise, wieder viel einfacher. Schon von weitem kann man das Riff, an den sich brechenden Wellen erkennen. Anhand der Wasserfarbe kann die Tiefe genau eingeschätzt werden.

Wir werfen unseren Anker im Sand, passen auf, dass wir die Korallen nicht beschädigen und gehen erst einmal im glasklaren Wasser schnorcheln.
Neben unzähligen Fischen, am schönsten sind die gestreiften, schwimmen wir in unmittelbarer Nähe großer Meeresschildkröten und Rochen.

Mit Taucherbrille, Schnorchel und Schwimmflossen zu schwimmen, ist nicht jedermanns Sache. Besonders der ungeübte Schwimmer schluckt zu Anfang sehr viel Salzwasser. Aber nur so kann man die Schönheit und die Artenvielfalt unter Wasser bewundern.

Die Tabago Cays mit ihren winzigen Palmenstränden und den vorgelagerten Riffen sind das Schönste, was man in der Karibik antrifft.

Auf einer der vielen kleinen Inseln beobachten wir Leguane und können vom Berg aus Riff Haie erkennen, die sind nur einen Meter lang und völlig ungefährlich.
Zusammen mit bestimmt 80 anderen Booten wollen wir hier die nächsten Tage bleiben.

Leider ist der Wind kräftig und die Wellen am Außenriff sehr hoch, so dass wir nicht am Riff schnorcheln können. Als auch nach drei Tagen keine Besserung kommt, beschließen wir weiter nach Mayreau zu segeln und dort auch über Sylvester und Neujahr zu bleiben.

Mayreau ist mit nur 200 Einwohnern die am dünnsten besiedelte Insel der Grenadinen. Es gibt nur zwei Ankerbuchten, die wenigen Häuser sind auf dem einzigen Berg.

Die Versorgung ist schlecht, wir finden aber trotzdem alles, was wir benötigen. Sylvester essen wir abends zum ersten Mal Lobster.

Auf Mayreau ist es wie wir uns die Karibik vorgestellt haben: Bunte Häuser, nette und freundliche Menschen, kein Haus, aus dem nicht laute Musik zu hören ist.

Vor der Bucht liegt ein Wrack, zusammen mit den Seglern von der ``Knaatsche`` aus Stuttgart fahren wir am Neujahrsmorgen mit dem Schlauchboot hin und schnorcheln über dem in gut zehn Meter tiefem Wasser liegenden alten englischen Kanonenboot. Viel zu sehen gibt es nicht, alles ist zugewachsen mit Korallen, wir beobachten aber unzählige bunte Fische. Schnorcheln über einem Wrack ist immer etwas unheimlich, wir haben auch immer Bedenken, dass Haie kommen, allerdings haben wir noch nie einen großen gesehen.

Mittwoch d. 04. Januar 2012

Jetzt sind wir schon ein halbes Jahr unterwegs, die Hälfe unseres Langzeiturlaubs ist um. Bisher war jeder Tag ein kleines Abenteuer, sechs atlantische Inseln und fünf in der Karibik haben wir

bisher besucht, insgesamt sind wir bisher nahezu 5.600 Meilen gesegelt.
Probleme auf See hat es nie gegeben, die langen Passagen waren wirklich sehr einfach, auch das Ankern in den Buchten der Karibischen Inseln stellt keine Herausforderung dar.
Wir haben immer sehr gut gegessen und sind zum Glück auch nie krank geworden. Sehr zufrieden sind wir auch mit unserer Ausrüstung, alles hat sich sehr gut bewährt, nichts ist bisher kaputtgegangen. Wir vermissen auch nichts.

In jedem Hafen und jeder Ankerbucht haben wir viele andere Segler kennen gelernt, mit vielen haben wir sehr netten Mailkontakt.
Und das wichtigste: Bis auf den Felsen vor Gran Canaria gab es bisher keine gefährliche Situation, nie haben wir uns unsicher gefühlt.

Was würden wir anders machen? Ein etwas größeres Schlauchboot, das sich besser lenken lässt, wäre gut, stärkere Solarzellen um immer ausreichend Strom zu haben und ein größeres Bimini das uns besser vor der Mittagssonne schützt.

Heute Morgen verlassen wir Union Island und segeln zur nahe gelegenen Urlaubsinsel Palm Island. Am bisher schönsten Strand unserer Reise machen wir auch ``Familienfotos`` im blauen Wasser und mit Palmen im Hintergrund. Mit den neuen Badehosen, unserem Weihnachtsgeschenk der Groß- und Schwiegereltern.
Palm Island ist der südlichste Punkt, den wir auf unserer Reise ansteuern, ab jetzt geht es wieder zuerst nach Norden und ab Ende April auch wieder nach Osten.

Palm Island hat nur einen Tagesankerplatz. Am frühen Nachmittag fahren wir wieder zurück zu den Tabago Cays. Als einzige Yacht segeln wir durch die südliche Riffeinfahrt bis fast zu unserem Ankerplatz. Hier wollen wir noch ein paar Tage bleiben.

Donnerstag d. 05. Januar 2012

Nach einer sehr ruhigen Nacht vor Anker klaren wir nach dem Frühstück erst einmal das Schiff gründlich auf. Da wir jetzt zu dritt an Bord leben, ist es noch enger und Ordnung zu halten noch wichtiger. Es ist schon ein großer Unterschied, ob man nur am Wochenende mit dem Boot segelt oder ob man längere Zeit drauf wohnt.

Bevor die Sonne am höchsten steht, fahren wir mit dem Dingi zum Außenriff und schnorcheln. Nirgends gibt es mehr Fische als hier. Das Riff ist die perfekte Tarnung bzw. Schutzzone für die unzähligen Tiere. Am schönsten finden wir die Begegnungen mit den großen Meeresschildkröten. Die bestimmt einen halben Meter großen Tiere leben hauptsächlich unter Wasser, nur zum Luftholen kommen sie alle fünf Minuten einmal kurz an die Meeresoberfläche.
Fast alle Tiere sind registriert und haben an den Schwimmflossen Chips.

Die Regierung der Grenadines hat erkannt, dass ohne die großartige Natur keine Touristen kommen würden und passt gut auf, dass die vielen Boote keine Schäden an den Korallen hinterlassen. Da die Korallen nur sehr langsam wachsen und jedes falsche Ankermanöver große Stücke aus dem Riff bricht, wäre dieses Paradies ohne diese Maßnahmen wohl nach kürzester Zeit zerstört.

Wir sehen hier wenige Langfahrtyachten, die meisten Schiffe sind große Charterboote aus Martinique, die meisten Segler kommen aus Frankreich, die größten Schiffe haben die Engländer.

Sonnabend d. 07. Januar 2012

Morgens laufen wir gleich nach dem Frühstück aus, unser Ziel: Die kleine und unbewohnte Palmeninsel Petit Tabac.

Alles ist in Sichtweite, da die Insel jedoch vor dem langen Hufeisenriff liegt, müssen wir ein Stück auf dem Ozean gegen ankreuzen.
Der Wind weht kräftig, die Wellen sind zwar recht hoch, aber auch sehr lang, so dass wir problemlos und recht komfortabel vorankommen.
Das ist eben der Unterschied zwischen Atlantik- und Ostseesegeln, während die Bedingungen auf der Ostsee bei fünf Beaufort durch die kurzen und steilen Wellen schon sehr unangenehm sind, bringt das Segeln hier bei gleichem Wind noch richtig Spaß.

Leider gelingt es uns nicht im Strandbereich einen guten und sicheren Ankerplatz zu finden, überall sind Korallen oder Steine, unser Anker würde nicht halten. Etwas enttäuscht drehen wir ab, segeln nur zum Spaß noch einmal durch die Tobago Cays und laufen dann zurück nach Mayreau, wo kurz nach Mittag unser Anker in der „Salt Whistle Bay" fällt.

In dieser, ganz im Norden der Insel liegenden Bucht, können nur maximal 15 Yachten ankern, da unser Schiff nicht so groß ist, finden wir schnell einen guten Platz nicht so weit vom Dingi-Schlengel entfernt.

Wir laufen am Strand entlang und treffen Phillip, den Sohn der Restaurantbesitzerin. Für den Abend werden wir zum Barbecue in der Strandbar eingeladen. Wir sind die einzigen europäischen Gäste, das Essen ist ausgezeichnet, die Musik wie überall in der Karibik sehr laut. Wir unterhalten uns nett mit den Einheimischen.
Als wir bei Dunkelheit zurück zum Schiff paddeln, wird die Bar sofort geschlossen.

Normal lassen sich kleine Ziegen nicht anfassen

Unser Ankerplatz in den Tobago Cays

Den Jahreswechsel verbringen wir auf Mayreau

Geschwisterfoto am Strand von Palm Island

Wir sind die einzige Yacht, die vor der Südküste von Canouan ankert

Wir beschließen noch zwei Nächte hierzubleiben, danach wollen wir jeden Tag ein Stück weiter nach Norden fahren. Frederike fliegt am 25. Januar wieder von St. Lucia zurück ins stürmische und verregnete Deutschland.

Vorher wollen wir noch in die Blue Laggon Bay auf St. Vincent fahren, dort einige Tage bleiben und die Hauptinsel der Grenadines erkunden.

Dort können wir auch wieder ausklarieren, Voraussetzung, um wieder in St. Lucia einzureisen.

Seit zwei Tagen liegen wir in der Friendship Bay von Canouan, eigentlich wollten wir hier auf dem Weg nach St Vincent in dem als Tagesankerbucht beschriebenen Ankerplatz nur einen Badestopp einlegen, es gefällt uns aber so gut, dass wir über Nacht geblieben sind.

Mittwoch d. 11. Januar 2012

Eigentlich wollten wir heute nach Norden weiterfahren, während des Frühstücks beschließen wir jedoch noch einen Tag in Canouan zu bleiben.
Wir ankern als einziges Schiff vor einem tollen Strand, können zum Einkaufen schnell in die kleine Stadt laufen, und besonders gut: Im italienischen Restaurant am Strand europäischen Kaffee trinken.

Das Wasser ist so warm, dass man ohne zu frieren stundenlang in der Brandung sitzen kann. Wir nutzen auch die günstigen Bedingungen, um unser Unterwasserschiff zu reinigen.
Im warmen Wasser wächst der Fahrt hemmende Bewuchs viel schneller als zu Hause. Hinzukommt, dass wir jetzt sehr wenig segeln, wodurch das Wachstum der Pflanzen auch gefördert wird.

Auch die nächsten zwei Tage bleiben wir in der schönen South Glossy Bay von Canouan, leben in den Tag hinein, lesen viel und springen zur Abkühlung oft ins Wasser. Morgen wollen wir zurück nach Bequia segeln.

Sonnabend d. 14. Januar 2012

Heute geht es weiter, Ziel ist die Friendship Bay in Bequia, ungefähr 20 Seemeilen nördlich. Fast jede Insel hier in der Karibik hat eine Friendship Bay.
Leider weht der Wind aus Nordost, sodass wir hoch am Wind sehr unangenehm gegen die kurzen Wellen fahren müssen.
Dauernd fliegt Gischt über das Deck, es schaukelt ganz schön und wir brauchen über drei Stunden, um die Strecke aufzukreuzen. Kurz vor Bequia nimmt der Wind noch einmal zu, wir haben keine Lust mehr zu segeln und laufen in die uns schon bekannte Admiralty Bay von Port Elizabeth ein.

Wir treffen wieder bekannte Yachten, sehen jetzt auch viele Boote aus Europa die noch wesentlich kleiner sind als unsere ``Loliti``. Besonders fällt uns ein kleiner Trimaran aus Deutschland auf. Wir staunen wie seetüchtig diese nach polynesischem Vorbild ``elastisch`` gebauten Schiffe sind.

Schiffsnamen haben immer eine besondere Bedeutung, ``Loliti`` zum Beispiel ist ein Wort, dass aus den Namen unserer beiden Kinder zusammengesetzt ist.
Die ``Still Crasy after all these Years`` aus Neuss hat ein besonderes Problem: Der Schiffsnamen ist einfach zu lang für die Einklarierungsformulare.

Wir fahren am nächsten Morgen mit dem Dingy an Land und laufen auf die andere Seite der Insel, dort soll es ein Walfangmuseum geben, das wir aber nicht finden können.
Die Einwohner von Bequia dürfen offiziell in jedem Jahr zwei Wale fangen, allerdings nur mit den Walfangmethoden wie von vor hundert Jahren, das heißt mit Ruderbooten und Wurfharpune.
Wir erfahren, dass immer, wenn ein Wal gesichtet wurde, der Fang versucht wurde, in den letzten Jahren ist das jedoch nicht mehr gelungen.
Glück für die Wale.

In Bequia waren wir jetzt auf der Hin- und Rückreise zusammen mehr als eine Woche, es gibt nichts mehr zu erkunden. Wir wollen weiter nach St.Vincent in die Blue Lagoon Bay.

Wie so oft sind Wind und Wellen gegen uns, da wir aber nur zwölf Meilen fahren müssen, sind wir nach wenigen Stunden am Ziel. Viel länger hätte unsere Tochter die unangenehmen Schiffsbewegungen auch nicht durchgehalten.

In der Blue Lagoon Bay hat die zum TUI Konzern gehörende Charterfirma Sun Sail einen großen Stützpunkt, die ganze Bucht ist voll mit Yachten, wir können nicht ankern und gehen an eine Mooringtonne. Nur mit wenigen Zentimetern Wasser unter dem Kiel passieren wir die flache Barre vor der Einfahrt in die Lagune.
Nachts regnet es stundenlang sehr heftig, wir müssen die Luken schließen, schnell wird es stickig im Schiff. Wir freuen uns aber über den Regen, endlich wird das Boot wieder einmal komplett entsalzt.

Am nächsten Morgen sind fast alle Charteryachten losgefahren. Da man in der Regel nur für eine Woche mietet, kann man sich nicht lange in den Häfen aufhalten. Alle Boote wollen in die nahen Tobago Cays segeln.
Die meisten Sun Sail Boote sind wesentlich länger als unser Boot, oft sind allerdings auch 10 bis 12 Segler an Bord. Immer mehr Crews entscheiden sich für einen Katamaran statt einem Mono Hull, das Platzangebot dieser Zweirumpfboote ist auch wirklich beeindruckend. Dass sie nicht gut segeln wird in Kauf genommen, die meisten Charterboote fahren sowieso überwiegend mit Maschine und setzen nur selten ein Hilfssegel.
Da viele Charterkunden nicht über ausreichend Segel- und Revierkenntnisse verfügen, ist sehr oft ein einheimischer Skipper mit an Bord.

Wir machen am Sonntagmorgen einen Spaziergang in Richtung Kingstown, der Hauptstadt des Inselstaates St. Vincent. Schön ist die Gegend nicht, überall liegen Schrottautos, alte Baumaschinen und viel anderer Müll. Die Straße hat keinen Fußweg und die Autos fahren alle sehr schnell.
In St Vincent ist Linksverkehr, viele Autos haben aber ihr Lenkrad trotzdem nicht auf der rechten Seite, was die Fahrer aber nicht von riskanten Überholmanövern, auch in unübersichtlichen Kurven, abhält.

Vor der Lagune sehen wir ein graues Boot ankern und freuen uns sehr, die ``Bonafide`` wieder zu treffen. Wir winken am Strand und werden mit dem Schlauchboot abgeholt. Groß ist die Freude. Wir haben nicht erwartet uns noch einmal wiederzusehen.

Während wir auf dem Weg nach Norden sind, fahren unsere Freunde nach Süden. In Grenada kommt die Yacht während der Hurrikan Saison aus dem Wasser, die Mannschaft fliegt im Mai nach Hause und wird erst im Januar 2013 die Reise fortsetzen. Wohin ist noch unklar, vielleicht geht es noch durch den Panama Kanal in den Pazifik.
Lange sitzen wir zusammen in der Plicht und klönen.

Schwierig gestaltet sich unser Wunsch das Landesinnere kennenzulernen. Öffentliche Busse wie auf St Lucia gibt es nicht und eine organisierte Touristentour ist auch nicht möglich. Es sind einfach nicht genug Besucher hier, damit sich so etwas lohnt.
Eventuell können wir von der Wallilabou Bay, unserem nächsten Ziel, etwas organisieren.

Am letzten Abend treffen wir uns mit Richard aus Holland, er segelt einhand eine alte Halberg Rassy vom Typ Monsun. Er muss auch im Juli 2012 wieder zu Hause sein und macht sich genau wie wir Gedanken über den Rückweg.
Wir tauschen unsere E-Mail-Adressen aus und wollen in Kontakt bleiben, vielleicht fahren wir zusammen über den Nordatlantik zurück.

Sonntag d. 15.Januar 2012

Morgens nach dem Frühstück machen wir das Schiff seeklar und verlassen die Blue Lagoon Bay. Auf dem Weg zur offenen See machen wir noch einen kurzen Umweg zum Ankerplatz der ``Bonafide``. Wir verabschieden uns von Petra und Andreas und fahren in Richtung Wallilabou Bay los.

Die Distanz ist nur kurz, es geht vorbei an Kingstown, dann sehen wir schon die hohen Berge unserer Zielbucht.
Das Wasser ist am Liegeplatz zum Ankern eigentlich zu tief. Geplant war an einer der vielen ausgelegten Mooringtonnen festzumachen, aber die waren leider alle besetzt. Um den

Schwingradius vor Anker zu begrenzen, müssen alle ankernden Yachten mit einer zusätzlichen Heckleine an einer Palme am Strand festgebunden werden.

In der Wallilabou Bay sind große Teile des Films ``Fluch der Karibik`` gedreht worden. Die alten Studios und Kulissen sind jetzt die Attraktion des Ortes. Viel zu sehen gibt es nicht, ein kleines Restaurant, das aber High - Speed Internet anbietet, eine Bar am Strand, wenige, sehr einfache Häuser.

Wir laufen zum nahen, mit EU - Mitteln gebauten, botanischen Garten, sehen einen kleinen Wasserfall und gehen zurück an Bord.

Überall in der Karibik gibt es Boat Boys, sobald eine Yacht einläuft, kommen sie mit ihren Booten angerudert und bieten ihre Dienste an, oft die einzige Beschäftigungsmöglichkeit für die jungen Leute.
Alle Segler akzeptieren das. Es ist selbstverständlich, dass der Helfer dafür bezahlt wird, wenn er die Festmacherleine durch die Mooringtonne zieht. Den Preis vorher auszuhandeln, ist in der Regel sinnvoll.
Bisher haben wir nur gute Erfahrungen mit den Boat Boys gemacht. In der Wallilabou Bay fühlen wir uns allerdings schnell bedrängt. Zeitweilig sind drei Boote bei uns. Wir kaufen Obst, aber nicht den völlig überteuerten Modeschmuck, was die Händler aber nicht verstehen wollen.

Zum ersten Mal auf unserer Reise haben wir ein mulmiges Gefühl, fühlen uns nicht sicher und beschließen spontan nach St. Lucia auszulaufen. Die Segelstrecke ist nur 38 Seemeilen lang, also gut in einer Nachtfahrt zu schaffen.

Zu Anfang läuft alles sehr gut, wir kommen schnell voran. Danach dreht der Wind nördlicher und wird stärker. Wir können unser Ziel nicht mehr anliegen und fahren recht weit aufs karibische Meer hinaus.

Unsere Route in der Karibik

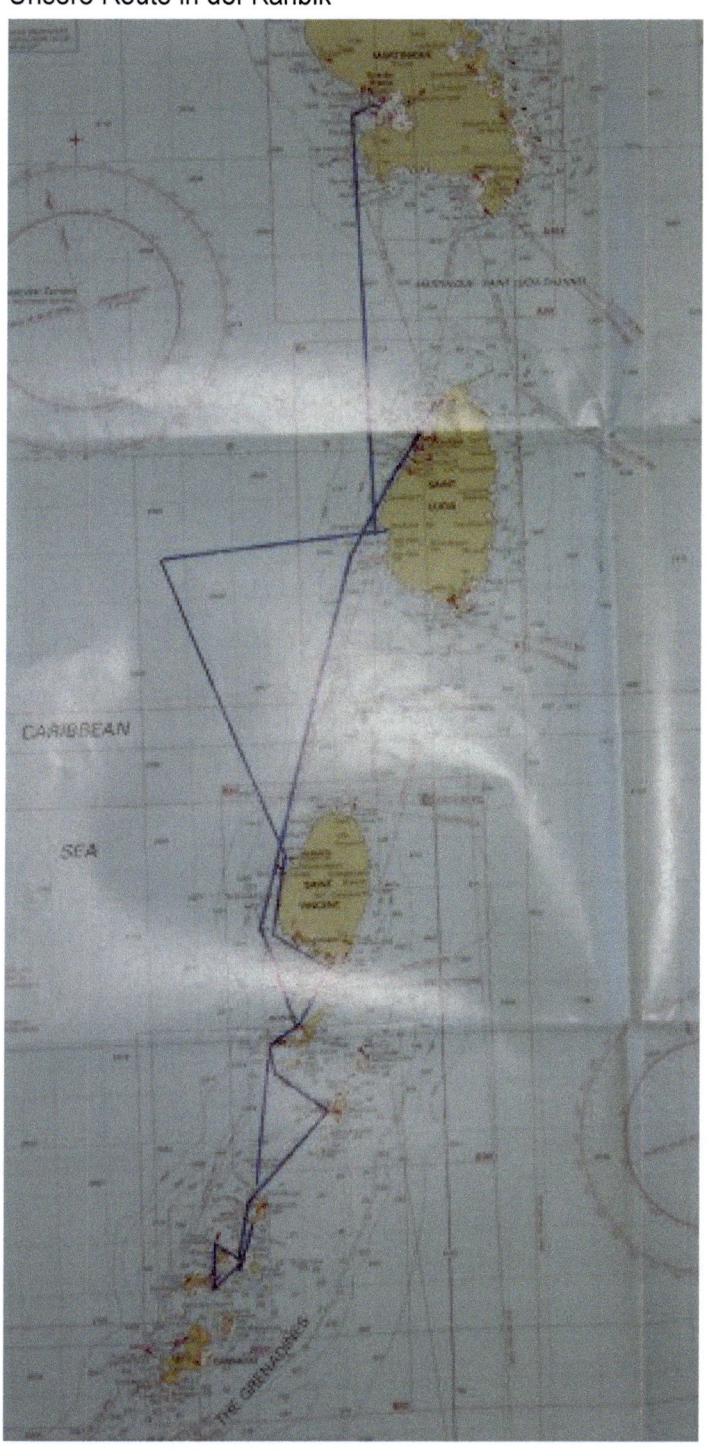

Nach stürmischer Nachtfahrt sind wir sehr froh endlich in der Soufrière Bay, St Lucia zu sein

Sieben Wochen war Frederike bei uns an Bord und wäre gern mit uns weitergefahren

Ob durch zu hohe Belastung oder aufgrund eines Materialfehlers:
Unsere gebrochene Want

In der Grande Anse d`Arlet in Martinique

In vielen Buchten liegen havarierte Yachten auf dem Riff

Es wird schnell kälter, besonders nachts frieren wir

Wir laufen mit Sturmbesegelung, die wirkliche Wellenhöhe kann man auf dem Bild nicht erkennen

In der schönen Marina von Horta, zum Glück haben wir einen Liegeplatz an einem Fingersteg bekommen

Eine Schule Grindwale schwimmt dicht neben uns

Mehrfach wechseln wir in dieser Nacht die Segel, es nützt aber alles nichts, wir kommen unserem Ziel nicht näher. Die Wellen werden immer höher, dass Boot schaukelt erbärmlich und unsere nicht an die Schaukelei gewöhnte Tochter wird seekrank und liegt viele Stunden regungslos in der Koje.

Gegen 15:00 Uhr sind wir endlich in der wunderschönen Soufrière Bucht auf St. Lucia vorn an einer Mooringtonne und hinten mit einer Heckleine an einer Palme am Strand fest.
Wir essen erst einmal etwas, gehen schwimmen, danach kommen bei unserer Tochter die Lebensgeister schnell wieder.

Die Soufrière Bay liegt zwischen den beiden kegelförmigen Bergen Gros und Petit Piton, die hohen Berge sind eine Attraktion auf St Lucia und auch in ``Fluch der Karibik`` oft zu sehen. Gleich hinter dem Strand beginnt der tropische Regenwald, es ist unmöglich die verschiedenen Palmensorten zu zählen, die Artenvielfalt ist wirklich unvorstellbar.

Die komplette Soufriere Bay ist Naturschutzgebiet, Marine Park Ranger mit schnellen Speed Booten überprüfen laufend, ob von den Bootsbesatzungen; andere Touristen gibt es hier nicht, alle Bestimmungen eingehalten werden.
Wir fühlen uns sehr wohl und bleiben zwei Tage. Jeden Tag laufen wir mehrfach in die nahe Stadt, haben netten Kontakt zu den anderen Bootsmannschaften und reinigen nach langer Zeit wieder unser Unterwasserschiff.
Das warme Wasser und die wenigen Segelstunden in den letzten Wochen haben den Fahrt hemmenden Bewuchs wieder kräftig wachsen lassen. Besonders ärgerlich sind die Pflanzen am Propeller, wir kamen mit Maschine kaum noch voran.

Immer wieder schön ist das Schnorcheln im glasklaren und badewannenwarmem Wasser.

Langsam geht die gemeinsame Zeit zusammen mit unserer Tochter zu Ende. Sie ist jetzt sechs Wochen an Bord, in fünf Tagen fliegt sie wieder nach Hause. Gern würde sie Ihren Urlaub verlängern und mit uns noch bis zu den Britisch Virgin Islands fahren.
Die meisten Charterboote werden nur für eine Woche gemietet, selten für zwei, in dieser Zeit besuchen viele Crews mehr Inseln als wir in sechs Wochen.
Wir sind sehr froh, dass wir überall ein paar Tage länger bleiben konnten und haben uns schnell an den beschaulichen karibischen Lebensstil gewöhnt.

Während es bei uns heißt: Was du heute kannst besorgen, schiebe nicht auf morgen, lebt man hier eher nach dem Motto: Nichts braucht sofort erledigt zu werden, morgen ist auch noch ein Tag.

Donnerstag d. 19. Januar 2012

Wir frühstücken in Ruhe, die freundlichen Nachbarn von der großen amerikanischen ``Swan`` schwimmen an Land und lösen auch unsere Heckleine, dann verlassen wir die Bucht und segeln in Richtung Südost nach Vieux Fort, der südlichsten Stadt St. Lucias.

Als einzige Yacht ankern wir vor einem kleinen Palmenwald, später kommt noch ein spanischer Katamaran dazu.

Zum ersten Mal auf unserer Reise werden wir vom örtlichen Zoll vor Anker liegend kontrolliert. Mit Ihrem Power Speed Boot kommen die Beamten zu unserem Ankerplatz und sind schon an Bord, bevor wir auf die Frage, ob sie an Bord kommen dürfen, beantwortet haben.
Zusammen müssen wir vier Seiten Formblätter ausfüllen, nichts Besonderes, unser Problem ist nur, dass wir unsere Pässe mit den Einreisestempeln nicht finden können.
Keiner kann sich erinnern, wo wir die Dokumente nach unserem Blitzstart in der Wallilabou Bay vor drei Tagen hingelegt haben. Wir wühlen alles durch, werden schon recht nervös, weil wir nichts finden können und befürchten schon die Pässe beim Ausklarieren in St. Vincent vergessen zu haben.
Zum Glück ist der Zöllner sehr geduldig und wartet fast 15 Minuten. Uns fällt ein Stein vom Herzen, als wir die Tasche mit den Ausweisen an einer Stelle finden, wo wir noch nie etwas hingelegt haben und demzufolge auch nicht gesucht haben.
Schnell schreibt der Beamte die Registriernummern ab, die Einreisestempel werden von ihm nicht kontrolliert, dann ist alles ausgefüllt, und unser Zöllner wird von seinem Kollegen wieder abgeholt und hat Feierabend.

Wir machen erst einmal ein Kaffeestündchen und laufen danach in die nahe Stadt.

Vieux Fort ist eine weit abgelegene Stadt im Süden von St. Lucia. Der Strand ist nicht einladend, der Weg in die Stadt lang, hier wollen wir die nächsten Tage nicht bleiben.

Nach kurzer Besprechung machen wir unser Schiff seeklar und beginnen eine Nachtfahrt in die Rodney Bay, die wir problemlos am nächsten Morgen erreichen. Hier gefällt es uns sehr viel besser.

Die letzten Tage zusammen mit unserer Tochter verbringen wir an Bord lesend, am Strand liegend oder wir sitzen in einem der vielen Cafés mit Meerblick.

Als wir vor gut sechs Wochen hier zum ersten Mal waren, war die Bucht voll mit ankernden Schiffen. Jetzt liegen immer noch viele Yachten vor Anker, aber die meisten Schiffe sind zwischenzeitlich in den Grenadines oder noch weiter südlich und kommen erst Ende Februar wieder zurück in den Norden. Ab und zu sehen wir auch eine Yacht, die jetzt erst von Europa kommend die Karibik erreicht.
Zum ersten Mal auf unserer Reise treffen wir auch auf Segler, die weiter nach Westen wollen. Der Panama - Kanal ist gut 1.000 Meilen entfernt, von dort zu den Gesellschaftsinseln mitten im Pazifik sind es dann noch einmal über 3.000 Meilen.

Mittwoch d. 25. Januar 2012

Heute fliegt Frederike wieder zurück nach Hamburg. Wir frühstücken lange zusammen, dann packt sie Ihre Sachen, alles passt in einen kleinen Rucksack und ins Handgepäck. Wir gehen noch einmal den langen Strand in der Rodney Bucht entlang.
Florian bringt uns mit dem Schlauchboot zur Marina, von dort geht es mit dem Bus zum internationalen Flughafen, der im Süden der Insel liegt.
Unsere Tochter hat sich an Bord sehr wohl gefühlt, sich schnell an die oft eingeschränkten Gegebenheiten gewöhnt und hatte Freude mit uns zusammen den schönsten und natürlichsten Teil der Karibik zu besuchen.
Nach langer Zeit wieder einmal mit beiden Kindern mehrere Wochen zusammen Urlaub machen zu können, war sehr schön. Wer weiß ob es das noch einmal so geben wird.
Leider gehen auch sieben Wochen viel zu schnell vorbei. Jetzt sind wir wieder alleine. Morgen früh werden wir in St. Lucia ausklarieren und nach Martinique segeln.

Lieber Vati, lieber Florian (von Frederike)

Jetzt sitze ich hier am Flughafen von St. Lucia. Vier Stunden vor Abflug, noch bin ich hier die einzige und Tränen laufen mir übers Gesicht. Unvergessliche sieben Wochen liegen hinter mir.

Sieben Wochen, eine Ewigkeit, sie flogen so dahin.

Völlig übermüdet bin ich am 16. Dezember in St. Lucia angekommen. Ein langer Flug. Am Flughafen wartet ein gut gelaunter, braun gebrannter Vati auf mich. Auf dem Weg zur Rodney Bay werde ich von ihm gebrieft. Die Karibianer mögen gerne starke Motoren, sie hören gerne laut Raeggy und die Bananen schmecken hier viel besser als zu Hause.
Florian, schön dich nach so langer Zeit wieder zu sehen!
Das letzte Mal Segeln liegt bei mir weit über zehn Jahre zurück, einen Schreck bekomme ich, als ich bereits nach der ersten Viertelstunde leichte Seekrankheitssymptome bemerke. Ich schiebe es auf Hunger und Müdigkeit. Am nächsten Tag ist alles wieder gut und ich kann die wunderschöne Bucht und das blaue Wasser bestaunen.
Das erste Bad in der Karibik. Viel Zeit zum Ankommen bleibt nicht, Anker hoch, Florian, ich bin erstaunt über deine Kraft, Segel hissen und los geht's.
Marigot Bay, wunderschön, grün, warme Dusche, übrigens die einzige auf meiner gesamten Reise, Palmen und meine ersten Boat Boys.
Die Palmenschale, die wir uns aufdrängen lassen, entpuppt sich als große Bereicherung. Ai, wie lange ist es her, dass ich im Schlauchboot gepaddelt habe.

Mein erster Tag in der Karibik. Es kommt mir vor, als wäre ich schon ewig hier.
Meine erste Nachtfahrt. Flaute, sehr schaukelige Angelegenheit.
Ich wusste nicht, wie laut es in so einem Boot ist. Gefühlsmäßig hat jemand ständig mit dem Hammer auf unser schönes Schiff eingehauen. Teilweise knallt das Boot so hart auf dem Wasser auf, dass du denkst, dein letztes Stündchen hat geschlagen. Florian, weißt du noch, wie schön der Delphin einmal kurz neben unserem Boot aufgetaucht ist?

Bequia, Stadt zur Versorgung, Palmen und Strand zum Träumen, ´Schildi´ die Schildkröte, die besonders gerne neben unserem Boot nach Luft schnappt. Das erste Mal schnorcheln. Wir ankern direkt am Strand. Ungünstige Winde, nachts Fall Böen, die direkt in meine Koje wehen. Der Anker hält. Was nicht hält, ist der Pferdeknoten, mit dem ich unser Dingi angebunden habe. Florian, super gemacht, das hat dir wohl so richtig Spaß gemacht. Flossen an und hinterher. Fünf Sekunden später wäre das Schlauchboot wohl nach Panama getrieben.
Auf geht's nach Mustique. Privatinsel der Luxuslative. Die Fahrt dahin zwischen gefährlichen Felsen erfordert die volle Konzentration. Vati sah unsere schöne Loliti bereits auf den Steinen zerschmettern.
Aber es hat sich gelohnt: Blaues Wasser, also so richtig blaues Wasser. Landschildkröten, die Villen der Hollywoodstars und wir. Unser kleines Boot zwischen den riesigen Megayachten. Weihnachten, das erste Mal, dass wir zu dritt an Land gehen. Anruf nach Hause Weihnachten gehört man eben doch zur Familie und nicht an weiße Strände.

Oh Florian, weißt du noch, als wir zum Wrack schnorcheln wollten? Komm, das Riff war superschön, ja ok, als ich Angst vor Haien bekommen habe, war unser Ausflug vorbei. Der Versuch zählt, hat doch Spaß gemacht, oder?

Unsere nächste Station: Canouan. Herrliches Hotel am Strand, hinterm Zaun Armut. Erstaunlich, dass ich diese Armut bei unserem zweiten Besuch auf der Insel nicht mehr so wahrgenommen habe.
Hier laufen Ziegen, Hühner, Esel, Katzen, Hunde und Enten frei herum. Für jedes Tier wird gebremst und die kleinen Häuser sind alle bunt auf den Hügeln verteilt. Wir bleiben nur eine Nacht.
Tobago Cays. Was soll ich sagen: So etwas Schönes. Viele kleine unbewohnte Inseln, türkises Wasser, ein großes Korallenriff drum herum, kleine feine Korallenstrände, Schildkröten, Rochen, Schlange, Leguane und zwei Riff Haie.
Habe ich schon Schildkröten erwähnt? Die schwimmen hier fröhlich durchs Wasser, nehmen mal einen Happs von den Pflanzen, dann schwimmen sie wieder an die Wasseroberfläche, schnappen 1 bis3 mal nach Luft und tauchen dann wieder ab. Und das Beste ist, du paddelst mit dem Schnorchel über ihnen.

Toll, man kann sich kaum satt sehen, die verschiedenen Wasserfarben und –tiefen. Was hatten wir für eine schöne Zeit in den Cays. Sydney, der uns morgens das Brot brachte, der Rochen, der so fröhlich unter Vater durchschwamm, dieses in den Tag hineinleben und einfach nur genießen. War doch toll.
Nun war Mayreau dran. Meine Lieblingsinsel. Toller langer Strand, ein Spaziergang fast ein Workout über den Berg und eine tolle berauschende Sicht auf die Cays und die Korallenriffe. Noch ein Berg weiter und eine fast noch schönere Bucht. Palmen, Palmen, Palmen und so klares Wasser.
Ja, Sylvester haben wir drei verschlafen aber der Lobster hat euch doch gut geschmeckt, oder? Florian, hier haben wir unser erstes Wrack gesehen. Die Sicht war nicht so berauschend und sooo viele Fische sind nicht herumgeschwommen, aber wir haben das Wrack doch gut gefunden. Wrack ist Wrack, meinst du nicht auch?

Sehr schön habe ich auch die Einladung eines Kreuzfahrtschiffes in Erinnerung. Barbecue am Strand, mit allem was dazu gehört, Hmm Vati, das hat geschmeckt!

Union Island, hauptsächlich Versorgung, Florian im Fruchtparadies während ich Ginger, das süße Katzenkind, streichele. Oben vom Hügel hatten Florian und ich eine tolle Aussicht auf Mayreau, die Cays und Palm Island. Eigentlich war Palm Island unser Ziel, schlechte Wettersituation, muss also noch einen Tag warten. So haben wir auch nicht das Schauspiel der Norweger verpasst. Wir drei in der ersten Reihe. Ein Ankermanöver, bei dem gleich zwei weitere Boote in Mitleidenschaft gezogen wurden. Wir waren zum Glück nicht betroffen. Also das war was!
Palm Island, ja so stellt man sich die Karibik vor. Palm Island, der südlichste Punkt

unserer Reise, der südlichste Punkt der gesamten Atlantikumrundung. Auf den Tag genau zur Halbzeit meines Urlaubes und auf den Tag genau zur Halbzeit der gesamten Reise. Ein toller Zufall.

Mehr als den Strand konnten wir nicht sehen, Privatinsel! Der Sand war so weiß und die Sonne schien so hell, wir waren so geblendet, dass wir bei unserem Fotoshooting kaum die Augen offenlassen konnten. Florian, hier ist unser Geschwisterbild entstanden. Einmalig schön dieser Fleck Erde.

Durch die Südpassage zurück in die Cays. Schnorcheln am Innenriff, toll, so viele Fische und Korallen.
Vater, welchen Fisch mochtest du am liebsten? Hm, der Fisch war blau, flach wie eine Flunder, aber senkrecht! Ist klar. Die kleinen Inselchen sind unbewohnt, oh nein, nicht ganz! Hier leben Leguane. Auf Steinen sind sie grau, auf Bäumen grün und im Laub orange. Hungern müssen sie hier nicht, alle haben ein herrlich prall gefülltes Bäuchlein.
Mayreau hat uns dreien besonders gut gefallen, also zurück. Gefallen hat uns auch das Barbecue an Bord. Der Lobster kam von Boat Boy Roots, ein cleveres Kerlchen, den wir wohl auch nicht so schnell vergessen werden. Florian, das selbstgebackene Brot war fantastisch!
Deine Kochkünste möchte ich an dieser Stelle noch einmal hervorheben und mich bei dir für die exzellente Küche an Bord bedanken. Du hättest Koch werden sollen! Abwechslungsreich, frisch, gesund und immer super lecker. Danke! Dass wir nur aus Näpfen gegessen haben, erzählen wir unserer Oma aber lieber nicht. Herrlich war auch immer der morgendliche Cappuccino, den du mir immer so liebevoll gerührt hast. Ich werde nie wieder über deine Versorgung lachen.

Anker hoch, auf geht's in die andere Bucht von Mayreau. Die ist wunderschön und wir sind bereits bei Phillip zum Dinner angemeldet. Wir machen noch einen kleinen Abstecher zur Insel Petit Tabak. Fluch der Karibik Kulisse. Ich verstehe schon warum. Miniinsel, Palmen, Riff, blaues Wasser. Leider hätten wir den Anker ins Korallenriff werfen müssen, so können wir leider nicht an Land, schade.
Wir werden belohnt mit herrlichem Segeln. Dass ich das mal sage! Kreuzen durch die Südpassage, Augapfel Navigation. Alle anderen fahren mit Motor. Wir sind die einzigen Segler, eine Attraktion, wie wir durch den engen Kanal fliegen. Dad und Florian in ihrem Element. Super, oder?

Auch die zweite Bucht von Mayreau ist toll. Das spiegelglatte Wasser und der Palmenwald direkt am Strand eignen sich perfekt fürs Familienfoto.
Dinner bei Phillip, ein super Abend. Phillip, Sohn der Restaurantbesitzerin, ist Musiker und der beste Drummer in den Grenadines. Florian lernt Trommeln. Betont wird die drei und die sieben. Vati, am Ende des Urlaubes konntest du das doch auch ganz gut. Florian, wir haben unseren Karibiksong gefunden, oder?

Es geht weiter Richtung Norden. Canouan hat noch eine wunderschöne Tagesankerbucht. So schön, dass wir gleich drei Nächte bleiben. Ein langer Sandstrand, klares Wasser, ein nettes italienisches Restaurant und weit und breit kein anderes Boot in Sicht. Wir liegen hier ganz alleine, was für ein Luxus. Es ist malerisch schön, ein kleiner Walk und wir sind in der Bucht, in der wir auf dem Hinweg geankert haben. Bei unserem ersten Besuch auf Canouan habe ich mich nicht sicher gefühlt. Keine Touristen auf der Straße und alles wirkte auf mich so ärmlich und hoffnungslos. Dieses Mal habe ich es ganz anders empfunden. Komm Vati, wir schwimmen an Land und trinken beim Italiener einen Kaffee!

Die Bucht ist herrlich, sogar noch schöner als Mayreau. Ein Glück, dass wir hier waren. Nicht alles was in den Büchern steht, stimmt.

Weiter nördlich geht es zurück nach Bequia. Hier lagen wir bereits fünf Tage vor Anker aber die Friendship Bay haben wir noch nicht gesehen.
Kleines Workout, hoch den Berg, wunderschöne Aussicht auf die Bucht. Ein kleiner Hund, unser Begleiter, hat sich auch eine Dose Thunfisch verdient. Unser haariger Freund konnte perfekt ´Bei Fuß´ gehen und wäre sicher gern Crew auf der Loliti geworden.
St. Vincent, Blue Lagoon, Sunsail Basis. Klingt toll, da wollen wir hin. Die Lagune ist ganz hübsch, schwarzer Strand und eine Menge gestrandeter Boote, die wohl nie wieder in See stechen werden. Das ``Sunsail`` Team ist stets gut gelaunt und jeder Mitarbeiter versprüht gute Laune und Fröhlichkeit. Es gibt Duschen. Zu erwähnen ist hierbei, dass wir uns an Bord noch nicht mal die Hände waschen können - das erledigt stets ein feuchtes Tuch. Florians ganzer Stolz und dazu ungemein praktisch. Wir haben eine Solardusche an Bord, das Wasser ist auch warm aber knapp. Jeden Tropfen Wasser den wir verbrauchen, müssen wir an Bord schleppen. Ok, macht Florian immer. So ein richtiges Duschgefühl stellt sich unter der Solardusche nicht ein. Umso enttäuschender, dass nur kaltes Wasser aus der Sunsail Dusche fließt, was solls, Hauptsache sauber.

Eine schöne Überraschung, Vati, einen Strand weiter haben wir deine Freunde Petra und Andreas getroffen. Da hast du dich gefreut, ne? Der beste Kaffee unserer Reise und ein wirklich netter Vormittag auf der ``Bonafide``.

Ansonsten ist hier nichts zu erkunden und so geht es eine Bucht weiter. Wallilabou Bay. Bei besten Segelbedingungen an der Küste entlang, kreuzt uns eine Delphinschule. Ganz tolle Tiere. Wieder eine ´Fluch der Karibik` Kulisse, kein Strand, dafür bewachsene Felsen und Regenwald direkt bis ans Wasser.

St. Vincent ist sehr arm, die Boat Boys paddeln weit raus um uns reinzuholen. Das Boot war noch nicht richtig fest, da war unsere `` Loliti`` bereits von allen Seiten umzingelt und Schmuck und

Früchte wurden ausgelegt.
Mensch Vater, mit wehendem Haar und ganz konfus sagt er 'later later later' Ich möchte erwähnen, dass wir überall nur gute Erfahrungen mit der Bevölkerung gemacht haben. Alle waren freundlich und fair zu uns, und wir auch zu ihnen. Manchmal haben wir völlig überteuerte Preise zahlen müssen, aber denkt nur mal an Sydney und Roots, die waren doch super!

Hier in Wallilabou wurde uns die Sache etwas unheimlich. Von einem Boat Boy ernteten wir einen bitterbösen Blick, weil wir ihn für eine Leistung bezahlen sollten, die er nicht ausgeführt hatte. Wir hatten kein gutes Gefühl, Leinen los und raus in die Nacht. Den Wasserfall haben wir uns allerdings noch zeigen lassen. Wunderschöner Weg durch Bananenplantagen und Regenwald.

Anfangs wehte der Wind herrlich gleichmäßig, dann kam Sturm, unruhige Nacht und ein Krach... Morgens wollten wir da sein, St. Lucia Soufriere Bay. Gegen fünfzehn Uhr kamen wir an. Ja ja, Wind und Strömung hatten uns etwas in die falsche Richtung getrieben und so unsere Fahrt leicht verlängert.

Tolle Bucht. Anfangs kleine Probleme mit den Boat Boys, zum Glück sind wir geblieben und haben so zwei super Tage in der Bay verbracht. Ankern unter dem Picton, dem Wahrzeichen der Insel. Leider wurden wir hier von drei Kindern um Essen, Geld und Schuhe angebettelt. Das ist natürlich schrecklich, wie soll man sich da verhalten? Du bist hier fremd, von jedem sofort zu erkennen, unerschwinglich reich und jeder möchte was von uns abhaben. Das hat mich in den letzten Tagen sehr nachdenklich und traurig gemacht. Ansonsten haben wir uns aber sehr wohl gefühlt. Morgens ist immer ein Schwarm gelb-schwarz gestreifter Fische um unser Boot geschwommen, super. Hoffe, Mutter kann, die auch in Martinique sehen.

Weiter geht es in die Vieux Fort Bay, ganz unten im Süden St Lucias, direkt am Flughafen. Hier ist der Unterschied arm-reich noch mehr spürbar. Oh, wir hatten den Zoll an Bord und konnten unsere Pässe nicht finden.
Florian, wir sind zusammen auf die Atlantikseite von St. Lucia gelaufen. Der Strand ist schön, aber die Rodney - Bay ist schöner. Ich habe noch vier Tage, hier wollen wir nicht bleiben, lieber am nächsten Morgen in der Rodney Bay aufwachen.

Müde aber glücklich gelingt es. Die Marina angucken, Hotelressorts bestaunen, lesen, Kaffee trinken, schwimmen, die Tage fliegen dahin. Viel zu schnell sind die sieben Wochen vergangen.

Ja, ihr habt es wirklich geschafft, ihr seid in der Karibik angekommen, wer hätte das gedacht! Und jetzt sitze ich hier am Flughafen. Direkt an dem Punkt Vati, an dem du mich abgeholt hast.
Ich sehe wieder dein fröhliches Gesicht und deine strahlenden Augen vor mir und fange wieder an zu weinen. Ich habe dich noch nie so entspannt gesehen. Danke für die tolle Reise. Danke nicht nur dafür, dass du mich die Karibik hast sehen lassen, sondern danke für die Zeit an Bord,

unsere Ausflüge und den Kaffee am Nachmittag.

Florian, du hast die Reise zu etwas ganz Besonderem gemacht, mit deiner eigenen, liebevollen und persönlichen Art. Du hast dir so viel Mühe gegeben und ich habe die Zeit mit dir sehr genossen. Am besten waren unsere Schnorchel Wrack Trips!

Ich habe mich bei euch an Bord so wohl gefühlt, dass ich völlig abschalten konnte, kaum Gedanken an zu Hause. Ich konnte herrlich einfach so in den Tag hineinleben.
Gestern ist der Norweger neben uns losgesegelt, Richtung Antigua. Wie gerne würde ich noch mit euch weiter in den Norden segeln, aber jetzt ist Mutter dran.
Ich wünsche euch weiter eine wunderschöne Zeit in der Karibik und eine sichere Rückreise.

Donnerstag d. 26. Januar 2012

Hier in der Karibik weht der Passat recht konstant mit 15 bis 20 Knoten aus Ost bis Nordost, optimal, wenn man nach Süden segelt, auf dem Weg nach Norden bleibt das Deck nie trocken.

Mit gerefftem Großsegel und kleiner Fock stampfen wir gegen die recht hohen und steilen Wellen. Zum Glück haben wir herausgefunden, wie die Tidenströmungen zwischen den Inseln zu berechnen sind, Gezeitentabellen gibt es hier nicht.

Zusammen mit vielen anderen Yachten starten wir früh morgens. Da es abends immer sehr schnell dunkel wird, muss man den nächsten Ankerplatz unbedingt bei Tageslicht erreichen. Sofern das Ziel in einem Riffgebiet liegt, ist man am besten schon da, wenn die Sonne noch recht hochsteht, nur dann kann man die Riffe sicher erkennen.
Viele Boote segeln ``dänisch``, das heißt mit verkleinertem Großsegel und Motorunterstützung, wenn es gegen an geht. Wir segeln nur und können trotzdem gut mit den anderen Schiffen mithalten.
Die Strecke zwischen St. Lucia und Martinique ist nur 28 Seemeilen lang, bald können wir den imposanten ``Diamond Rock`` erkennen, der einzige Felsen auf der Erde mit dem Status eines Kriegsschiffes (HMS).
Vor 200 Jahren war Martinique zwischen Franzosen und Engländern hart umkämpft, zeitweise war die Insel in britischem Besitz

Der ``Diamond Rock`` war jahrelang für die Franzosen uneinnehmbar, erst Admiral Villeneuve konnte das Problem unblutig mit einem Fass Rum lösen.

Martinique ist die größte Insel der Windward-Gruppe, ungefähr 400.000 Menschen leben hier. Martinique gehört zu Frankreich. Als EU Bürger aus Deutschland können wir sehr vereinfacht am

PC aus- und einklarieren, alle Air - France Flüge hierher sind Inlandsflüge.

In der Bucht von Fort-de-France, der Hauptstadt von Martinique, werfen wir unseren Anker direkt vor dem berühmten Fort.

Nachdem wir alles aufgeklart hatten, sind wir noch einmal mit dem Schlauchboot an den Strand gefahren und machen einen Stadtbummel. Während alle anderen Orte auf den bisher besuchten Inseln kleine Dörfer waren, ist Fort-de-France eine recht große und moderne Stadt.

Freitag d. 27. Januar 2012

Wir erfahren, dass unser Freund Karl gestern in der Rodney Bay in St. Lucia angekommen ist. Er hatte schlechte Bedingungen auf der Atlantiküberquerung und hat trotz seines großen Bootes länger gebraucht als wir. Genau wie wir, ist es ihm auch nicht gelungen unterwegs Fische zu fangen.
Jetzt muss er erst einmal richtig ausschlafen, in der nächsten Woche kommt er nach Martinique, wir freuen uns schon auf das Wiedersehen.

Mit sehr großem Schreck stellen wir bei der Rigg Kontrolle fest, dass bei unserem rechten Innenwand einer von 19 Edelstahldrähten direkt hinter dem Terminal gebrochen ist. Unklar ist, wie lange das schon so ist und wie das passieren konnte.
Da wir so nicht sicher über den Atlantik zurückfahren können, müssen wir morgen das Want ausbauen und neu anfertigen lassen. Zum Glück ist das hier möglich.

In der Touristenauskunft bekommen wir Stadtpläne und eine Landkarte der Insel, auf der alle Sehenswürdigkeiten eingezeichnet sind.
In drei Tagen kommt Angelika für drei Wochen zu Besuch. Da sie nicht segelt, werden wir wohl in unserer Ankerbucht bleiben und alle Ziele auf der Insel mit dem gut ausgebauten öffentlichen Busnetz ansteuern.

Nach langer Zeit haben wir wieder ein Stück Fleisch gegessen. In den letzten sieben Wochen als unsere Tochter an Bord war, durften wir das nicht. Frederike protestiert gegen die Massentierhaltung mit totalem Boykott. Nicht einmal kleine Ausnahmen wurden uns erlaubt.

Am Strand ist eine riesige Lautsprecheranlage aufgebaut worden. Bis tief in die Nacht werden wir mit lauter Musik beschallt. Wir sehen wenige Leute und wissen auch nicht, was der Grund für das Spektakel ist.

Sonnabend d. 28. Januar 2012

Heute Morgen sind wir lange damit beschäftigt den Mast provisorisch zu stabilisieren und das defekte Want auszubauen, danach bringen wir den Draht zum Rigger, am Montag soll unsere neue Mastverstakung fertig sein. Zum Glück sind alle erforderlichen Einzelteile vorrätig.
Wir unterbrechen unsere Arbeit nur kurz als ein großes Passagierschiff der Costa Reederei in die Bucht einläuft. Die Havarie eines Schwesterschiffes in Italien vor wenigen Tagen ist überall Gesprächsthema. Völlig unverständlich, wie es zu dieser fatalen Fehleinschätzung kommen konnte.

Am Nachmittag sind wir auf einem 55 Fuß Kat zum Bier eingeladen.
Zum ersten Mal sehen wir ein so großes Schiff und sind sehr beeindruckt von dem riesigen Platzangebot auf dem Schiff, die Sitzecke draußen ist fast so groß wie eine Reihenhausterrasse.

Thomas und Sylvia sind zehn Jahre jünger als ich und haben mit dem Berufsleben abgeschlossen. Jetzt sind sie auf Weltreise und wissen nicht, ob sie sieben oder zehn Jahre unterwegs seinen werden.
Nur eine begrenzte Zeit zu segeln und danach wieder ganz normal zu arbeiten, ist für sie nicht vorstellbar. Für viele Segler war Arbeit immer nur Stress, dass uns die Beschäftigung viel Freude gemacht hat, und wir überhaupt kein Problem darin sehen, nach einem Jahr wieder jeden Morgen gerne ins Büro zu gehen, können sie sich nicht vorstellen.

Sonntag d. 29. Januar 2012

Morgens kurz nach Sonnenaufgang läuft das sehr große Passagierschiff ``Noordam`` der „Holland Amerika" Linie ein und macht an der Cruise Liner Pier nur wenige Meter von uns entfernt fest.
Wir sind immer wieder beeindruckt, wie präzise diese riesigen Schiffe ohne Schlepperhilfe manövrieren können.
Kurze Zeit später gehen 2.000 Passagiere an Land, ein gutes Geschäft für alle Taxis aus Fort-de-France. Viele Kreuzfahrtgäste lassen sich zu den Sehenswürdigkeiten der Insel, oder zu den gut 30 Kilometer entfernten Stränden fahren.

Später kommen noch ``Allegro`` und ``Andante``, zwei Yachten aus Brasilien, die wir schon oft gesehen haben. Sie segeln auch wie wir um den Atlantik, fahren praktisch die gleiche Route, nur der Startpunkt war ein anderer.

Da wir jetzt alle auf dem Weg nach Norden sind, wird die Rückfahrt nach Europa über die Bermudas und die Azoren immer öfter Gesprächsthema. Überall können wir hören und lesen, dass die Rückreise über den Nordatlantik schwieriger ist als die Hinreise in der Passatregion.

Statt mit vorherrschenden Rückenwinden müssen wir mindestens die Hälfte der Strecke mit Am Wind Kursen rechnen. Da unser Boot aber sehr gut kreuzt, machen wir uns keine großen Gedanken.

Karneval in Fort-de-France: Heute ist hier Karneval, die mehrspurige Straße an der Waterfront ist für Autos gesperrt. Eine Gruppe nach der anderen tanzt an den unzähligen Zuschauern rechts und links vorbei.

Ohrenbetäubend ist der Lärm, den die zu jedem Zug gehörenden Musiker machen, die meisten haben nur große Trommeln, einige auch Trompeten.

Bis tief in die Nacht hat man den Eindruck, die ganze Stadt ist auf den Beinen. Wir können alles sehr bequem vom Boot aus betrachten.

Wie überall in Süd- und Mittelamerika ist die fünfte Jahreszeit ein Ereignis, auf das die verschiedenen Karnevalsvereine - und davon gibt es hier über hundert - das ganze Jahr hinarbeiten. Die Kostüme sind schon sehr aufwendig, die Tanzformationen auch; sie werden vorher monatelang geübt.

Dienstag d. 31. Januar 2012

Wir liegen nach wie vor in der Ankerbucht direkt neben dem alten Fort. Leider können wir es nicht besichtigen. Die französische Marine nutzt das weit abgesperrte Gelände für die hier stationierten recht kleinen Patrouillenboote.

Nachmittags bekommen wir Besuch vom Zoll, drei französische Zöllner kommen an Bord und kontrollieren uns. Zum Glück kann eine Beamtin ganz wenige englische Worte. Gemeinsam füllen wir einen Zettel aus, erklären, dass wir keine Waffen und auch kein Rauschgift an Bord haben, und sind sehr froh, dass auf eine Inspektion des Bootes verzichtet wird.

Da Angelika heute Abend kommt, sind wir damit beschäftigt innen und außen alles tip top in Ordnung zu haben. Wir schrubben die Außenhaut, bis sie wieder richtig „navy blue" glänzt, polieren alle Edelstahlteile und reinigen das Schiff innen.
Der Flughafen ist nicht weit entfernt, als wir den Jet einfliegen sehen, fahren wir mit dem Sammeltaxi zum Airport.
Etwas müde, aber ansonsten in bester Stimmung, nehmen wir Angelika in Empfang und fahren sofort zum Schiff. Der Transport mit dem Schlauchboot zum Ankerplatz klappt zum Glück problemlos.

In den nächsten zwei Tagen bleiben wir in Fort-de-France, schlendern durch die Straßen der belebten Stadt und fahren mit dem Linienbus zum im Landesinneren gelegenen botanischen Garten. Ein Besuch dort können wir jedem Besucher der Insel empfehlen.

Fort-de-France ist eine der größten Städte in der Karibik, hier kann man in den Supermärkten alles einkaufen, nur einen weißen Strand mit Palmen gibt es nicht. Den gibt es aber 15 Seemeilen weiter nördlich. Die Wetterprognose ist sehr günstig, wir beschließen morgen nach dem Frühstück dorthin zu segeln.

Donnerstag d. 2. Februar 2012

Nach dem Frühstück ist das Schiff schnell seeklar, der Wind kommt wie versprochen aus Ost, beste Voraussetzungen, um nach Norden zu fahren.
St. Pierre heißt der Ort, den wir nach kurzer Segelzeit problemlos erreichen. Auf den Fotos unseres Seehandbuches ist der Strand weiß. Vor Ort stellen wir fest, dass es nur schwarzen Lavastrand gibt. Das Wasser ist natürlich herrlich blau und wie überall angenehm warm.
Während Fort-de-France eine Großstadt ist, ist die kleine Siedlung St Pierre schon eher wie man sich Orte in der Karibik vorstellt.

Zum ersten Mal seit wir in der Karibik segeln, ist das Ankern nicht so einfach. Das Wasser ist bereits 100 Meter vom Ufer entfernt sehr tief und der Ankergrund besteht nicht aus Sand, wo jeder Anker problemlos hält, sondern aus Steinen und Geröll.

Viele Schiffe aus den verschiedensten Staaten ankern hier sehr dicht nebeneinander, einige haben wir schon oft getroffen, leider überwiegend Franzosen, mit denen wir wegen der Sprachbarriere nicht viel reden können.

Ganz in der Nähe ist ein sehr großer, immer noch aktiver Vulkan. Vor gut 100 Jahren hatte er seinen letzten großen Ausbruch. 30.000 Menschen sind damals umgekommen, einer der wenigen Überlebenden war ein zum Tode verurteilter Mörder. Was aus ihm später geworden ist, konnte uns niemand erzählen.

Überall hier ist es unvorstellbar grün, es regnet mehrfach am Tag, manchmal auch heftig. Zusammen mit den warmen Temperaturen also beste Bedingungen für den tropischen Regenwald, der gleich hinter dem Ort beginnt. Immer wieder beeindruckend ist die Artenvielfalt. Hier gibt es nicht die großen Einkaufsläden wie in Fort-de-France, wir finden aber in den kleinen Geschäften trotzdem alles, was wir brauchen.

Wie lange wir hierbleiben werden? Vielleicht ein paar Tage, dann werden wir wieder nach Süden segeln. Es wäre zu schade, wenn wir mit Angelika nicht auch einmal vor einem weißen Strand ankern würde.

Sonntag d. 05. Februar 2012

Heute ist Sonntag und wir beschließen in eine andere Bucht zu fahren. Nördlich von St. Pierre ist Martinique zu Ende, es gibt nur die Möglichkeit wieder zurück nach Süden zu fahren.

Bei günstigem Wind starten wir nach dem Frühstück. Leider wird der Wind schnell schwächer und ändert seine Richtung. Wir dümpeln einige Stunden vor der Küste, erkennen, dass wir unser Ziel heute nicht erreichen können und drehen wieder um.

Unser alter Ankerplatz ist zum Glück noch frei. Abends gehen wir noch einmal durch den Ort und beschließen am nächsten Morgen einen neuen Versuch zu machen.
Durch die große Landmasse der Insel wird der beständige Passat in Küstennähe gestört, immer wenn der Temperaturunterschied zwischen Wasser und Land groß genug ist, stellt sich im Küstenstreifen See- oder Landwind ein. Wenn man weit genug draußen ist, trifft man aber wieder auf den immer aus östlicher Richtung wehenden Passat. Wie weit man allerdings auf die See raus muss, um die Landabdeckung zu umfahren, steht in keinem Seehandbuch.

Heute läuft alles gut, wir erreichen unsere Ankerbucht Grande Anse d`Arlet nach wenigen Stunden.
Anse ist kreolisch und bedeutet Bucht.

Neben vielen anderen Yachten ankern wir dicht am Strand, der hier mit weißem Strand und vielen Palmen so ist, wie man sich die Karibik vorstellt.

Freitag d. 10. Februar 2012

Wir liegen immer noch in der Grande Anse d`Arlet, hier gefällt es uns sehr gut, wir können baden, an den Strand gehen oder einen kurzen Spaziergang ins Landesinnere machen. Auch zum nächsten Ort ist es nicht weit.

Unsere zwischenzeitliche Überlegung, noch einmal in den Südosten Martiniques nach Le Marin zu segeln, haben wir aufgegeben, zu lang ist die Strecke, die wir gegen den Ostwind aufkreuzen müssten.
Stattdessen wollen wir in der nächsten Woche wieder zurück nach Fort-de-France fahren und dann von dort Ziele auf Martinique mit dem Bus ansteuern.

Von zu Hause hören wir, dass die Temperaturen nachts bis -20°C absinken, bei +30°C hier kann man sich das gar nicht vorstellen.

Unsere Tochter tut uns leid, sie ist gerade aus den Tropen in die große Kälte zurückgekommen. Wir hoffen, dass unsere vielen Haustiere den späten Wintereinbruch überstehen.

Mittwoch d. 15. Februar 2012

Wir liegen jetzt schon sehr lange in der Grande Anse d`Arlet, laufen morgens oft in den Nachbarort, schwimmen und lesen viel, können Schildkröten beobachten, haben unser Unterwasserschiff gründlich geschrubbt und beschließen morgen früh wieder zurück nach Fort-de-France zu segeln.
Heute ist der erste Tag, den wir in der Karibik erleben an dem die Sonne nicht scheint, immer wieder regnet es. Wir genießen einen Tag an dem es nur +26°C warm wird.

Mittwoch d. 22. Februar 2012

Nachdem wir über eine Woche in der schönen Grande Anse d`Arlet gelegen haben, wollen wir weiter und besuchen auf dem Weg in die Anse Milan noch einen Tagesankerplatz in der Anse Noire.

Die Anse Milan liegt genau Fort-de-France gegenüber und gehört zum Ort Les Trois Ilets. Leider können wir hier nicht baden und entscheiden uns schnell weiter in die Anse a l`Ane zu fahren. Auch diese Bucht ist in unseren Unterlagen nur als Tagesankerplatz ausgewiesen, uns gefällt es aber so gut, dass wir einfach länger bleiben. Hier finden wir den schönsten Strand von Martinique, viele Palmen und einen sehr netten kleinen Ort.
Leider wird unser Leben am Ankerplatz jedes Mal erheblich gestört, wenn die Fähre aus Fort-de-France kommt. Das relativ kleine Schiff wirft wirklich riesige Wellen auf und wir werden jedes Mal kräftig durchgeschaukelt. Zum Glück wird der Fährverkehr mit Sonnenuntergang eingestellt.

Angelikas drei wöchiger Urlaub ist schnell vorbei, am 21. Februar verholen wir am frühen Nachmittag zurück nach Fort-de-France und werden von lauter Karnevalmusik empfangen.
Wir dachten, der Karneval war hier schon vorbei. Heute fahren geschmückte LKWs mit tanzenden und singenden Menschen auf der Ladefläche die Waterfront entlang. Alle Zuschauer, das heißt die komplette Inselbevölkerung, sind rot gekleidet. Mit Schreck stellen wir fest, dass die ganze Stadt gesperrt ist und heute weder ein Bus noch ein Taxi fährt und wir nicht wissen, wie Angelika zum Flughafen kommen kann.

Zurück an Bord, wir liegen nur wenige Meter vom Spektakel entfernt, entscheiden wir schnell wieder in die Anse Milan zu segeln. Nur dort können wir damit rechnen ein Taxi mieten zu können. In der Nähe der Landebahn ist auch ein Liegeplatz für Yachten, von dem man zu Fuß zum Flughafen gehen könnte, aber die Zufahrt ist nur sechs Fuß tief, zu wenig für unsere ``Loliti``.

In einem nahen Hotel können wir ein Taxi buchen, Angelika erreicht Ihr Flugzeug nach Paris rechtzeitig. Der Rückflug nach Hamburg ist kurz und problemlos.

Insgesamt hatten wir zehn Wochen Besuch von unserer Familie an Bord, jetzt sind wir wieder alleine.
Am nächsten Morgen fahren wir nach dem Frühstück zurück nach Fort-de-France, hier wollen wir Proviant für die nächsten Wochen einkaufen und dann weiter nach Norden fahren.
Zwei Drittel unseres Langzeiturlaubs sind um, jetzt beginnt die Rückreise.
Der Terminplan ist recht eng. Wir haben nur ein Zeitfenster von maximal zweieinhalb Monaten um den Nordatlantik zu überqueren. Vorher zieht ein Tiefdruckgebiet nach dem anderen mit viel Starkwind nach Osten. Danach wächst die Gefahr von einem frühen Hurrikan überrascht zu werden.

Montag d. 27. Februar 2012

Seit fast einer Woche sind wir jetzt wieder zu zweit an Bord und liegen immer noch in Martinique.

Unser Problem: Das defekte rechte Unterwant konnte doch nicht vor Ort repariert werden. Die hier verfügbaren aufgepressten Terminals am Ende des Stahldrahtes passten entgegen anderslautenden Informationen nicht in unsere im Mast befestigten Gegenplatten aus Edelstahl. Das haben wir aber erst bei der Montage bemerkt.
Ersatz gibt es nur zu Hause. Der Transport mit DHL sollte 14 Tage plus maximal fünf Reservetage dauern. Als die Zeit abgelaufen ist und wir bei der freundlichen Dame im Callcenter nachfragen, teilte man uns mit, dass mit vierzehn Tagen vierzehn Werktage, also fast drei Wochen, gemeint sind.
Mit dem Paketverfolgungsprogramm können wir erkennen, dass unsere Sendung jetzt seit vier Tagen in Martinique ist, hoffentlich bekommen wir das Paket morgen.

Die Tage hier in Fort-de-France haben wir genutzt um unsere Vorräte für die Rückfahrt aufzustocken. Hier sind die Versorgungsmöglichkeiten perfekt, das Angebot in den vielen großen Supermärkten wie zu Hause in Hamburg.

In den letzten Tagen sind wir noch einmal in die nahe Grande Anse d`Arlet gesegelt. Dort konnten wir herrlich baden und auch sehr einfach Wasser für die nächste Zeit bunkern.

Unsere Zeit in der Karibik nähert sich dem Ende, noch einen Monat können wir hier kreuzen, dann beginnt die Rückreise über den Nordatlantik.

Auf dem Weg nach Norden liegen viele interessante Inseln, alle können wir aus Zeitgründen nicht besuchen und beschließen, wenn wir unser neues Want haben, von Martinique direkt zu den

British Virgin Islands zu fahren.
Die BVIs bestehen aus fast 60 einzelnen Inseln, einige sind in Privatbesitz, andere unbewohnt und können nur mit dem Boot erreicht werden.

Das besondere bunte und laute karibische Lebensgefühl mit all seinen Reizen und Widersprüchen ist nicht einfach zu beschreiben. Auch das Archipel der Britisch Virgin Islands ist voller Kontraste. Es gibt Inseln mit sehr gut ausgebauter Touristikinfrastruktur, Marinas für Megayachten, Spielkasinos und auf der anderen Seite gänzlich unbewohnte Inseln mit unberührter Natur. Dort wollen wir die letzten Wochen bleiben.

Dienstag d. 28. Februar 2012

Leider ist unser Paket immer noch nicht ausgeliefert. Die sicherlich recht hohen Kosten für das DHL Service Callcenter könnten gespart werden. Wir werden zwar freundlich bedient, die Auskünfte sind allerdings nur sehr unverbindlich und helfen uns nicht weiter. Vorschläge, was wir machen können, um an unsere Sendung zu kommen, gibt es ebenfalls nicht. Hilft nur abwarten. Wir hoffen morgen endlich weiterfahren zu können.

Mit anderen Seglern diskutieren wir Alternativen, aber eigentlich wollen wir nur mit einem kompromisslos sicheren Rigg die Überfahrt über den Atlantik beginnen. Mastbruch wäre das schlimmste, was uns passieren kann. Davon geht das Boot natürlich nicht unter, aber wir könnten nicht mehr segeln und Ersatz für den Mast ist nur sehr schwer zu bekommen.

Nachmittags sitzen wir bei Helga und Werner an Bord ihrer alten Yacht. Beide kommen aus dem Ruhrgebiet und segeln seit sieben Jahren, die meiste Zeit in Südamerika. Jetzt wollen sie wie wir zu den British Virgin Islands und dann noch vor Beginn der Hurrikan Saison durch den Panama - Kanal in den Pazifik. Seit Jahren waren sie nicht mehr in Deutschland, und wenn sie noch in den Pazifik fahren, wird es auch noch einige Jahre dauern, bis sie wieder Europa erreichen.

Große Aufregung heute Morgen am Ankerplatz. Ein recht runtergekommener Collin Archer mit französischer Familiencrew wird sofort nach dem Ankermanöver vom Zoll stundenlang durchsucht.
Gesucht wurde sicherlich Rauschgift, das man im südlichen Teil der Karibik an jeder Straßenecke sehr günstig kaufen kann. Unterbrochen wurde die Aktion nur kurz, als der Rauschgiftspürhund zum Gassi gehen mit dem Speed Boot an Land gebracht werden musste.

Heute habe ich ``Krieg und Frieden`` von Leo Tolstoi zu Ende gelesen, auf gut 3.000 Seiten wird in zwei Bänden die russische Geschichte zur Zeit Napoleons in Romanform beschrieben. Wahrscheinlich hätten viele andere Autoren die Geschichte auch auf 300 Seiten erzählen können.

Donnerstag d. 1. März 2012

Heute ist der erste Tag seit wir in der Karibik sind, an dem es stundenlang regnet und wir die Sonne nicht sehen können. Warm ist es trotzdem.

Mit unserer Plicht Plane können wir gut 40 Liter sauberes Regenwasser auffangen. Zum Duschen ist es völlig ausreichend. Jeden Liter Wasser, den wir auffangen, brauchen wir nicht mühsam mit dem Schlauchboot von Land zum Boot schleppen.

Unser Paket mit der neuen Want liegt jetzt im Auslieferungslager, alle Zollformalitäten sind erledigt, nur jetzt streiken die Postmitarbeiter, die die Pakete ausliefern. Das ist wirklich sehr ärgerlich, aber wir können nichts machen, außer hoffen, dass man sich schnell einigt und die Arbeit wiederaufgenommen wird.

Von unseren Freunden von der ``Bonafide`` erfahren wir, dass ihnen das Schlauchboot mit Außenbordmotor in Bequia gestohlen wurde.
Ersatz ist sehr teuer und noch schlimmer, erst wieder in Grenada zu bekommen.
Ohne Beiboot ist man in der Karibik völlig hilflos, es gibt keine Marinas, man muss ankern und kann nur mit dem Dingi an Land.
Unter Fahrtenseglern ist die Hilfsbereitschaft aber groß, alle Nachbaryachten, die mit ihren `Bonafide`` vorbeifahren, bieten eine Mitfahrgelegenheit an.

Freitag d. 2. März 2012

Zusammen mit Daniel von der ``Bel Ami`` laufen wir zur nahe gelegenen Post, mit unseren Französischkenntnissen alleine kommen wir nicht weiter.
Daniel segelt einhand eine 36 Fuss Ovni mit Schwenkkiel und ist einer der wenigen Franzosen, der perfekt englisch spricht.

Wir erfahren, dass DHL nur bis zur Ankunft unseres Paketes in Martinique zuständig ist, danach übernimmt La Poste aus Frankreich.
Den Transport der Pakete vom Flughafen zum Auslieferungslager hat La Poste an eine Privatfirma ausgegliedert und genau die befindet sich seit zehn Tagen im Streik. Es besteht Hoffnung, dass der Arbeitskampf am Wochenende beendet werden kann, allerdings müssen wir damit rechnen, dass es mindestens eine weitere Woche dauert, bis der Arbeitsstau abgebaut ist. Zum Glück bekommen wir die französische Paketnummer und die Info, wo wir im Internet nachsehen können, ob endlich ausgeliefert wurde.

Fort-de-France ist eine schöne Stadt, die größte in den Antillen, wir sind aber schon lange hier und wollen weiter und dank Internetverbindungen in praktisch jedem Café können wir den Stand der Dinge überall verfolgen.

Wir beschließen sofort zu einer Nachtfahrt auszulaufen, unser Ziel ist die Ankerbucht Anse Des Haies im Nordwesten Guadeloupes, fast 120 Meilen Segelstrecke, also eine schöne Tagesetappe.

Unsere defekte Want sichern wir mit Dyneema Material, einem sehr zugfester Kunststoff, angeblich genauso stark wie ein Stahldraht, und als weitere Sicherheit segeln wir nur mit reduzierter Segelfläche.
Die Mastbelastung ist durch die Segelkraft alleine nicht sehr hoch. Viel größer ist die Belastung des Riggs, wenn das Boot in die Wellen knallt und abrupt abgebremst wird.

Bei dem herrschenden Ostwind kommen wir schnell und problemlos nach Norden, passieren nachts Domenica und können bei Sonnenaufgang Guadeloupe erkennen.

Kurz vor Guadeloupe liegt die ebenfalls zu Frankreich gehörende Inselgruppe Iles les Saintes, wir sehen viele Yachten dort ankern und entscheiden schnell einen Zwischenstopp einzulegen.

Die enge Passage zwischen den einzelnen Inseln kreuzen wir auf; als einzige Yacht, alle anderen fahren mit Motor, sind aber trotzdem nicht schneller als wir.
In der Nacht nimmt der Wind stark zu und vereinzelnde Fall Böen zerren an unserem Anker. Wir geben zehn zusätzliche Meter Kette und liegen sicher.
Wahrscheinlich, weil wir nicht optimal vorbereitet unsere Nachtfahrt begonnen haben, konnten wir nachts nur wenige Stunden Schlaf finden und sind sehr müde, zu müde um noch zum Einklarieren an Land zu fahren. Wir setzen unsere gelbe Flagge, darüber die französische Gastlandflagge und gehen früh ins Bett.

Sonntag d. 4. März 2012

Bei Sonnenaufgang erkennen wir, wie schön die Ankerbucht ist. Der Wind pfeift immer noch, wir bleiben einen Tag länger und laufen nach dem Frühstück erst einmal in den Ort.
Im Polizeibüro erfahren wir, dass man hier nicht einklarieren kann. Macht aber nichts, man sieht es hier nicht ganz so streng. Zumal bei uns Europäern, Amerikaner haben es nicht so leicht, sie benötigen ein Visum.

Auf der kleinen Insel leben nur Franzosen, wir sehen keinen einheimischen Karibianer. Mit der Fährverbindung zum nahen Guadeloupe kommen viele Tagesgäste, um an den herrlichen Stränden zu baden.
Was uns schon in Martinique aufgefallen ist: An jeder Ecke stehen Schilder, die daraufhin weisen, dass die Brücke oder Straße mit EU - Mitteln bezahlt wurde. Schilder die wir auch schon oft in

Polen gesehen haben, bei uns zu Hause aber nicht einmal in den strukturarmen Gegenden. Offensichtlich wissen die Franzosen besser als unsere Leute, wie man an die Gelder aus Brüssel kommt.

Einen weiteren Tag bleiben wir auf Iles les Saintes, dann setzen wir wieder Segel und fahren nach Guadeloupe. Ziel ist die weit im Norden gelegene Anse des Haies.

Wir erreichen die Ankerbucht nach achtstündiger Fahrt bei laufend wechselnden Winden. Die in unseren Unterlagen beschriebenen, äußerst beständigen Winde haben wir schon lange nicht mehr angetroffen. Wahrscheinlich sind wir immer zu dicht unter Land gefahren. Hier entstehen durch die Landmassen lokale Windsysteme wie bei uns zu Hause an der Ostsee. Den konstant wehenden Passat finden wir wohl erst weiter draußen.

Heute sind wir acht Monate unterwegs, es folgen zwar noch vier Monate, viel mehr als der sonst übliche Jahresurlaub, aber seit Martinique haben wir das Gefühl, dass wir auf der Heimreise sind.

Guadeloupe gehört wie Martinique zu Frankreich und ist die größte Insel hier. Auch ist sie die südlichste Insel der ``Leeward Islands``, die bisher von uns besuchten karibischen Inseln gehörten alle zur Gruppe der ``Windward Islands``.

In der Anse Des Haies liegen fast 60 Boote. Wieder sehen wir viele nicht zum ersten Mal. Groß ist die Freude völlig überraschend die ``Dantes`` aus Frankreich wieder zu treffen. Frank ist Einhandsegler, pensionierter Offizier, aber jünger als ich, und will nie wieder zurück ins französische Mutterland. Er plant fünf Jahre in der Karibik zu bleiben, bevor er in den Pazifik segeln möchte.

Eigentlich wollten wir von Guadeloupe eine kurze Tour nach Antigua machen, aber der Wind weht heute so böig und stark, in Spitzen bis 45 Knoten, dass wir lieber hierbleiben. Es ist uns einfach zu riskant mit unserem nicht hundert Prozent seeklaren Boot bei viel Wind übers Meer zu fahren. Zum Glück soll der Streik in Martinique heute beendet sein, unser Paket wird dann hoffentlich schnell ausgeliefert, wir werden wohl morgen früh zurück nach Martinique segeln. Die alternativ angedachte Möglichkeit unsere Sendung mit der Fähre abzuholen oder einen Billigflug zu buchen, scheidet aus. Es gibt keine Verbindung, die an einem Tag die Hin- und Rückreise ermöglicht.

Unsere Ankerbucht ist sehr groß, wir liegen zum Glück weit vorne und sind innerhalb weniger Minuten mit dem Dingi an Land. Hier, fern ab von den großen Städten der Insel, trifft man überall auf unberührte Natur. Der Urwald beginnt gleich hinter der einzigen Straße im Ort, im Wasser sehen wir viele Schildkröten und unzählige Fische.

Besonders gern beobachten wir Pelikane. Die großen Vögel sind hervorragende Flieger, wie

Albatrosse können sie sehr lange ohne einen Flügelschlag in der Luft gleiten. Immer wenn sie einen Fisch zum Fressen im Wasser entdeckt haben, werden die Flügel eng an den Körper gelegt und das Tier schießt im Sturzflug nach unten und taucht komplett ein.

Ob die Aktion erfolgreich war, können wir nie erkennen, die Beute verschwindet sofort im großen Schnabel, nicht schön für die erbeuteten Fische.

Am späten Nachmittag gehen wir ins Internet Café, dass passend „La Pelican" heißt, und sehen, wer uns geschrieben hat.

Von DHL erhalten wir neben der allgemeinen Erklärung, dass man nicht zuständig ist und alle Terminangaben sowieso nur unverbindlich sind, die Hiobsbotschaft, dass der Streik doch nicht zu Ende ist. Wann wieder Pakete ausgeliefert werden können, ist völlig unklar. Von Frank erfahren wir, dass man in Frankreich gern und lange streikt, der letzte Poststreik hat hier sechs Wochen gedauert.

So lange wollen und können wir nicht warten, das Zeitfenster den Atlantik von West nach Ost zu überqueren ist nur sehr klein, in gut einem Monat müssen wir die Karibik verlassen haben, um sicher vor der dann wiederbeginnenden Hurrikan Saison Mitte Juni Nordeuropa zu erreichen.

Wir beschließen sobald der Wind weniger wird nach Antigua zu segeln, und gehen einfach davon aus, dass wir dort eine neue Want anfertigen lassen können.

In Antigua und der Nachbarinsel Barbuda werden wir die letzten Wochen in der Karibik verbringen, die British Virgin Islands, dort können wir keinen Ersatz für unser defektes Want bekommen, werden wir auf dieser Reise nicht mehr besuchen können.

Einen großen Vorteil hat der Start der Rückreise von Antigua allerdings: Da die Insel nahezu 100 Meilen östlicher liegt als die BVIs, können wir bei dem vorherrschenden Ostwind mit einem günstigeren Winkel die Bermudas anliegen, ein unschätzbarer Vorteil, wie alle wissen, die schon mal stundenlang gegen angesegelt sind.

Mittwoch d. 7. März 2012

Nach wie vor weht es sehr stürmisch aus Nordost. Es ist zu viel Wind, um einigermaßen komfortabel nach Norden zu kommen. Aber hier in Guadeloupe ist es wunderschön. Direkt hinter dem hohen Berg neben unserer Ankerbucht beginnt ein fast fünf Kilometer langer weißer Sandstrand. Stundenlang kann man unter den Palmen am Ufer sitzen.

Palmen sind der beste Sonnenschutz, den es gibt. Die Palmwedel lassen keinen Sonnenstrahl durch, während der erfrischende Passatwind ungehindert passieren kann.

Das Leben ist hier in der Karibik nur so angenehm und erträglich, weil es den ständig wehenden, kühlen Wind gibt.

Obwohl es viele Touristen in Guadeloupe gibt, jeden Tag kommen sechs bis acht Großraumjets alleine aus Paris, kommt uns der lange Strand fast menschenleer vor. Es gibt einfach zu viele

Traumstrände hier und die Besucher verteilen sich sehr gut.

Freitag d. 9. März 2012

Morgens um 7:00 Uhr sind wir seeklar, der Anker ist sicher im Vorschiff verstaut. Wir segeln in Richtung Antigua, die fünfzehnte und wohl letzte Karibikinsel, die wir auf dieser Reise besuchen.

Wie üblich ist der Wind in Landnähe durch den Düseneffekt immer sehr viel kräftiger als weiter draußen. Wir reagieren in dem wir unser kleinstes Segel setzen, dann, nach vielleicht zwei Meilen haben wir den herrlichen Passat zu fassen und auch die langen Ozeanwellen. Bei vier bis fünf Windstärken segeln wir genau nach Norden.
Die Distanz zwischen Guadeloupe und Antigua beträgt 42 Seemeilen, schon bald können wir auf der linken Seite die Insel Montserrat sehen, dann kommt auch schon Antigua in Sicht. Wir stellen uns vor wie erfreut wohl Columbus war, der fast alle Inseln hier als erster Europäer entdeckt hat, als er auf seinen Entdeckungstouren hier eine Insel nach der anderen gefunden hat.

Auf dem Ozean sind vier bis fünf Windstärken, also bis gut 20 Knoten Windgeschwindigkeit, völlig harmlos, das Boot wird weder von den Wellen gebremst, noch haben wir viel Spritzwasser an Deck. Wie ganz anders ist es doch auf Nord- und Ostsee, oder gar auf der Elbe, wenn man bei gleichen Bedingungen fährt.

In Antigua ankern wir in der großen Bucht ``English Harbour``.

English Harbour war vor 300 Jahren der wichtigste Stützpunkt der britischen Navy. Hier übernahm der damals erst 26 Jahre alte Kapitän Horatio Nelson das Kommando über die Leeward Islands-Flotte, die später auf Grund ihrer Feuerkraft und strategischen Überlegenheit so große Erfolge hatte.
Das alte Fort wurde 1843 durch ein starkes Erdbeben völlig zerstört. Dieses und alle anderen historischen Gebäude sind zwischenzeitlich mit EU Mitteln wieder restauriert worden und als Museum allen Besuchern zugänglich.
Aus heutiger Sicht ist es unvorstellbar, wie so viele Menschen auf so engem Raum unter so schlechten Bedingungen jahrelang auf den kleinen Kriegsschiffen Dienst tun konnten. Auch war allen Seeleuten bekannt, dass von fünf Schiffen, die losgefahren sind, im Durchschnitt nur eins jemals wieder England erreicht, und das losgelöst von den kriegerischen Ereignissen.

Von den vielen verlorenen Schiffen zeugen die unzähligen riesigen Stockanker und Kanonen die hier überall als Dekoration vor großen Gebäuden stehen oder einfach nur so am Strand herumliegen.

English Harbour und auch die Nachbarbucht sind eine andere Welt. Hier beginnt demnächst die

Antigua Race Week. Wie in jedem Jahr zum Ende der Karibik - Segelsaison, ein besonderes Ereignis für Megayachten.

Megayachten sind bis zu 100 Meter lang, haben bis zu 30 Mann Crew und kosten angeblich je Meter eine Million Dollar. Hier liegen bestimmt 150 solcher Schiffe, fast ausschließlich mit britischer Flagge.

Neben den Superyachten liegen hier unzählige Fahrtenyachten aus allen Ländern. Alle die aus Nordeuropa kommen, rüsten sich hier für die Rückreise aus. Wie in jeder Bucht, die wir anlaufen, treffen wir bekannte Boote und Mannschaften.

Abends sitzen wir lange mit Holger auf seiner ``Panthera``, einer Fahrensmann 36. Holger ist Schweitzer und schon 69 Jahre alt. Seit sechs Jahren segelt er allein in der Karibik.
Er kennt alle Inseln hier, sein eigentliches Ziel, die Umsegelung der Welt, hat er aus den Augen verloren, zwischenzeitlich fühlt er sich zu alt dafür.
Hinzukommt, dass sein Stahlschiff aus heutiger Sicht völlig ungeeignet für solch eine weite Reise ist. Bei vergleichbarer Länge wie unsere ``Loliti`` wiegt es drei Mal so viel, kreuzt sehr schlecht und fährt bei wenig Wind eigentlich überhaupt nicht.
Jeden Tag ist er stundenlang mit Konservierungsarbeiten beschäftigt, trotzdem sieht das Boot recht verrostet aus. Insbesondere alle Stellen, wo Holz und Stahl Kontakt haben, vergammeln bei dem sehr salzhaltigen Wasser hier schneller, als man malen kann.
Wie viele Langstreckensegler hat er zu Hause alles verkauft und besitzt nur noch das Schiff. Zu Anfang hatte er noch oft Besuch aus der Heimat, zwischenzeitlich sind viele Kontakte eingeschlafen.
Er weiß nicht recht wie es weitergehen soll. Noch eine Saison in der Karibik bleiben und die schon mehrfach besuchten Orte wieder anzulaufen, hat er keine Lust. Für die Rückreise nach Europa fehlt ihm der Mut und wohl auch die Crew.

Montag d. 12. März 2012

Früh morgens laufen wir mit unserer defekten Want in den Nachbarort Falmouth, dort bei Antigua Rigger hoffen wir einen neuen Edelstahldraht anfertigen lassen zu können.

Erfreuliche Nachricht: Bis Mittwoch, also in zwei Tagen, ist Ersatz angefertigt.
Wir können in der einzigen Bank am Ort auch Geld eintauschen. Ein eigentlich einfacher Vorgang, der in der Karibik allerdings sehr viel Geduld erfordert. Bisher konnten wir nur mit US Dollar bezahlen, eine gern gesehene Währung in Antigua. Allerdings tauschen die Geschäfte und Lokale nur zu einem für uns nicht akzeptabel ungünstigen Kurs.

Gegen Mittag haben wir alles erledigt, auch unsere Wasservorräte sind wieder komplett aufgefüllt. Wir lichten unseren Anker und fahren in Richtung St Johns, der Hauptstadt Antiguas. Kurz davor ist die Deep Bay, nach unseren Unterlagen eine tolle Ankerbucht mit weißem Strand und das Besondere: Mitten in der Bucht liegt auf sechs bis sieben Meter Tiefe das Wrack einer 1905 gesunkenen Dreimastbark.

Die gut 20 Meilen weite Strecke schaffen wir bei besten Segelbedingungen in kurzer Zeit.

Unterwegs sehen wir Thunfische springen und den ersten großen Hai seit wir unterwegs sind. Zuerst sehen wir nur an Steuerbord im Wasser einen großen Schatten, dann taucht das bestimmt zweieinhalb Meter lange Tier auf der anderen Seite auf und wir sehen die typische Dreieck Haiflosse an der Wasseroberfläche.
Wir sind erstaunt, so dicht unter Land einen Hai zu sehen. Überall kann man lesen, dass Haie in der Karibik an den Küsten keine Probleme machen. Nirgends gibt es Warnschilder oder Absperrungen, überall baden die Touristen im offenen Meer. In Zukunft werden wir sicherlich auf See nicht mehr vom Boot aus schwimmen.

Die Deep Bay ist zu allen Seiten gut geschützt, wir liegen zusammen mit anderen Yachten völlig ruhig in drei Meter tiefem Wasser. Zu beiden Seiten der Bucht sind hohe Berge, auf denen wir unzählige Ziegen erkennen. Wir sind immer wieder erstaunt, wie trittsicher Ziegen selbst auf steilen Felsen klettern können.

Von der Deep Bay laufe ich in einer Stunde bis St. Johns. Unterwegs treffe ich viele nette Einheimische. Alle fragen woher man kommt und wohin man möchte. Für die Einheimischen ist es ungewöhnlich, dass ein Tourist eine so weite Strecke zu Fuß läuft. Selber würde man nie auf die Idee kommen, und lieber so lange am Straßenrand warten bis ein Auto vorbeikommt, mit dem man mitfahren kann.
St Johns ist keine schöne Stadt, alles wirkt sehr heruntergekommen. Der Hafen liegt mitten im

Stadtzentrum, an jedem Tag kommen 2 bis 3 große Passagierschiffe. Tagsüber sieht man auf den Straßen sehr viele Passagiere, die meisten aus USA, herumlaufen.
In St Johns sind die einzigen öffentlichen Verkehrsmittel Kleinbusse, die vom zentralen Busbahnhof alle Orte der Insel ansteuern.

Auf dem Rückweg trinke ich im Hotel am Strand noch einen Kaffee. Das sehr große Hotel ist praktisch leer, nur ganz wenige Touristen liegen am Pool. Antigua liegt wohl zu weit entfernt von Amerika oder Europa.

Donnerstag d. 15. März 2012

Wir haben in English Harbour bei einem örtlichen Rigger ein neues Want in Auftrag gegeben, das ist jetzt fertig und kann abgeholt werden.

Zurück nach English Harbour segeln wollen wir nicht, Jolly Harbour ist nicht weit entfernt und von dort können wir mit dem Bus in den Süden der Insel fahren.
In Jolly Harbour ist eine der wenigen Marinas im südöstlichen Teil der Karibik, es gibt viele Hotels, in denen überwiegend amerikanische Gäste übernachten und einen großen Supermarkt, in dem wir alles Notwendige für die Rückfahrt kaufen können.

Die Sammeltaxis fahren zu unregelmäßigen Zeiten. Meistens ist der Fahrer auch der Eigentümer des Autos. Aussteigen kann man überall. Wenn man mitfahren möchte, genügt ein Handzeichen, kleine Umwege, wenn das Ziel nicht an der Straße liegt, sind auch kein Problem.
Ein Problem sind die Fahrgäste. Die Minibusse aus japanischer Produktion sind für kleine asiatische Menschen ausgelegt. Größer sind die Leute hier auch nicht, aber es gibt kaum jemanden der nicht schon in jungen Jahren mit erheblichem Übergewicht zu kämpfen hat. Eigentlich passen drei Fahrgäste nicht auf eine Sitzbankreihe, aber nur mit voller Beladung rechnet sich das Geschäft für den Fahrer, also sitzen wir sehr dicht gedrängt nebeneinander. Auf dem Rückweg habe ich auch noch das aufgerollte Want dabei.

Zurück an Bord montieren wir sofort das Ersatzteil, stellen aber mit großem Schrecken fest, dass der Edelstahldraht am oberen Terminal abgeknickt ist, nicht viel, aber zu viel um angstfrei über das Meer zu fahren.

Sonntag d. 18. März 2012

Seit gestern spät Nachmittag liegen wir wieder in der Bucht von St Pierre auf Martinique vor Anker.
Wir sind von Antigua zurückgefahren, weil auch das neu bei Antigua Rigging gefertigte Want nicht hundertprozentig passt. Wir wissen nicht warum, aber der Edelstahldraht, an dem beim Segeln enorme Kräfte zerren können, verkantet im oberen Terminal. Das bedeutet Bruchgefahr, insbesondere wenn die Belastung über einen längeren Zeitraum anhält. Auch wenn wir jetzt nur noch zurückfahren, die noch zu segelnde Strecke ist fast 4.000 Meilen lang, soviel wie wir sonst in zehn Jahren segeln.
Eine erfreuliche Nachricht hat uns erreicht: Unser zu Hause angefertigtes neues Want ist abholbereit bei Sea Services in Fort-de-France. Wir beschließen sofort auszulaufen und gehen davon aus, dass wir die 140 Meilen innerhalb von 24 Stunden schaffen. Die Windprognose ist günstig, 15 Knoten aus Ost, also halber Wind und damit beste Bedingungen.

Auf See messen wir 20 Knoten Wind, in Böen 25 und was schlimmer ist, Wind und Wellen kommen genau von vorn. Mit kleinster Segelfläche kämpfen wir uns voran. Bald können wir Guadeloupe sehen, freuen uns über die erwartete Wellenabdeckung und sind sehr überrascht, als der Wind von einer Sekunde zur anderen völlig einschläft. Die Wellen bleiben leider die ganze Nacht. Das Schiff rollt und stampft entsetzlich. Am unangenehmsten ist, wenn das Heck aufs Wasser aufschlägt und das ganze Schiff vibrieren lässt. Wir können nichts machen nur abwarten. Am nächsten Morgen mit Sonnenaufgang kommt der Passat wieder und wir können recht zügig Dominica erreichen. Obwohl wir jetzt gut zehn Meilen von der Insel entfernt sind, liegen wir wieder die ganze kommende Nacht im Windschatten der Insel an einer Stelle. Mit Motor versuchen wir in Windfelder zu fahren, mit mäßigem Erfolg, erst mit Sonnenaufgang können wir zügig weiterfahren.

Die Fahrt, für die wir 24 Stunden kalkuliert haben, dauert am Ende fast 50 Stunden und ist ein Härtetest für Boot und Mannschaft. Aber alles hält, wir sind sicher auf dem Atlantik weniger Belastungen für unser Boot vorzufinden und freuen uns letztendlich über das erfolgreich gemeisterte Seestück.

In St Pierre können wir an unserem alten Ankerplatz liegen. Am Montag früh werde ich mit dem Sammeltaxi nach Fort-de-France fahren um unser Ersatzteil abzuholen. Sobald wir das montiert haben, wollen wir wieder zurück nach Antigua segeln.

Montag d. 19. März 2012

Gegen Mittag bin ich zurück aus Fort-de-France, wir montieren sofort das neue Want, alles passt perfekt. Jetzt sind wir wieder in jeder Hinsicht seeklar, nichts an Bord ist ein Kompromiss, so können wir den Atlantik sicher überqueren.

Wir bleiben noch über Nacht in Martinique. Erst am nächsten Morgen läuft die Tide in der Karibik von Westen nach Osten, eine große Hilfe um die Passage zwischen Martinique und Domenica zu passieren. Mit flottem Wind geht es voran, nach kurzer Zeit können wir Domenica sehen.
Mittlerweile wissen wir, dass in Landnähe der Passat nicht weht. Unser Kurs führt uns mehr als 15 Meilen auf das karibische Meer heraus. Leider immer noch nicht weit genug, bereits an der Südspitze der Insel liegen wir in der Flaute, dazu haben wir jetzt aber keine Lust und starten den Motor, mit dem wir jetzt von einem Wind Feld zum anderen fahren. Immer, wenn es weht, sind die Segel schnell oben und dann kommen wir auch gut voran, leider halten die Böen immer nur maximal 30 Minuten an.
 Bevor es dunkel wird, haben wir aber die Meerenge zwischen Domenica und Guadeloupe erreicht. Der Wind weht wieder wie gewohnt und es geht in schneller Fahrt nach Norden. Auch Guadeloupe können wir nur mit Hilfe der Maschine passieren. Abends sind wir auf der Breite der uns schon bekannten Des Haies Bay, wir wollen nicht mehr weiterzufahren und gehen vor Anker.

Am nächsten Tag erreichen wir nach einem herrlichen Segel Tag am späten Nachmittag Falmouth Harbour in Antigua.

Bisher haben wir die Karibik nur als Starkwindrevier kennen gelernt. Selten hatten wir weniger als 20 Knoten Wind, heute blies der Wind nur mit 10 bis 12 Knoten und wir konnten das erste Mal nach langer Zeit wieder mit ausgerefften Segeln fahren.

Falmouth Harbour, die große, nach Süden offene Bucht liegt direkt neben English Harbour. Hier liegen jetzt unzählige Megayachten, alle bereiten sich auf die Antigua Race Week vor.
Wir treffen auch viele bekannte Fahrtenyachten, alle warten hier auf günstiges Wetter für die Rückreise nach Europa. Die Yachten, die in der Karibik bleiben wollen, sind zwischenzeitlich weit nach Süden gefahren. Dort gibt es keine Hurrikane und die Schiffe können sicher an Land stehen.
Mit der Antigua Race Week ist die Segelsaison in der Karibik zu Ende. Die großen Yachten fahren dann ins Mittelmeer, die Fahrtenboote zurück nach Nordeuropa.

Auch unsere Zeit in der Karibik geht zu Ende. In gut dreieinhalb Monaten haben wir 15 Inseln besucht und mehr als 45-mal in verschiedenen Buchten geankert.
Wir fahren noch für zwei bis drei Tage in die nahe, sehr große Nonsuch Bay an der Ostküste Antiguas. Die Bucht ist riesig, hier kann man segeln wie in einem Binnenrevier. Wir ankern noch einmal hinter dem Riff vor einem weißen Traumstrand baden und lesen viel.
Direkt neben uns liegt eine Yacht auf dem Riff. In fast jeder großen Bucht konnten wir havarierte Schiffe entdecken. Einmal auf dem Riff gibt es keine Chance, dass das Boot noch einmal in blaues Wasser kommt, die scharfen Kanten des Lavagesteins zerstören den Rumpf sofort.
Die vielen Wracks mahnen immer wieder zur Vorsicht. In Küstennähe ist in der Karibik überall

sorgfältigste und weitsichtige Navigation angesagt. Zumal auch fast alle Versicherungen das Risiko hier zu segeln entweder ablehnen oder indiskutabel hohe Prämien verlangen. Auch unsere Kaskoversicherung gilt erst wieder ab England.
Wenn man allerdings umsichtig navigiert, gibt es keine Probleme. Eine sehr große Hilfe sind die heute üblichen Plotter, auf denen alle Untiefen und Riffe und die eigene Position einfach zu erkennen sind. Auch unser Echolot läuft immer, wenn wir in Landnähe sind.

Nächste Woche fahren wir noch einmal zurück nach Falmouth Harbour, eine Strecke, die wir von hier in gut zwei Stunden schaffen können. Von dort segeln wir weiter nach Jolly Harbour an der Nordwestspitze Antiguas.
Hier werden wir uns den noch fehlenden Proviant für die Rückreise besorgen, ein großer sehr gut sortierter Supermarkt ist auf dem Hafengelände. Und bei erster Gelegenheit erden wir von dort die Heimreise beginnen. Ob wir die Bermudas anlaufen oder gleich bis zu den Azoren fahren, hängt von der Wind- und Wettersituation unterwegs ab.
Für die Fahrt zu den Azoren rechnen wir mit 20 bis 25 Tagen auf See. Wir werden wieder jeden Tag eine Positionsmeldung schicken und täglich Informationen über die Wettersituation bekommen und hoffen, weder in nervige Flauten noch zu oft in Starkwindgebiete zu kommen.

The Leeward Islands (von Florian)

Auch diese schöne Zeit unserer Reise geht einmal zu Ende. Habt ihr ein Bild von der Karibik im Kopf? So eins mit Palmen und Strand? Warte kurz, ich hebe mal den Kopf aus der Luke ...

Nach mehr als drei Monaten in diesem traumhaften Teil der Welt möchte ich mich nicht über zu wenig Freizeit beklagen. Aber auch unser Leben hat Pflichten. Ein Boot und zwei Mann Crew am Laufen zu halten, erfordert ganzen Einsatz. Eins von 1.000 Teilen bedarf immer einer Reparatur und alles, was wir essen, trinken oder sonst wie verbrauchen, muss besorgt und dann an Bord geschleppt werden. Ich gehe darin auf. Ohhh wie schön: Ein LIDL ... einmal wurde ich schon von einer jungen Mutter angelacht, weil ich durch den Einkauf von Baby-Wipes, wegen der großen Menge in meinem Korb, ganz offensichtlich gut für den Nachwuchs sorge.

Lasst mich aber doch bitte noch mal über die Karibik schwärmen! Aber wo fange ich an? Das Wasser ist so blau und warm, die Strände sind weiß und einsam. Die Sonne scheint volle 12 Stunden auf meine mit Faktor acht eingecremte Haut. Und der wirklich große Hai, den wir vor der Küste von Antigua getroffen haben, war nur die zweitspektakulärste Tiersichtung. So richtig, so richtig richtig, schön ist es hier.

Leider, auch diese Zeit geht einmal zu Ende. Unser nächstes Etappenziel ist schon wieder dicht vor dem europäischen Festland, die Azoren. Kalt ist es dort auch.

Morgen segeln wir los. Lasst die Dusche einen Augenblick länger für uns mitlaufen und gönnt uns fünf Minuten von eurem Schlaf: 25 bis 30 Tage werden wir wohl bis dahin brauchen ...

Wir freuen uns schon auf Zuhause!
Florian

Rückreise - Azoren

Jetzt sind wir seit vier Tagen in der wunderschönen Nonsuch Bay an der Ostküste Antiguas. Rückblickend eine der schönsten Buchten, die wir in der Karibik angelaufen haben. Wir lagen völlig geschützt hinter dem großen Riff, konnten noch einmal schnorcheln, Schildkröten und andere Tiere beobachten und hatten nette Ankerlieger neben uns.
Leider sind unsere Frischvorräte sehr begrenzt, zu kaufen gibt es hier nichts, deshalb können wir nicht länger bleiben und verlassen die Bucht mit Ziel Jolly Harbour, genau auf der anderen Seite der Insel gelegen.
Von dort wollen wir Ende der Woche zu unserer Rückreise starten, vorausgesetzt der Wind ist einigermaßen günstig. Unser Ziel ist, nur loszufahren, wenn wir nicht schon am ersten Tag mit Seewasser nass werden. Unser Wunsch wäre an den ersten drei bis vier Tagen südöstliche Winde mittlerer Stärke, dann würden wir gleich zu Anfang eine schöne Strecke schaffen.

In der Nacht vom 28. auf den 29. März liegen wir wahrscheinlich das letzte Mal in der Karibik vor Anker, für die nächsten beiden Tage haben wir einen Liegeplatz in der Marina gebucht.

Im Hafen machen wir unangenehme Erfahrungen mit Moskitos. Auch mit unserem feinmaschigen Insektennetz über allen Luken können wir nicht verhindern, dass die kleinen Quälgeister ins Boot kommen und uns fürchterlich stechen.
Bisher haben wir keine Probleme mit Mücken gehabt. Bis zu den Ankerplätzen, oft gut 100 Meter vom Strand entfernt, können sie offensichtlich nicht fliegen.

Am Steg können wir viel einfacher unser Schlauchboot zusammenlegen und verpacken, den noch fehlenden Proviant bunkern und unsere Wassertanks und Kanister auffüllen.
Sehr froh sind wir, dass es im Supermarkt vakuumverpacktes Brot zu kaufen gibt, dass 3 Monate gelagert werden kann. Auch Dosenbutter finden wir hier.

Außerdem wollen wir das Schiff innen und außen noch einmal gründlich reinigen. Das Unterwasserschiff ist bereits in der Nonsuch Bay ``wie neu`` geschrubbt worden, nirgends ist noch Fahrt hemmender Bewuchs, allerdings ist die Schichtstärke unseres Unterwasseranstrichs durch die Reinigung erheblich reduziert worden. Wir rechnen aber mit guter Fahrt auf dem Atlantik und wenn das Boot in Fahrt ist, bleibt es im Unterwasserschiffbereich sauberer als im Hafen.

Hinzukommt, dass wir die Gebiete mit sehr warmem Wasser, in der Karibik ist das Seewasser immer +26°C warm, bald verlassen werden. Je kälter das Wasser, umso geringer ist der Bewuchs.

Montag d. 2. April 2012

Um 14:00 Uhr sind wir startklar und laufen aus. Im nahe gelegenen Supermarkt haben wir noch Gemüse und andere frische Sachen gekauft, noch einmal alle Tanks gefüllt und ein letztes Mal alles gründlich gecheckt.
Nördlich von Antigua liegt Barbuda, eine kleine, sehr niedrige Sandinsel. Eine der wenigen Karibikinseln, die nicht von Kolumbus entdeckt wurde. Barbuda wollten wir eigentlich auf unserer Fahrt in Lee lassen. Der Wind kommt aber zu weit nördlich, so dass wir die letzte Karibikinsel auf unserer Tour nachts auf der Karibikseite passieren müssen.
Die nächsten drei bis vier Wochen werden wir kein Land sehen. Unser Ziel ist direkt zu den Azoren zu segeln, nur wenn unterwegs unvorhergesehene Dinge passieren, wollen wir die Bermudas als Zwischenstopp anlaufen. Vorsichtshalber haben wir die erforderlichen Einklarierungsformulare ausgefüllt und per Mail an die Hafenbehörde geschickt.

Die Windprognose war bei der Abfahrt günstig, wir hätten eigentlich die nächsten drei bis fünf Tagen mit optimalem Wind rechnen können, so dass wir ungefähr ein Viertel der Strecke in wenigen Tagen geschafft hätten.
Wie schon so oft sah die Realität anders aus. Als Barbuda außer Sichtweite war, schlief der Wind von einer Sekunde zur anderen komplett ein. Wie in solchen Situationen üblich versuchen wir mit allen Tricks trotzdem voranzukommen. Nach einigen Stunden geben wir aber entnervt auf, lassen die schlagenden Segel runter, essen erst einmal etwas und legen uns dann schlafen. In der Nacht kommt der Wind wieder, allerdings nur schwach und hält auch nicht lange durch, außerdem ist die Richtung ungünstig.
Die folgenden windstillen Tage sind die heißesten der ganzen Reise. Wir treiben, auch unter unserem Sonnensegel wird es 35 °C warm. Erst abends nach Sonnenuntergang wird es wieder behaglich. Ab und zu kommt ein kleiner Windhauch, dann setzen wir schnell die Segel und fahren ein paar Meilen.
Nach einigen Tagen kommt auch der Nordost Passat wieder und wir können zügig weiterfahren. Der schönste Platz an Bord ist nachmittags das Vordeck im Schatten des Segels. Wir können viele Delphine und unzählige fliegende Fische beobachten.
Gegen Abend wird die Harmonie durch immer höhere Dünungswellen aus Nord, also genau von vorn, gestört. Trotz gutem Wind kommen wir nur langsam voran, jede Welle bremst das Boot ab, manchmal bis zum Stillstand. Als Nachts zur Dünung noch die sich aufbauende Wind See aus Ost hinzukommt, wird es richtig chaotisch.

Wir können unser Ziel, Horta auf Faial, nicht direkt ansegeln. Das Problem ist das Azorenhoch mit sehr unbeständigen Winden und oft langanhaltenden Flauten. Um dieses Schwachwindgebiet zu umgehen, fahren wir erst einmal nach Norden und nachdem wir ungefähr den 28 Breitengrad erreicht haben, werden wir direkten Kurs auf unser Ziel nehmen können.

Freitag d. 6. April 2012

Wir passieren die Dampferroute Europa / Panamakanal und sehen heute viele Frachter. Unter anderem passieren wir sehr dicht die ``Cap San Antonio`` der Hamburg Süd Reederei. An Deck können wir niemanden erkennen, auf der Brückennock auch nicht. Wir überlegen uns über Funk zu melden, machen es dann aber doch nicht.

Ostern 2012

Wir kommen viel langsamer voran als gedacht. Der beständige Passat weht zwar, aber nicht sehr stark, zum Glück bremsen uns keine entgegenkommenden Wellen mehr, wohl aber der von Ost nach West laufende Äquatorialstrom.

Tageshöhepunkt ist immer um 12:00 Uhr Bordzeit, dann notieren wir unsere Position im Logbuch und schalten unser Satellitentelefon an. Täglich bekommen wir Wetter- und Windinformationen, wir senden unsere Position und kleine Informationen per SMS an unsere Familie.
Wir haben unsere Reise mit zunehmendem Mond begonnen, jetzt haben wir Vollmond und es ist nachts richtig hell.

Die ersten Gestirne, die wir abends kurz nach Sonnenuntergang sehen können, sind Jupiter und Venus. Beide Planeten begleiten uns schon die ganze Reise.
Während zu Beginn die Venus viel höher stand als der Jupiter, hat die Venus jetzt Jupiter ``überholt`` und steht jeden Tag sichtbar tiefer.

Je weiter wir nach Norden kommen, bei unserem langsamen Tempo jeden Tag nur ungefähr 1 bis 1 ½ Grad, umso höher sehen wir den Polarstern aufgehen, den einzigen Stern am Himmel, der immer an der gleichen Stelle steht.

Mittwoch d. 11. April 2012

Zum ersten Mal auf dieser Reise hat der Wind 24 Stunden ohne Flauten Unterbrechungen durchgehalten, auch die Richtung stimmt. Heute kommen wir unserem Ziel ein deutliches Stück näher.
Zu schaffen macht uns die Kälte, wir sind jetzt auf dem 30. Breitengrad, gut 800 Seemeilen nördlich von Antigua und der Nordwind sorgt für Temperaturen etwa 10 Grad kälter als in der Karibik. Zum ersten Mal seit sechs Monaten ziehen wir wieder lange Hosen und Stiefel an,

auch unsere Federbetten sind nachts wieder im Einsatz.

Mittlerweile hat sich die Bordroutine eingestellt. Ich gehe abends so gegen 18:00 Uhr in die Koje und kann auch meistens sofort fest einschlafen. Kurz vor Mitternacht weckt Florian mich, dann schläft er 2 Stunden. Von 2:00 Uhr bis 4:00 Uhr darf ich mich dann wieder ausruhen. Danach kann Florian bis mittags schlafen.
Wie schon auf der Hinreise, verlassen wir nachts nie die Plicht und sind immer angeleint. Um bei dem Krach im Schiff besser schlafen zu können, haben wir uns Ohrenstöpsel gekauft. Richtig schlafen können wir aber nur weil wir uns gegenseitig 100 prozentig vertrauen.

So gegen 14:00 bis 15:00 Uhr ist auch bei schlechtem Wetter immer ein köstliches Mittagessen fertig. Dann klönen wir noch ein bisschen und schon ist wieder ein Tag vorbei. Mittlerweile waschen wir alles immer sofort nach dem Essen ab, natürlich mit Seewasser, dass wir zum Schluss mit ganz wenig kostbarem Süßwasser wieder abspülen.

Bisher haben wir deutlich weniger Meilen als gedacht, geschafft, unsere geplante Durchschnittsgeschwindigkeit werden wir sicher nicht erreichen. Gegenströmungen, Wind und Wellen von vorn haben unsere Geschwindigkeit stark reduziert. Allerdings sind wir auch nie mit maximal möglicher Segelfläche gefahren. Vor dem Dunkelwerden reffen wir immer, hauptsächlich, damit unser Schlaf nicht durch zu viele Manöver unterbrochen wird. Dafür nehmen wir gern einen Fahrtverzicht in Kauf. Außerdem sind wir sehr auf Sicherheit bedacht und wollen auf gar keinen Fall einen Schaden in der Takelage riskieren.

So viel auf dem Wasser treibenden Müll, meistens Plastikteile, die sich auf See nur äußerst langsam zersetzen, haben wir auf dem offenen Meer noch nie gesehen. Heute trieb eine Holzpalette dicht an uns vorbei. So ein Hindernis zu rammen, stellt eine wirkliche Gefahr für Yachten da. Wirklich häufig sehen wir auch treibende Fischernetzmarkierungsbojen, oft hängen an Ihnen noch lange Tampen.

Sonntag d. 15. April 2012

Sturmfahrt: Seit einiger Zeit sehen wir unser Barometer jeden Tag ein kräftiges Stück fallen. Ein sicheres Indiz für ein nahendes Tief mit viel Wind.

Wir erhalten eine SMS mit den Koordinaten des Sturmzentrums und die Info, dass bis zu 50 Knoten Wind prognostiziert werden. Da wollen wir auf keinen Fall hin und beschließen auszuweichen. Ärgerlicherweise kommen Wind und Wellen aus Nordost, genau daher wo wir hinwollen. Es bleibt uns nichts anders übrig als mit raumem Wind zurückzufahren.

Die Wellen werden immer höher, der Wind stärker, aber eine Gefahr für Mannschaft oder Boot können wir nicht erkennen. Alles an und unter Deck wird gesichert, wir essen noch einmal sehr gut, dann legen wir uns abwechselnd schlafen.

Leider haben wir gerade Neumond, und der geht auch erst um 3:00 Uhr morgens auf und bis dahin ist die Nacht völlig schwarz. In kurzen Abständen regnet es ergiebig, auch mit bester Segelbekleidung ist nach dem dritten Schauer alles klamm.

Die Wellen können wir nicht sehen. Es hört sich so an, als ob ein D - Zug angerauscht kommt. Aber unsere ``Loliti`` schwimmt immer rechtzeitig auf und wir haben, außer wenigen Spritzern, nie Wasser in der Plicht.

Wieder bewährt sich unsere leichte Bootskonstruktion.

Kurz vor dem Hellwerden legt der Wind noch einmal kräftig zu. Bisher sind wir mit ausgebaumtem Sturmsegel gefahren, aber das ist jetzt auch zu viel. Ohne Segel lassen wir uns die nächsten Stunden treiben, der Windwiderstand des Bootes ist aber ausreichend um immer noch mit vier bis fünf Knoten durchs Wasser zu fahren. Bei dieser Geschwindigkeit können wir das Schiff, nur von der Selbststeueranlage gelenkt, sicher vor dem Wind ablaufen lassen. Die meiste Zeit verbringen wir beide drinnen, während Florian schläft, sitze ich am Niedergang und beobachte durch unseren Plexiglassteckschott das Geschehen draußen, bereit sofort nach draußen zu gehen, wenn es erforderlich ist.

Zu unserem großen Glück lässt der kräftige Wind nach wenigen Stunden nach und wir können unsere Segel wieder hochziehen.

Als es hell wird, sehen wir die wirklich beeindruckend hohen Wellen, zum Glück sind keine Brecher dabei.

So schnell wie der Wind zugenommen hat, so schnell nimmt er auch wieder ab. Das Barometer steigt wieder, das Tief ist durchgezogen.

Insgesamt sind wir gut 60 Meilen zurückgefahren, ärgerlich aber es gab keine andere Möglichkeit.

Nach dem Sturm hatten wir einen Tag schwach umlaufenden Wind, danach kam beständiger Südost und wir konnten wieder Kurs auf Horta nehmen.

Wir haben jetzt Horta als Ziel in unseren Navigator eingegeben, gut 1.900 Meilen sind es noch bis dahin. Jeden Tag können wir jetzt sehen wie viele Meilen wir noch segeln müssen um unser Etappenziel zu erreichen.

Montag d. 23. April 2012

Heute sind wir drei Wochen auf See, ein großer Teil der Strecke, unser Plotter zeigt noch 645 Seemeilen bis Horta, ist geschafft. Heute können wir allerdings diese Distanz nicht wesentlich verkürzen. Seit fast 12 Stunden liegen wir in einer Flaute und treiben mit runtergelassenen

Segeln. Es ist warm, wir können alle Luken öffnen und innen alles gründlich trocknen.

In den beiden letzten Tagen hatten wir herrlichen Südwestwind und konnten uns mit Wind und Wellen von achtern schnell unserem Ziel nähern. Leider hielt der gute Wind nicht lange durch.
Nach unseren Monatskarten hätten wir auf dieser Reise mit 70 Prozent Wind aus westlichen Richtungen rechnen können. In diesem Jahr verhält sich das Klima aber anders als die Statistik. Bis auf gestern und vorgestern mussten wir immer gegen starken Wind und hohe Wellen ankämpfen.
Es zeichnet sich ab, dass eine schnelle Reise nicht möglich ist, vielleicht benötigen wir noch eine weitere Woche bis Horta. Gut, dass wir ausreichend Proviant und Wasser an Bord haben.

Langweilig ist es trotzdem nicht, wir haben noch genug Bücher zum Lesen. Einen nicht unerheblicher Teil des Tages verbringen wir mit Essen, aufräumen und kleinen Reparaturen und Verbesserungen am Schiff. Besonders die Steuerleinen unserer Selbststeueranlage verschleißen an den Umlenkrollen schnell. Nach einer Woche auf See müssen wir sie immer austauschen. Später erkennen wir, dass die Umlenkrollen zu klein und die Lager durch die hohen Kräfte verschlissen sind. Ersatz haben wir nicht an Bord, erst in Horta können wir neue Blöcke beschaffen.

Ab Nachmittag haben wir erst wenig Wind und dann totale Flaute.
Wir könnten bei den vielen Flauten auch unseren Motor starten, der Dieselvorrat würde bei wenig Seegang für gut 250 Meilen reichen.

Auf dieser Fahrt hatten wir manchmal guten Wind, der innerhalb kürzester Zeit einschlief, dann aber nach mehreren Stunden, meistens aus einer anderen Richtung, genauso schnell wiederkam, darauf hoffen wir auch jetzt.

Immer wenn wir ganz langsam fahren oder uns treiben lassen, halten wir keine Nachtwachen und schlafen beide.
Im Masttopp brennt mit Sonnenuntergang unsere Positionslampe und bisher hat unser AIS - System immer einen lauten Piepton gegeben, wenn ein anderes Schiff uns zu nahegekommen ist.
Viele Schiffe sehen wir übrigens nicht. Bisher konnten wir 12 Frachter beobachten, heute Morgen hat uns recht dicht die ``Madrid Express`` von Hapag Lloyd passiert. Wie die meisten Containerschiffe fuhr auch dieser Frachter wegen der hohen Bunkerpreise recht langsam. Während es normal nur 20 Minuten dauert bis ein am Horizont beobachtetes Schiff auf unserer Höhe ist, benötigte das große Hamburger Containerschiff die dreifache Zeit.

Sonntag d. 29. April 2012

Noch 399 Meilen bis Horta, in den letzten Tagen sind wir viele Meilen durchs Wasser gesegelt, durch den ungünstigen Kreuzkurs sind wir unserem Ziel allerdings nur wenig nähergekommen. Wenn der Wind von vorn kommt, müssen wir kreuzen, unser Boot kreuzt sehr gut. Wenn aber gleichzeitig hohe und steile Wellen von vorn kommen, werden wir in jeder Welle abgebremst. Um zu verhindern, dass der Bug in jede Welle kracht, das halten unsere Nerven und wohl auch die Schiffsverbände nur wenige Stunden durch, fallen wir mehr ab, was wiederum die zu segelnde Strecke deutlich verlängert.

Jede Meile wurde hart erkämpft, leider sind wir in der letzten Woche unserem Zielhafen nur gut 300 Meilen nähergekommen, durchs Wasser sind wir sicherlich mehr als die doppelte Strecke gefahren.

In der tiefschwarzen, windstillen Nacht war stundenlang ein kräftiges Gewitter in unserer unmittelbaren Nähe. Manche Blitze erhellten die Umgebung wie am Tage und waren wirklich sehr unheimlich. Florian weckte mich auch weil wir einen anderen Frachter in der Nähe bemerkt hatten. Schnell montierten wir unsere Blitzableiter, einfach Kupferkabel, die wir an den Wanten befestigten und bis ins Wasser reichten und klemmten alle elektrischen Bauteile ab. Unser Reserve GPS kann schnell abgeschraubt werden, der geschlossene Kochtopf wirkt wie ein Faraday'scher Käfig und schützt das wichtige Gerät vor einer Beschädigung durch Blitzschlag.

So richtig wissen wir nicht wie gefährlich oder ungefährlich Gewitter auf See wirklich sind. Nie haben wir von Problemen anderer Segler gelesen. Ob unsere Blitzableiter bei einem Einschlag ausreichend gewesen wären, wissen wir nicht, auf jeden Fall wirkten sie beruhigend.

Wir liegen genau zwischen zwei Wettersystemen, unser Bordbarometer steht so hoch wie noch nie, die Windvorhersagen sind schwierig und oft sehr ungenau. Fast immer kommen Wind und Wellen aus Nordost, eine Richtung, aus der in dieser Jahreszeit nach den Wetterkarten eigentlich nie Wind kommen soll.

Seit gestern sind die Bedingungen aber etwas besser, der Wind hat auf Süd gedreht und wir können Horta anliegen.

Wir sind jetzt schon viel länger unterwegs als geplant, fast vier Wochen sind wir bereits auf See und realistisch benötigen wir noch vier bis fünf Tage, je nachdem wie sich der Wind entwickelt. Proviant und Wasser haben wir noch genug, allerdings sind die Sachen, die wir besonders gerne essen, aufgebraucht.

Heute Nacht hat uns die ``Renate Oldendorf`` sehr dicht passiert und uns mit ihrem starken Scheinwerfer angeleuchtet.

Tagsüber konnten wir mehrfach große Wale beobachten. Zweimal schwammen die riesigen, aber zum Glück sehr friedlichen Tiere, ganz dicht an uns vorbei.

Wale kann man schon von weitem erkennen, wenn sie ausatmen ist eine meterhohe, gut sichtbare Fontäne deutlich zu erkennen.

Zu schaffen macht uns die Kälte, besonders in den letzten Tagen war es nachts bei Nordwind sehr kalt. Wie soll das erst werden, wenn wir wieder in Europa sind?

Dienstag d. 1. Mai. 2012

Der schöne Südwind hat nicht lange durchgehalten, immer wieder hatten wir tagsüber sehr flaue Winde. Da die Wellen unverändert sind, schlagen die Segel bei diesen Bedingungen entsetzlich, sodass wir sie meistens schnell runternehmen und uns treiben lassen, bis sich das Meer wieder kräuselt und Wind aufkommt.

Abends hatten wir wieder totale Flaute, alle Segel sind geborgen, wir legen uns beide schlafen. Später kam dann doch wieder eine Brise, wir setzen Segel und freuen uns, dass der Wind die ganze Nacht durchsteht.

Jetzt wo wir uns den Azoren nähern, sehen wir auch andere Yachten, die wie wir aus Amerika kommen.

Mittwoch d. 2. Mai 2012

So schön kann segeln sein, seit heute Morgen 4:00 Uhr haben wir den besten Wind aus Südwest. Davor war für mehrere Stunden Flaute, mit heruntergenommenen Segeln haben wir uns treiben lassen. Einen großen Vorteil hat die Flautensegelei allerdings, da wir keine Nachtwachen gehen, wenn das Boot treibt, haben wir auch kein Schlafdefizit.
Weil es in den letzten Tagen so schwachwindig war, haben wir zum Glück keine Wellen, zu mindestens nicht von vorn. Unter diesen Bedingungen läuft unser Schiff am besten. Eine größere, neben uns fahrende Yacht haben wir überholt und können sie am Nachmittag kaum noch am Horizont ausmachen.

Sehr gut sind auch die Aussichten, morgen und übermorgen soll es mit vier bis fünf Beaufort aus Nordwest wehen, eine Windrichtung, von der wir schon die ganze Reise geträumt haben. Bis Horta sind es noch gut 200 Seemeilen, spätestens Freitagmorgen sind wir da.

Donnerstag d. 3. Mai 2012

Heute Nacht haben wir Flora, die westlichste Insel des zu Portugal gehörenden Azoren Archipels, passiert, ohne dass die Insel in Sicht gekommen ist.

Unsere weite Fahrt, die längste auf unserer Reise, geht jetzt zu Ende. Wenn der Wind so weht wie für die nächsten Tage vorhergesagt, sind wir morgen in der Marina von Horta.

Freitag d. 4. Mai 2012

Wir sind jetzt 32 Tage auf See und möchten heute ankommen.

Der starke und beständige Nordwest hält durch, leider nicht auf den letzten 35 Meilen. Es zieht eine Regenfront durch und danach bläst es wieder heftig aus Nordost, also wie so oft, von vorn. Das Ziel vor Augen segeln wir das erste Mal auf unserer gesamten Tour etwas riskanter. Florian schläft, normal müsste ich das Großsegel bergen. Aber ohne das Großsegel können wir den Kurs nicht halten. Gut 20 Extrameilen schaffen wir durch die zusätzlichen Anstrengungen. Erst als Florian mittags aufsteht, bergen wir das Groß und segeln so gut es geht nur mit dem Vorsegel weiter.

Den ganzen Tag benötigen wir um die letzte Strecke aufzukreuzen. Mit jedem Kreuzschlag kommt Faial näher. Bald können wir sogar Häuser klar erkennen, sind uns aber nicht sicher, ob wir Horta noch vor Einbruch der Dunkelheit erreichen.

Eine weitere Nacht wollen wir nicht auf See bleiben und starten für die letzten 10 Meilen den Motor.
Um 19:00 Uhr sind wir in der schöner Marina, zum Glück ist noch ein Platz an einem Schlengel frei, wir gehen noch kurz an Land und dann bald sehr zufrieden in die Koje.

Während wir auf der Hinreise richtig stolz waren Amerika erreicht zu haben, sind wir jetzt in Horta nur einfach froh die längste Strecke unserer Rückreise geschafft zu haben.

Trans Atlantik 2. Teil – sign of land (von Florian)

Super, das Geschäft ist doch noch ``offen`` … und so greif ich beherzt nach den Tomaten und nach Paprika. Der Salatkopf da, der muss auch mit. Perfekt! Habe ich alles? Ja! Also trage ich meinen Schatz zur Kasse. Die war leider nicht mehr ``offen``. Nichts zu machen, sagt sie. Oh nein, der sicher geglaubte Sieg, er rinnt mir durch die Finger. Wie ein Ertrinkender klammern sich meine müden Augen bittend an den letzten Strohhalm. Wochenlang, sage ich, bin ich über den Atlantik gesegelt.
Wirklich, ohne dieses frische Gemüse kann ich das Geschäft nicht verlassen, keine Chance. Und nicht ohne die Flasche Wein… oh war ich froh!

Tausende von Kilometern sind wir in den letzten Wochen über den Atlantik gesegelt. Wir hatten lange Flauten Tage, aber auch welche, mit kräftigen Winden. Und zweimal ein paar Stunden ehrlichen Sturm. Nachts war es teilweise sehr kalt. Von dunkelsten Gewitternächten bis zum Sonnenuntergang mit goldenem Wasser war alles dabei.
Der Wind kam oft von vorn, leider dafür weniger von hinten. Das Wetter änderte sich gern komplett binnen Stunden. Und wir immer mitten drin, statt nur dabei.

Wir hatten die halbe Welt lange für uns allein. Um uns war nichts als Wasser, bis in den frühen Morgenstunden des 32.ten Tages auf See Land in Sicht kommt. Dort am Horizont! Endlich sind die Inseln der Azoren zu sehen.

Geschafft, wir sind zurück in Europa.
Florian

Ja, diese vorletzte Etappe unserer Atlantiktour hat länger gedauert als geplant.
Gut, dass wir uns von unterwegs jeden Tag melden konnten, sonst wäre die Familie sicherlich beunruhigt gewesen.
Wir bereuen trotzdem nicht, auf der Südroute gefahren zu sein. Von Anfang an war uns klar, dass wir dort mit mehr Schwachwind rechnen mussten.
Dafür sind wir von den Starkwinden der Tiefdruckgebiete, die in dieser Jahreszeit eins nach dem anderen von Amerika über den Atlantik nach Europa geschickt werden, verschont geblieben.
Insgesamt sind wir sechs Tage bei völliger Flaute getrieben, klar, da hätten wir den Motor anstellen können.

Das wir jedoch nur insgesamt fünf Tage mit günstigem Wind aus dem westlichen Sektor haben würden, konnten wir nicht voraussehen. Laut Statistik weht in diesem Gebiet 70 Prozent der Zeit Wind aus West.

Wir sind von unseren Segelfreunden die erste Yacht die Horta erreicht hat. Hier treffen sich alle wieder. Die meisten befreundeten Segler auf den anderen Schiffen wollten allerdings erst später aus der Karibik losfahren.
Wir wünschen allen eine sichere Überfahrt, und insbesondere denen die mit kleinen Kindern unterwegs sind, keine langanhaltenden Stürme.

Auf den ersten Blick ist Horta eine schöne bunte Stadt. Die Insel Faial ist sehr grün, die Nachbarinseln mit riesigen Vulkanen können wir gut erkennen. Hier werden wir wohl eine Woche bleiben. Vielleicht besuchen wir noch eine andere Azoreninsel, bevor es dann auf die letzte Atlantikstrecke dieser Reise zum englischen Kanal geht.

Dienstag d. 8. Mai 2012

Wir liegen sicher und gut an einem Fingersteg in der großen Marina von Horta, der Hauptstadt der Azoreninsel Faial.
An jedem Tag kommen jetzt neue Yachten aus der Karibik an, viele haben wir schon unterwegs getroffen.

Wir sind nach 32 Seetagen sehr froh wieder Festland betreten zu können. An den ersten Tagen im Hafen sind wir abends sehr früh ins Bett gegangen und haben zehn bis zwölf Stunden geschlafen.
Tiefschlaf, wie an Land, ist auf See nicht denkbar. Das ständig schaukelnde Schiff, mit einem Ohr hört man immer, ob die Geräusche unverändert sind und drei Stunden wachfreie Zeit sind auch immer schnell rum. Hinzukommt, dass man jetzt, wo es auf See so kalt war, recht lange braucht, um sich entsprechend wetterfest anzuziehen. Darüber hinaus wurde die Schlafenszeit zum Schluss fast bei jeder Wache für notwendige gemeinsame Segelmanöver reduziert.

Wir bewundern die vielen Einhandsegler und können uns kaum vorstellen wie sie ihren See-Tag organisieren. Mit niemandem können sie sprechen, können sich nie ablösen, kochen, Segelmanöver, alles müssen sie alleine machen.

Neben uns liegt die ``Treckfugglen`` aus Norwegen, eine sehr seetüchtige Grinde 28. Hanns segelt allein und ist schon 81 Jahre alt. Wir helfen ihm oft, sein Schiff wieder seeklar zu machen. Neben dem abgerissenen Ruder seiner Selbststeuerung hatte er einen heftigen Wassereinbruch durch die Motorlüftung.
Wenn das Wetter günstiger ist, werden wir zusammen Horta mit dem Ziel Englischer Kanal verlassen.

Das schlimmste Erlebnis auf der Überfahrt von Amerika hatte jedoch Louis mit der ``Escape``, Louis ist Profiskipper und überführt Yachten von Amerika nach Europa. Die Eigner der ``Escape`` sind von Belgien in die Karibik gesegelt, haben sich aber die rauhere Rückfahrt nicht zugetraut.
Um möglichst schnell den Atlantik zu überqueren, ist Louis einhand von Martinique zuerst nach Norden bis zum 40. Breitengrad gefahren und dort auf Ost Kurs gegangen.
Der Sturm, der uns Mitte April - wir waren damals auf dem 32sten Breitengrad - nur mit seinen Ausläufern erreicht hat, hat ihn mit voller Wucht getroffen. In Böen hatte er 68 Knoten Wind gemessen, danach war sein Windmesser kaputt. Zwei Tage musste er versuchen sein Boot, eine Bavaria 32, immer gut vor dem Wind zu halten. Irgendwann lässt aber bei jedem die Konzentration nach, ein Steuerfehler und die Yacht kam quer zu den Wellen. Der Masttopp berührt die See, alle Schapps und Bodenbretter gingen auf und der Inhalt verteilte sich im Boot. Spray Hood, Solarpanelle, Rettungsring, alles war, nachdem sich das Boot wiederaufgerichtet

hatte, nicht mehr da. Besonders ärgerlich für ihn war, dass die Luken nicht richtig wasserdicht verschlossen werden konnten, mehr als 200 Liter Seewasser waren nach dem Sturm in seinem Boot.
In solchen Situationen ist unsere Windsteueranlage das Beste, was man haben kann. Völlig geräuschlos, nur mit Windkraft, kann sie das Boot tagelang sicher und sehr präzise auch bei Sturm steuern.

Da Louis auch den Motor nicht mehr starten konnte, war die Stromversorgung ausgefallen und er musste den Rest der Strecke, bis zu 20 Stunden täglich, von Hand steuern.
Wie viele andere Yachten hat auch die ``Escape`` nur eine elektrische Selbststeueranlage, und ohne Strom funktioniert die nicht. Nach 37 Seetagen war Horta endlich erreicht, nun helfen ihm alle, sein Boot für die nächste Etappe wieder flott zu machen.

Jetzt wo wir wieder in Europa sind, fühlen wir uns schon fast wie zu Hause. Bis England sind es noch 1.200 Meilen, dann noch einmal gut 500 bis Hamburg, alles Strecken die natürlich nicht unterschätzt werden dürfen.

Auf dem Atlantik haben wir festgestellt, dass unser auf Minimum gerefftes Großsegel bei Starkwind immer noch zu viel Segelfläche hat. Der örtliche Segelmacher hat uns schnell und sehr preisgünstig einen weiteren Reffpunkt eingenäht.
Auch bei unserer Sturmfock, 25 Jahre brauchten wir sie nicht aus dem Segelsack zu holen, haben wir vorsichtshalber alle Nähte kontrollieren lassen.

Nach langer Zeit haben wir wieder eine Mail von unserem Freund Karl bekommen. Seine Yacht ist in Grenada an Land. Nach Ende der Hurrikan Saison will er weiter nach Norden segeln und erst im Jahr 2013, also ein Jahr später als ursprünglich geplant, wieder zurück nach Europa. Er fragt, ob wir als Crew mit ihm zusammen noch einmal den Atlantik überqueren wollen.

Er hat uns so lange nicht geschrieben, weil sein Lapp - Top beim Einsteigen ins Dingi ins Wasser gefallen war und damit alle Mailadressen weg waren.

Auch von der ``Bonafide`` haben wir Nachricht bekommen. Petra und Andreas sind wieder mit dem Flugzeug zu Hause im Ruhrgebiet angekommen, ihre Yacht liegt ebenfalls in Grenada und bleibt dort an Land stehen bis die Reise im Januar 2013 weitergeht.
Auch von Richard haben wir Post bekommen, er ist jetzt kein Einhandsegler mehr, Lucy aus der Blue Lagoon Bay in St Vincent ist bei ihm an Bord eingezogen. Ihr gefällt das Leben auf einem Schiff, bisher hat sie allerdings nur Erfahrungen mit dem Bordleben am Ankerliegeplatz. Richard wollte eigentlich mit uns zusammen zurück nach Europa fahren, jetzt will er längere Zeit in der Karibik bleiben. Erst einmal braucht er einen Job auf einer Insel. Zu Hause in Rotterdam war er Qualitätsmanager in einem Chemieunternehmen, eine Qualifikation, die für eine Arbeitsstelle in

der Karibik weniger geeignet ist.

Donnerstag d. 10. Mai 2012

Heute stürmt und regnet es den ganzen Tag aus Nordost. Im großen Vorhafenbecken sind Wellen mit Schaumkronen, draußen ist der Atlantik aufgewühlt, wie wir ihn so selten gesehen haben. Wir sind froh trocken und sicher im Hafen zu liegen. Sehr froh ist auch die Crew der ``Mamiti`` aus Laboe Horta noch gestern Abend vor Beginn des Unwetters erreicht zu haben. Wir haben sie vor einem Jahr zum ersten Mal in La Coruna getroffen.

Normal ist in dieser Jahreszeit Südwind vorherrschend. In diesem Jahr ist offensichtlich alles anders, auch der alte Hafenmeister kann sich nicht an Nordostwind in Sturmstärke im Mai erinnern.
Zwischenzeitlich haben wir unsere Proviantvorräte wieder aufgefüllt, Wasser können wir am Steg bunkern, sobald der Wind günstiger bläst, fahren wir los.

Eine besondere Attraktion in Horta ist das direkt am Hafen gelegene Café Sport.
Von morgens bis spät abends sind alle Tische von den hier liegenden Seglern besetzt. Der ganze Raum ist mit Fahnen und anderen maritimen Andenken geschmückt. Wir lassen unsere Vereinsflagge da und hoffen, dass sie auch aufgehängt wird.
Zum Lokal gehört auch ein Walmuseum, hier werden die Fangmethoden von früher und heute gezeigt sowie Schnitzereien aus Walknochen und bemalte, gut zehn Zentimeter lange Wal Zähne. Überrascht sind wir, wie günstig hier alles ist. Während wir in Porto Santo und Spanien Preise wie in Deutschland bezahlen mussten, ist hier alles sehr viel billiger.

Eigentlich wollten wir uns heute zwei Scooter mieten und damit die Insel erkunden. Bei dem Wetter hat, das aber keinen Sinn und wir verschieben die Inselrundfahrt auf einen der nächsten Tage.
Hier kann man auch ``kommunale Fahrräder`` für fünf Euro am Tag mieten. Obwohl wir sehr gern Rad fahren, nach fast einem Jahr an Bord fühlen wir uns nicht fit genug für die knapp 60 Kilometer lange Inselrundtour mit den vielen Bergen und Vulkanen.

In der Nacht zum Freitag erreicht der Sturm seinen Höhepunkt. Es pfeift in der Takelage wie noch nie, zweimal stehen wir nachts auf, um die Leinen zu kontrollieren und die Ruckdämpfer in unseren Festmacherleinen zu optimieren. Es regnet heftig und wir werden trotz Regenkleidung recht nass.
Am nächsten Morgen steigt unser Barometer, das Tief ist durchgezogen, bald können wir weiterfahren.

Uns tun die Segler draußen leid, die es nicht rechtzeitig vor dem Sturm in den Hafen geschafft haben.
Bei diesem Seegang und diesem Wind kommt keine Yacht gegen an, sondern muss ablaufen.
Sehr ärgerlich, denn die zurückgefahrenen Meilen muss man mühsam wieder aufkreuzen.

Montag d. 14. Mai 2012

Zusammen mit vielen anderen Seglern warten wir auf eine Wetteränderung. Nördlich von England liegt ein ausgeprägtes Tief, seit einer Woche praktisch unverändert. Dieses Tief ist verantwortlich für die sehr kalten Temperaturen zu Hause und hier für den stürmischen Nordwind.

Es ist erstaunlich, wie schnell sich hier das Wetter mehrfach am Tag ändert. Morgens kann die Sonne scheinen, der hohe Vulkan Pico auf der Nachbarinsel ist klar zu erkennen. Zwei Stunden später ist Weltuntergangswetter, es regnet ergiebig, die Sicht ist sehr schlecht, von den Nachbarinseln ist nichts mehr zu sehen.

In den letzten Tagen sind einige Yachten angekommen, alle Segler machen einen sehr erschöpften Eindruck. Die letzten Tage auf See müssen schlimm gewesen sein, man hat das Ziel im Visier, kommt aber bei dem starken Wind einfach nicht gegen an. Eine Strecke die normal locker an einem Tag zu schaffen ist, dauert jetzt eine Woche. Das ist hart, besonders wenn man schon einige Wochen auf See ist.

Wir sind sehr froh, dass wir schon Anfang April in Antigua losgefahren sind, alle Boote, die jetzt unterwegs sind, haben mit noch wesentlich schlechteren Bedingungen zu kämpfen als wir.

Unser Ziel ist am 15. Juni 2012 zurück in Hamburg zu sein, bis dahin haben wir noch viel Zeit, wenn wir innerhalb der nächsten Woche in Horta losfahren und günstige Winde vorfinden, dürfte die noch vor uns liegende Rückfahrt kein Problem sein.

Mittwoch 16. Mai 2012

Jetzt liegen wir schon fast zwei Wochen in Horta, es wird Zeit, dass wir weiterfahren.
Bei günstigeren Wetterbedingungen wären wir schon seit einigen Tage wieder auf See, aber seit unserer Ankunft auf den Azoren haben wir stetigen Nordost Wind, also genau aus der Richtung, in die wir fahren müssen.
Jeden Morgen sitzen wir zusammen mit Martyn aus England, er ist auf der letzten Etappe einer zweijährigen Weltumsegelung, Vincent aus Frankreich, er segelt einen 47 Fuß Katamaran, Anders und Ann-Christin aus Schweden, sie sind auf der letzten Etappe ihrer Weltumsegelung und vielen anderen Seglern im Hafen Café und sehen auf den verschiedenen Webseiten die

neusten Wetterprognosen an. Es sieht so aus, dass am kommenden Wochenende das Wetter für uns günstiger wird und wir losfahren können.

Nicht verstehen können wir, warum Profiskipper Louis die sich abzeichnende Wetterbesserung nicht abwartet, er läuft mit seinem nicht optimal ausgerüsteten Boot genau dem stürmischen Nordost entgegen. Leider konnten wir später nicht mehr erfahren wie seine Reise verlaufen ist.

Martyn hat ein kleines Bordfahrrad, das wir uns in den letzten Tagen gern für kleinere Touren ausgeliehen haben. Heute war ich auf einen nahen Vulkan gefahren und habe versucht, von oben Wale zu beobachten, konnte aber keinen entdecken.
Hier im Hafen werden viele Wal – Watching - Touren mit großen Schlauchbooten angeboten. Es kommt fast nie vor, dass keiner gesichtet wird.
Im Moment sind hier viele Pottwale, die noch größeren Blauwale ziehen im Frühling weiter nach Norden, wo sie in kälterem Wasser mehr Nahrung finden.

Bei Regen kann man im Ort nur in der Mitte der Straße gehen, die Häuser haben hier keine Dachrinnen und die großen Regenmengen fallen sturzbachartig von den Dächern direkt auf den Fußweg.

Jeden Tag kommen und fahren jetzt Yachten, westlich der Azoren versuchen fast 200 Boote mühsam gegen Wind und Wellen anzukreuzen. Genau wie wir, schaffen die meisten bei diesen Bedingungen nur 200 bis 300 Meilen in der Woche. Nur die größeren Schiffe haben starke Maschinen und ausreichend Treibstoffvorräte, um schneller gegen Wind und Wellen fahren zu können.

Es gab unterwegs bei etlichen Yachten viel Bruch, der Segelmacher vor Ort ist sehr gut beschäftigt. Wir staunen wie viele Boote, genau wie wir in der Karibik, Probleme mit den aufgepressten Terminals der Wanten haben.
Am schlimmsten hat es eine ``Bavaria 36`` aus Frankreich getroffen, 200 Meilen vor Horta ist plötzlich das Hakenterminal des Unterwants gebrochen, genau an einer Stelle, wo es eigentlich nicht brechen kann. Sekunden später kam der Mast von oben. Zum Glück wurde niemand an Bord verletzt und der Dieselvorrat hat bis zum Hafen gereicht. In zwei bis drei Monaten soll ein neuer Mast mit einem Frachtschiff hier sein. Zum Glück hat der Skipper eine Versicherung, die auch für die Transportkosten des neuen Mastes nach Horta aufkommt. Bei einer elf Meter langen französischen Yacht, die heute Morgen einlief, ist der komplette Bugbeschlag herausgerissen. Wie durch ein Wunder konnte der Mast gerettet werden. Wahrscheinlich hat die Crew nicht erkannt, welche enormen Kräfte mit einem hydraulischen Achterstagspanner erzeugt werden können.

Sonnabend 19. Mai. 2012

Über Nacht hat der Wind gedreht, schnell sind alle letzten Einkäufe erledigt. Im Hafenamt haben wir schon am Vorabend ausgecheckt und unsere Liegegebühren bezahlt.
Als erster legt Martyn mit seiner ``Imagine`` ab, wir laufen etwas später zusammen mit Hanns aus Norwegen und den Schweden aus.
Die Wetterprognose sagt für die nächsten fünf Tage besten Wind voraus, immerhin für fast die Hälfte der Strecke, besser können die Startbedingungen nicht sein.
Mit schneller Fahrt verlassen wir den Hafen, den sehr hohen Vulkan Pico auf der Nachbarinsel können wir noch bis zum Abend sehen, dann ist wieder für ungefähr zwei Wochen nur der atlantische Ozean um uns herum.
Wir wollen alle möglichst lange in Kontakt mit Hanns bleiben. Viel Hoffnung, dass dieses länger als drei Tage gelingt, haben wir aber nicht, danach ist die Distanz zwischen den Booten so groß, dass kein UKW Funkverkehr mehr möglich ist.

Am Sonntag werden wir völlig überraschend von einem örtlichen, sehr kräftigen Sturm überfallen. Drei Stunden wütet er, danach ist das Meer wieder friedlich. Zum Glück kommt der Wind aus West, wir laufen ohne Segel ab und kommen trotzdem unserem Ziel mit einer Geschwindigkeit von fünf Knoten näher. Zum ersten Mal müssen wir von Hand steuern um zu verhindern, dass das Boot nicht querschlägt. Unser Problem ist, dass wir vorn nicht genug Windangriffsfläche haben. Nachdem wir alle Segelsäcke auf dem Vorschiff gestaut haben, wir die Situation besser und wir können wieder die Selbststeueranlage nutzen. Sollten wir noch einmal eine Ozeanreise unternehmen, würden wir ein noch kleineres Sturmsegel mitnehmen.

Wir hoffen, dass Hanns alle Segel rechtzeitig heruntergekommen hat. Über UKW können wir ihn nicht erreichen, wahrscheinlich sind wir schon zu weit von einender entfernt. Auch mit den anderen Seglern können wir keinen Kontakt mehr aufnehmen.

Der schöne Wind hält die nächsten Tage gut durch, nach vier Tagen haben wir ein Drittel der Strecke geschafft, zur Belohnung gibt es Kuchen. Unterwegs sehen wir täglich Wale. Manchmal kommen die wirklich sehr großen Tiere recht dicht an unser Boot. Auch Delphine begleiten uns ständig.
Zu schaffen macht uns die Kälte, wir ziehen alles, was wir haben übereinander an und frieren trotzdem, besonders in den Morgenstunden, wenn die letzte Restwärme des vorigen Tages weg ist.

Außerdem dauert das An- und Ausziehen bei dem stark schaukelnden Boot recht lange. Alles Zeiten, die von der kurzen Schlafperiode abgezogen werden muss.
Wir sind jetzt schon am 45ten Breitengrad und haben bald die längsten Tage des Jahres auf der Nordhalbkugel. Die Sonne geht erst um 21:30 Uhr unter und morgens schon sehr früh auf. Leider

haben wir keinen Mond, die kurzen Nächte sind stockdunkel, Sterne können wir am immer bedeckten Himmel nicht sehen.

Mindestens einmal je Wache regnet es kurz und ergiebig. Um nicht nass zu werden, lassen wir das Boot für die wenigen Minuten unbeaufsichtigt und sind beide bei geschlossenen Luken drinnen.

Heute schwimmen stundenlang 30 bis 40 mittelgroße Grindwale neben uns.
Wir können tolle Fotos machen und auch ein kleines Video drehen. Etwas unheimlich ist uns schon, wenn die Tiere, die immerhin so lang sind wie unser Schiff, in wenigen Metern Abstand auftauchen. Ihr Ortungssystem funktioniert aber gut, es kommt nie zu einer Kollision.

Wir haben auch noch nie gehört, dass eine Yacht von einem Wal gerammt wurde.
Später erfahren wir, dass Kollisionen mit schlafenden Tieren schon vorkommen, meistens passiert aber angeblich nichts.

Montag d. 28. Mai 2012

1.000 Seemeilen sind wir bisher auf dieser Etappe gefahren, bis England sind es noch 200 Meilen, die Windprognose ist günstig, wir werden in zwei Tagen ankommen.

In der letzten Woche sind drei Tiefdruckgebiete durchgezogen, alle mit viel Wind, zum Glück immer von hinten, so dass wir sehr gut vorangekommen sind.

Wir freuen uns sehr auf die Ankunft und sind froh, die letzte Atlantiketappe bald geschafft zu haben.

Die Strecke von Horta nach England ist unsere siebte und letzte lange Ozeanreise auf dieser Tour. Schon nach kurzer Zeit haben wir festgestellt, dass dieses auch die mit Abstand härteste Etappe ist. Das hatten wir so nicht erwartet, in keinem unserer Bücher ist diese Teilstrecke als schwierig beschrieben.

Wenn der Wind im Englischen Kanal günstig ist, wollen wir gleich bis Dover durchfahren. Der geplante Besuch bei den olympischen Spielen in Portland ist nicht möglich, die Marina ist für Fahrtenyachten gesperrt und ankern im großen Vorhafen ist auch verboten.

Freitag d. 1. Juni 2012

Kurz vor England erwischt uns völlig überraschend und unangekündigt wieder ein lokales Tief, das vierte auf dieser Reise. Bei heftigem Gegenwind kreuzen wir auf den Englischen Kanal zu.

Seit wir den Kontinentalsockel erreicht haben, hier reduziert sich die Wassertiefe von 3.000 Metern auf nur gut 100, die hohen Wellen werden steiler und damit nicht angenehmer.

Ab hier haben wir auch wieder Versicherungsschutz, wir fahren natürlich weiter sehr vorsichtig, können aber ruhiger schlafen.

Zum Glück lässt der Wind schnell wieder nach, und dreht, so dass wir mit raumem Wind weiterfahren können.

Nach zwei Regentagen ist alles nass und klamm an Bord, wir sind müde und wollen in Falmouth in die Marina gehen. Aber es kommt wie so oft anders. Das Tief ist durchgezogen wir haben Rückseitenwetter, die Sonne scheint, wir können alles trocknen. Der SPI steht bei Südwestwind perfekt. Bei so günstigen Bedingungen gehen wir nicht an Land, sondern fahren einfach weiter. Hier an der englischen Südküste gibt es alle 30 bis 50 Meilen einen Hafen, nicht wie bei den Ozeanetappen, wo kein Stopp möglich ist.

Die ``Bagatelle´´ aus Kiel, eine schnelle X 42 hat bei der letzten Regatta AZAB (Azoren and back) achteinhalb Tage benötigt, wir erreichen den Kanal nach elf Tagen, nicht schlecht, wenn man die Umstände berücksichtigt.

Am Donnerstag kreuzen wir unseren Ausgangskurs, die Atlantikumrundung ist geschafft. Wir sind sehr froh, alles an Bord ist heil geblieben, wir gesund, keine Verletzungen. Unsere umfangreiche Medikamentenbox haben wir nie öffnen müssen. Für diesen Tag haben wir unseren letzten Kuchen aufgehoben, den wir jetzt genüsslich essen.
Der viele Schiffsverkehr im Kanal ist kein Problem, wir halten uns weit entfernt von den Verkehrstrennungsgebieten, wo in beide Richtungen ein Schiff nach dem anderen fährt.
Für Freitagabend und Sonnabend ist Ostwind mit fünf bis sechs Beaufort angesagt, da wollen wir nicht gegen ansegeln und machen nach dem Frühstück in der Marina von Dartmouth, gut 30 Meilen östlich von Plymouth, fest.

Vor wirklich jedem Fenster und an jeder Straßenlaterne hängt eine britische Flagge. Beim Einklarieren erfahren wir, dass am Sonntag die Queen seit 60 Jahre in Amt und Würden ist. Überall im Lande wird dieses Ereignis groß gefeiert.
Dartmouth ist ein schöner Ferienort an der Kanalküste, die Marina ist zwar recht teuer aber auch sehr gut. Besonders genießen wir nach der kalten Atlantiktour die warmen Duschen. Man kann auch im Fluss ankern und mit dem Beiboot an Land fahren.

Für Sonntag ist wieder Westwind vorhergesagt, dann geht es weiter.

Was noch folgt sind 500 Meilen Küstensegelei, wir wollen den Kanal bei Dover queren und dann an der belgischen und holländischen Küste nach Hause segeln.

Mitte Juni wollen wir da sein.

Ankunft Wedel

Die Fahrt durch den englischen Kanal ist eigentlich nicht schwierig, der viele Schiffsverkehr wird in Verkehrstrennungsgebieten geregelt. Yachten und Fischerboote bleiben am besten außerhalb dieser Gebiete und befahren die Inshore - Traffic - Zone auf der englischen oder französischen Seite.

Wir starten früh morgens in Dartmouth und haben am ersten Tag sehr guten Schiebewind, nur mit Vorsegel erreichen wir um Mitternacht die Isle of Wight.
Leider dreht dort der Wind und frischt stark auf, am nächsten Tag haben wir wieder Starkwind von vorn und müssen mühsam nur mit dem Sturmsegel kreuzen.
Wir essen gerade Mittag als unser Boot völlig überraschend aus dem Ruder läuft, normal steuert unsere Windpilotanlage das Schiff dann immer sofort wieder in die richtige Richtung, diesmal nicht. Alle Steuerleinen sind in Ordnung, die Windfahne arbeitet aber das Boot dreht nicht. Mit Schreck sehen wir, dass das Pendelruder in der Mitte durchgebrochen ist. Wie konnte das passieren? Sicherlich waren die Belastungen während der kurzen Sturmfahrten auf dem Weg nach Horta wesentlich größer, es ist wohl die Dauerbelastung, die zum Bruch geführt hat.

Zum Glück haben wir ein Ersatzruder dabei. Zur Montage müssen wir die Anlage komplett hochziehen, die Windfahne muss abgenommen werden, und dabei passiert uns ein Missgeschick: Die aus leichtem Sperrholz gefertigte Windfahne rutscht uns aus der Hand und verschwindet schnell im Kielwasser. Aber auch dafür haben wir Ersatz an Bord. Eine halbe Stunde müssen wir von Hand steuern, dann ist unsere Windsteueranlage wieder einsatzbereit.

Die Richtung, aus der der Wind kommt, wird immer nördlicher, wir können unseren Kurs nicht halten und werden in die breite Zone zwischen den Trennungsgebieten für die Großschifffahrt getrieben. Eigentlich darf man dieses Gebiet nicht befahren, wir haben aber keine andere Möglichkeit.
Abends lässt der Wind genauso schnell wie er gekommen ist, wieder nach und wir treiben bis zum frühen Morgen.

Der dritte Tag im Kanal beginnt mit schnell zunehmendem optimalem Südwind, einer der schönsten Segeltage unserer Reise beginnt.
Bald können wir die weißen Klippen von Dover sehen und gleichzeitig die grüne französische Küste. Die vielen Fähren zwischen Dover und Calais sind kein Problem. Der Südwind hält bis Mitternacht gut durch, danach fängt es an zu regnen und der Wind frischt auf.

Vor der belgischen Küste passieren wir die Baustellen riesiger Windfarmen. Viel sehen können wir aber nicht, durch den Regen ist die Sicht sehr eingeschränkt.
Mit unserem AIS können wir alle Frachter identifizieren. In Sicht kommen die Schiffe aber erst, wenn der Abstand zu uns auf gut eine Meile reduziert ist.

Mit der schönen Strömung des auflaufenden Nachmittagshochwassers fahren wir an den vielen vor Rotterdam ankernden Frachtschiffen vorbei und erreichen unser Etappenziel Scheveningen in Holland am späten Abend.
Dort sind wir mit unserer Tochter Frederike verabredet. Sie wohnt seit einigen Wochen zusammen mit Marcel in Leiden, knapp eine halbe Autostunde von unserer Marina entfernt.

Scheveningen war zu Beginn unserer Reise der erste Hafen, in dem wir Langstreckensegler aus Skandinavien und Holland trafen die die gleiche Route wie wir fahren wollten.
Jetzt, Anfang Juni, ist der Hafen noch leer, die Fahrtenyachten kommen erst in einem Monat.

Hier im Hafen hat sich nicht viel geändert, die vielen tollen Apartments der neuen HafenCity sind immer noch weder verkauft oder vermietet. Es ist erstaunlich, wie schnell leerstehende Immobilien und deren Außenanlagen an Substanz verlieren und fast schon wieder renovierungsbedürftig wirken.
Auch in der nahen Stadt sieht man sehr viele ``to koop´´ Schilder an den Häusern. Wir haben den Eindruck, dass, wie in England, hier alle Gebäude bei einfacherem Standard sehr viel teurer sind als in Deutschland.

Nachts um 2:30 Uhr ist Niedrigwasser. Den nach Norden strömenden, gut zweieinhalb Knoten starken Flutstrom wollen wir nutzen und machen das Boot noch vor Mitternacht wieder seeklar.
Von hier bis Cuxhaven sind es 220 Meilen, die Windvorhersage ist günstig, Montag werden wir wohl ankommen.

Aber auch auf unserer letzten Etappe kommt es anders als geplant. Bis Texel segeln wir prima, dann nimmt der Wind immer mehr zu, zum Glück bläst es weiter aus West. In der Nacht wird es sehr ungemütlich, wir müssen unser Sturmsegel runternehmen und treiben ohne Segel bei Regen vor dem Wind mit fünf Knoten an den flachen holländischen Nordseeinseln vorbei.

Der jetzt auf Süd gedrehte stürmische Wind macht ein Einlaufen in die Häfen von Borkum oder Norderney unmöglich, wir laufen weiter nach Nordosten und wollen in die Elbmündung, eine Alternative haben wir auch nicht.
Die Ansteuerungstonne für den Elbfahrweg erreichen wir um 19:00 Uhr, bald sind Scharhörn und Neuwerk passiert, um 1:30 Uhr liegen wir sicher im Cuxhavener Yachthafen. Sehr zufrieden gehen wir schnell in die Kojen.

Am nächsten Morgen laufen wir nach dem Frühstück zum Fähranleger, Angelika kommt mit dem ``Holunder Jet`` aus Wedel und wird mit uns zusammen von Cuxhaven nach Wedel segeln.

Am drauf folgenden Tag laufen wir kurz vor Sonnenaufgang mit Ziel Wedel aus. Den ganzen Tag weht kein Wind, wir erreichen unseren Heimathafen mittags nach neun Stunden Motorfahrt.

Wir laufen mit der Flutwelle an Brunsbüttel und Glückstadt vorbei und können schon bald die Schornsteine des Wedeler Kraftwerks sehen.
Unterwegs begegnen uns viele bekannte Boote, die meisten sind auf dem Weg zum Kiel - Kanal. Die Urlaubssaison beginnt und da fahren viele Hamburger Segler am liebsten in die dänische Südsee.

Außer unserer Familie und sehr wenigen Freunden weiß niemand im Hafen, dass wir von einer langen Seereise zurückkommen. So still und heimlich wie wir losgefahren sind, so legen wir uns auch wieder an unseren Liegeplatz.
Als wir vor einem Jahr losfuhren, war uns nicht klar ob wir alles so schaffen wie vorgesehen. Wir wären auch nicht die ersten Segler, deren geplante mehrjährige Segeltour auf den Ozeanen bereits auf den Sanden von Norderney zu Ende ist.

Unsere Reise war ein einzigartiges Erlebnis, ein Jahr segeln ist wie im Fluge vergangen, wir haben das Gefühl, erst gestern losgefahren zu sein. Wir haben jede Stunde genossen, freuen uns jetzt aber wieder auf ein geregeltes Landleben.

Rückblickend hat alles besser und viel einfacher geklappt als gedacht. Wir hatten nie eine gefährliche oder beängstigende Situation. Unsere Ausrüstung hat sich sehr gut bewährt, unterwegs ist uns nichts Wichtiges verloren oder kaputtgegangen.
Ärgerlich waren die Probleme mit unseren Wanten, später haben wir von anderen Seglern gehört, dass sie gleiche Schäden hatten.
Bei normaler Segelei halten die Drähte ewig, bei einer Langfahrt macht sich sicherlich die wesentlich höhere Dauerbelastung bemerkbar.
Insgesamt sind wir innerhalb von 12 Monaten 10.700 Meilen gesegelt, eine Strecke, die wir vorher auch nicht annähernd in 25 Jahren gefahren sind.

Wo hat es uns am besten gefallen?

Sehr schön war es an der Nordwestküste Spaniens. Porto Santo, die kleine Madeira vorgelagerte Insel werden wir sicherlich noch einmal als normale Touristen besuchen. Sehr froh sind wir die Kap Verdische Inseln besucht zu haben. Hier herrscht eine tolle Aufbruchsstimmung und wir haben viele ausgesprochen nette und freundliche Leute angetroffen.

Die karibischen Inseln, unser eigentliches Ziel, haben wir sehr genossen. Jeder Inselstaat ist anders, noch einmal werden wir dort allerdings nicht hinfahren.

Seglerisch mussten wir in der Karibik Abstriche hinnehmen. Die überall beschriebenen angenehmen und sehr konstanten Passatwinde haben wir, und alle anderen Segler auch, nicht vorgefunden. Stattdessen hatten wir oft das Gefühl, wir segeln bei Nordwest fünf nach Helgoland.

Die Azoren liegen weit entfernt von den bekannten atlantischen Urlaubsinseln. An einem Tag kann das Wetter frühlingshaft, sommerlich, aber auch herbstlich sein. So warm wie auf Madeira wird es hier nicht, Badestrände gibt es auch nur sehr wenige. Die grünen Vulkanlandschaften sind einzigartig.
Auch dorthin werden wir sicherlich noch einmal reisen.

Sehr froh sind wir als wir erfahren, dass Hanns aus Norwegen nach 16 harten Tagen auf See gesund und heil Irland erreicht hat.
Auch Martyn hatte mit seiner ``Imagine`` keine leichte Überfahrt. Nachts hatte er bei einer starken Bö zu viel Segelfläche gesetzt, sein Mast wurde bei einen ``knock-down`` aufs Wasser gedrückt. Danach war das Spray Hood weg und sein Windgenerator zerstört. Durch das offene Schiebeluk ist viel Seewasser ins Schiff und auch auf die elektrische Schalttafel gekommen.
Der Motor ließ sich danach nicht mehr zum Laden der Batterien starten. Er konnte seine Position bald nur noch mit dem Reserve GPS bestimmen. Nach 11 Tagen auf See macht auch er in Irland fest.

Die ``Samika``ist auf einem regelmäßig verkehrenden Spezialschiff als Decksladung zurück nach Europa gebracht worden. Auch andere Crews, die mit kleinen Kindern unterwegs sind haben sich nach dem Studium der Wetterkarten und den Berichten anderer Segler entschieden, dass eine Rückreise auf eigenem Kiel ein für sie nicht vertretbares Risiko darstellt.
Eine holländische Reederei betreibt diesen Frachter. Die Passage ist nicht ganz billig, hinzu kommen noch die Flugkosten der Besatzung. Aber eben die einzige Chance das Boot nach Europa zurückzubringen.
Die Alternative, die Yacht in der Karibik zu verkaufen, fällt aus, dort gibt es keinen Markt für Gebrauchtboote.
Richard ist wieder Einhandsegler, Lucy lebt wieder in der Blue Lagoon Bay in St Vincent. Nachdem Richard festgestellt hat, dass es unmöglich ist einen Job in der Karibik zu bekommen, haben beide entschieden nach Holland zu segeln. In St Maarten war die gemeinsame Reise aber schon vorbei, Lucy hatte sich das Leben auf See wohl anders vorgestellt.
Richard erreicht nach 28 Tagen Horta und nach weiteren 14 Seetagen seinen Heimathafen in den Niederlanden. Mitte Juli beginnt er wieder in seiner alten Firma zu arbeiten.

Was war noch gut? Das wir nicht gewusst haben, wie ungemütlich die lange Rückreise wird.

In keinem Handbuch wird die Fahrt über den Nordatlantik von West nach Ost beschrieben. Wir sind von einem relativ einfachen Törn ausgegangen. Hätten wir gewusst was auf uns am Ende noch zukommt, wäre unser Schlaf vor Anker in der Karibik sicherlich nicht so ruhig gewesen.

Aber auch wenn nicht jeder Tag unserer weiten Fahrt gemütlich war, keine Sekunde waren Boot oder Mannschaft in Gefahr.

Ob wir noch einmal auf dem Atlantik segeln? Wohl nicht, die Ostsee mit den vielen Segelmöglichkeiten in Dänemark und Schweden ist auch sehr schön.

Jetzt sind wir schon wieder sechs Wochen zu Hause, seit einem Monat arbeiten wir wieder wie vor unserer Reise. Eingewöhnungsprobleme hatten wir nicht, im Gegenteil, wir haben uns sehr auf neue Aufgaben gefreut. Mittlerweile haben wir das Gefühl schon wieder ewig zu Hause zu sein.

Die ``Loliti`` liegt wieder an ihrem alten Platz im Hamburger Yachthafen, äußerlich ist nicht zu erkennen, dass unser tolles Schiff eine so weite Reise geschafft hat. Zwischenzeitlich haben wir den schweren Anker und die Kette in unsere Garage gebracht, das Schlauchboot ist auch nicht mehr an Bord. Jeder Tag unserer weiten Reise war ein Abenteuer, keine Sekunde wollen wir missen und trotzdem sind wir sehr froh wieder zu Hause zu sein.

Was wird aus den vielen netten Kontakten mit anderen Seglern?
Wir haben Mailadressen ausgetauscht, werden bestimmt auch einigen in Zukunft schreiben. Petra und Andreas von der ``Bonafide`` kommen uns im Juli zu Hause besuchen, Karl war auch in Wedel. Er schenkt uns eine Kopie seines wirklich tollen Atlantikfilms.
Wir gehen davon aus, dass die vielen Kontakte nicht von Dauer sein werden. Die Freundschaften zu anderen Seglern sind immer sehr intensiv aber auch kurz, in jedem Hafen trifft man neue Mannschaften, die, die nach Hause gefahren sind und nicht weiter segeln, geraten schnell in Vergessenheit.

Neulich waren wir in Schleswig und haben unsere Selbststeueranlage dem neuen Besitzer übergeben. Im nächsten Jahr möchten die Segler aus Heidelberg zu ihrer Atlantikrundreise starten.
Obwohl wir zu Hause sehr viel Platz haben, wohnt Florian weiterhin an Bord. Zwischenzeitlich hat er in Wedel eine Wohnung gefunden, Anfang September kann er dort einziehen.

Mitte September

Seit drei Monaten sind wir wieder zu Hause, das Boot liegt im Hafen, nur zwei Mal sind wir nach

unserer Rückkehr zu einer kurzen Tour auf der Elbe ausgelaufen.
Die komplette Ausrüstung ist wieder in unserem Gartenhaus, die Schwimmwasserlinie ist jetzt fast zehn Zentimeter höher.
In der ersten Oktoberwoche kommt die ``Loliti`` nach eineinhalb Jahren im Wasser ins Winterlager.

Unsere Route über den Atlantik:

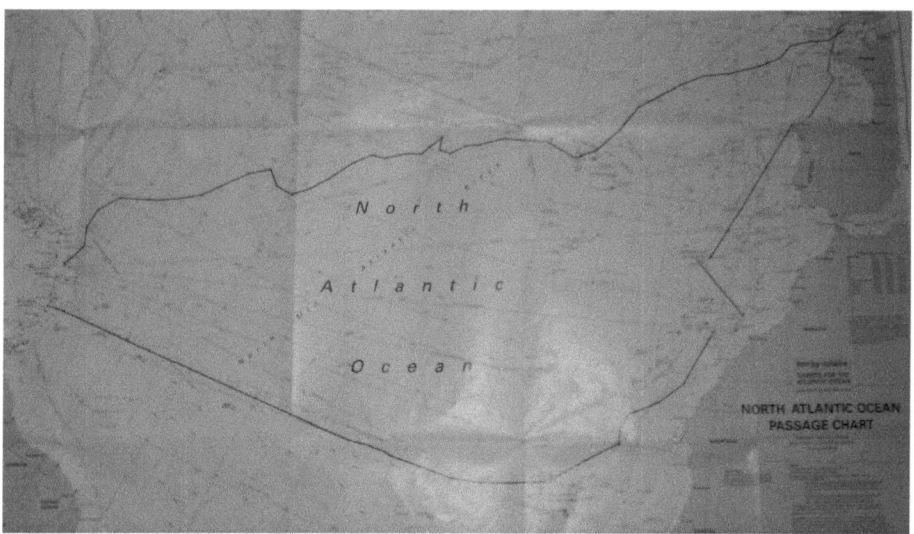

Einzeletappen:

Plymouth / Ribadeo ca. 450 sm	5 Tage
La Coruna / Porto Santo ca. 720 sm	6 Tage
Madeira / Lanzarote ca. 310 sm	3 Tage
Gran Canaria / Cap Verden ca. 840 sm	10 Tage
Cap Verden / St Lucia ca. 2.200 sm	19 Tage
Antigua / Azoren ca. 2.400 sm (gesegelt fast 3.200 sm)	32 Tage
Azoren / Dartmouth ca. 1.200 sm	11 Tage
Dartmouth / Scheveningen ca. 320 sm	3 Tage
Scheveningen / Cuxhaven ca. 260 sm	2 Tage

Gesegelte Gesamtstrecke einschließlich der Tagestouren in der Karibik: Ca. **10.700 Seemeilen**, davon nur ca. 35 Stunden mit Motor